Erik Renk & Till Carstens

DIE BESTEN STEUERSTRATEGIEN FÜR IMMOBILIENINVESTOREN

Erik Renk & Till Carstens

DIE BESTEN STEUERSTRATEGIEN FÜR IMMOBILIENINVESTOREN

Wie du mit Immobilien dein Einkommen steigerst und Steuern sparst

FBV

Bibliografische Information der Deutschen Nationalbibliothek
Die Deutsche Nationalbibliothek verzeichnet diese Publikation in der Deutschen Nationalbibliografie. Detaillierte bibliografische Daten sind im Internet über https://dnb.de abrufbar.

Für Fragen und Anregungen
info@m-vg.de

Wichtiger Hinweis
Ausschließlich zum Zweck der besseren Lesbarkeit wurde auf eine genderspezifische Schreibweise sowie eine Mehrfachbezeichnung verzichtet. Alle personenbezogenen Bezeichnungen sind somit geschlechtsneutral zu verstehen.

Originalausgabe
4. Auflage 2026

Türkenstraße 89
80799 München
Tel.: 089 651285-0

Redaktion: Judith Engst
Korrektorat: Anne Horsten
Umschlagabbildung: Moritz Schaarschmidt
Umschlaggestaltung: Sonja Vallant
Fotos Autoren: Lars Johannsohn
Grafiken im Innenteil: Tobias Prießner
Satz: Carsten Klein, Torgau
Druck: Florjancic Tisk d.o.o., Slowenien
Printed in the EU

ISBN Print 978-3-95972-459-3
ISBN E-Book (PDF) 978-3-96092-868-3
ISBN E-Book (EPUB, Mobi) 978-3-96092-869-0

Weitere Informationen zum Verlag finden Sie unter
www.finanzbuchverlag.de
Beachten Sie auch unsere weiteren Verlage unter www.m-vg.de

Inhalt

Einleitung

»Deutschland hat die zweithöchste Steuer- und Abgabenlast der OECD-Staaten.« Diese Überschrift stammt aus einem Artikel der *Zeit*.* Dieser Aussage lag eine OECD-Auswertung zugrunde. Die OECD ist die Organisation für wirtschaftliche Zusammenarbeit und Entwicklung. Aus der betreffenden Auswertung geht hervor, dass ein Durchschnittsverdiener 47,8 Prozent seines Einkommens für Sozialabgaben und Steuern aufwendet. Konkret bedeutet das, dass ein Durchschnittsverdiener knapp 175 Tage im Jahr nur für seine Abgaben arbeiten geht. Somit bleibt ihm nur ein kleiner Teil für den Vermögensaufbau. In dieser Tretmühle ist es unmöglich, finanziell unabhängig zu werden. Deshalb musst du einen anderen Weg einschlagen – und dieser Weg ist nicht der Weg der »Masse«. Da du dir dieses Buch gekauft hast, nehmen wir an, dass du genau das vorhast. Dabei wollen wir dich unterstützen. Mit dem vor liegenden Buch kannst du die 175 Tage auf nur wenige Tage verkürzen. Denn das Steuerrecht ist bekanntermaßen komplex; aber genau diese Komplexität erlaubt es dir, eine Vielzahl von Regelungen zu nutzen, mit denen du deine Steuerlast massiv verringern kannst.

Der zweite große Punkt sind die Sozialabgaben. Wobei man hier eigentlich von unsozialen Abgaben sprechen muss. Anders als beim Steuersatz, der mit zunehmendem Einkommen steigt, gibt es bei den Sozialabgaben keine Möglichkeiten, den Prozentsatz zu senken, der verlangt wird. Wer mehr als 2.000 Euro brutto (2024) im Monat verdient, muss den vollen Abgabensatz tragen. Was das konkret heißt, siehst du in der folgenden Tabelle:

*https://www.zeit.de/wirtschaft/2023-04/oecd-deutschland-steuern-abgaben-paare

	MONAT	JAHR
Gehalt	**4.000 €**	**48.000 €**
ABGABEN		
- Rentenversicherung	372 €	4.464 €
- Arbeitslosenversicherung	52 €	624 €
- Krankenversicherung	326 €	3.912 €
- Pflegeversicherung	92 €	1.104 €
Summe Sozialabgaben	**842 €**	**10.104 €**
STEUERN		
- Solidaritätszuschlag	0 €	0 €
- Kirchensteuer	0 €	0 €
- Lohnsteuer	555,58 €	6.666,96 €
Summe Steuern	**555,58 €**	**6.666,96 €**
Netto	**2.602,42 €**	**31.229,04 €**
ARBEITGEBERBELASTUNG (OHNE U1-, U2-UMLAGEN, BG-ANTEIL)		
Bruttolohn	4.000 €	48.000 €
+ Rentenversicherung	372 €	4.464 €
+ Arbeitslosenversicherung	52 €	624 €
+ Pflegeversicherung	68 €	816 €
+ Krankenversicherung	326 €	3.912 €
Gesamt	**4.818 €**	**57.816 €**

ANNAHMEN

Jahr	Steuerklasse	Freibetrag	Kinder	Kirche	KV-Satz
2024	1	0 €	-	Nein	14,6 % + 1,7 %

Belastung des Bruttogehalts mit Steuern und Sozialabgaben (pro Monat und pro Jahr)

Ein Lediger ohne Kinder mit einem Gehalt von 4.000 Euro brutto hat netto, also nach Abzügen, 2.602,42 Euro im Monat zur Verfügung. Die Steuerbelastung beträgt im Monat 555,58 Euro, das macht 6.666,96 Euro im Jahr. Bei einem Arbeitsleben von 40 Jahren summiert sich das auf 266.678,40 Euro.

Was zudem oft vergessen wird ist, dass der Arbeitgeber zusätzlich zum Bruttogehalt die hälftigen Sozialabgaben abführen muss. So kommen nochmal 818 Euro im Monat obendrauf – Geld, das der Arbeitgeber ansonsten auch als Lohn hätte zahlen können. Als Unternehmer rechnet er immer mit den vollen Kosten, die ein Arbeitnehmer verursacht. So beträgt der gesamte Aufwand für 2.602,42 Euro Nettolohn im Monat 4.818,00 Euro. Mit einem durchschnittlichen Gehalt die finanzielle Unabhängigkeit anzustreben, ist so ziemlich die schlechteste Idee, die wir kennen. Zumal das Geld aufhört zu fließen, wenn du nicht mehr aktiv arbeitest.

Welche Erkenntnisse lassen sich jetzt schon daraus gewinnen? Lohnarbeit wird in Deutschland durch Sozialabgaben und Steuern extrem belastet. Dein Gehalt ist aber auch die Eintrittskarte bei der Bank. Deswegen solltest du nicht sofort kündigen. Erst wenn die Mieteinnahmen nachhaltig aus dem Bestand abzüglich aller Kosten für deinen Lebensunterhalt reichen, kannst du den befreienden Schritt wagen und deinen Job aufgeben.

Denn die Zauberformel lautet: Bau dir mit fremdem Geld ein Vermögen auf, bei dem die Rückführung der Schulden ein anderer leistet. Dafür gehen Investoren beträchtliche Risiken ein, die wir in diesem Buch transparent machen wollen.

Ein weiterer Weg besteht darin, dir durch Immobilientransaktionen kurz- oder langfristig ein hohes Nettovermögen aufzubauen, das dir Unabhängigkeit garantiert. In all diesen Strategien ist das Thema Steuern der zentrale Dreh- und Angelpunkt.

Ein weiterer wichtiger Baustein ist die Finanzierung. Oft erleben wir, dass kluge Steuerstrategien erarbeitet werden. Aber leider verweigern die Banken eine Finanzierung. Im schlimmsten Fall sind hohe Kosten entstanden, und bereits gegründete Gesellschaften, Stiftungen oder Genossenschaften müssen wieder aufgelöst werden. Auch im Hinblick auf die vermögensverwaltende GmbH, die sich bei Investoren großer Beliebtheit erfreut, werden oft Kosten vergessen, die die Vorteile zunichtemachen. In diesem Buch wollen wir eine ganzheitliche Perspektive geben. »Wir«, das sind Till und Erik. Till, der seit 2014 in der Finanzverwaltung arbeitet, ist seit 2017 Immobilieninvestor und arbeitet mittlerweile nebenberuflich als Speaker und Autor bei immlab. Er bringt sein steuerliches Know-how ein. Erik ist Gründer von immlab. Er unterstützt seit 2007 Investoren bei der Finanzierung und dem Portfolioaufbau. Er weiß genau, welche Strategien wirklich umsetzbar sind. Mehr über uns und immlab kannst du im Kapitel »Vorstellung von Till und Erik« erfahren.

Bevor wir in das Buch richtig einsteigen, wollen wir dir einige Hinweise mitgeben.

1. Wir haben ein Steuerspar-Tool entwickelt, das es dir ermöglicht, das erworbene Wissen umzusetzen. Oft ist es eine Vielzahl von kleinen Kostenpunkten, die zu einer hohen Steuererstattung führen. Mit unserem Tool lieferst du dem Steuerberater die perfekte Grundlage für deine Steuererklärung. Das Tool kannst du dir kostenlos auf immlab.de/downloads herunterladen.
2. Wir rechnen bei natürlichen Personen und Personengesellschaften mit einem persönlichen Grenzsteuersatz von 42 Prozent. Wie du deinen eigenen Steuersatz ermittelst, wirst du später erfahren. Sollten wir von diesem Steuersatz abweichen, wird das explizit angesprochen.
3. Übungen zu den einzelnen Themen bieten wir in unserem Online-Steuersparkurs auf immlab an. Wir halten den Onlinekurs für ein geeignetes Medium, um die Anwendung mithilfe von Aufgaben zu lernen. Du findest den Kurs unter der Internetadresse: *https://produkte.immlab.de*.

Der Unterschied zwischen einer hohen oder niedrigen Steuerlast liegt wie immer in deiner finanziellen Bildung und den Menschen, mit denen du dich umgibst. Deswegen ist das Netzwerken parallel dazu für dich das A und O.

Immobilien sind der Schlüssel, der noch fehlt, um die Tür zu einer Senkung der Steuerlast zu öffnen und somit einen effektiven Vermögensaufbau zu betreiben. Natürlich darf dein Tatendrang in der »Formel« nicht fehlen. Denn durch die offene Tür musst du schon selbst gehen.

Wir wünschen dir viel Freude beim Lesen und Umsetzen. Die steuerlichen Zusammenhänge haben wir in diesem Buch möglichst einfach dargestellt und mit anschaulichen Beispielen unterlegt. Wir sind gespannt auf dein Feedback dazu, wie dir das Buch gefallen hat. Das ist das Allerwichtigste für uns. Schreib uns gerne bei Amazon eine Bewertung oder schick uns eine Mail an *info@immlab.de.*

Die besten Investorengrüße aus Flensburg und Leipzig!
Till Carstens und Erik Renk

Einführung in das deutsche Steuersystem

> *»Nichts in dieser Welt ist sicher, außer dem Tod und den Steuern.«*

Während viele Menschen mit diesem Zitat, das angeblich von Benjamin Franklin stammt, ins Lamento der Steuerzahler einstimmen und sich über die hohe Steuerlast in Deutschland echauffieren, steckt für uns Immobilieninvestoren noch viel mehr in diesem Satz.

Um deutlich zu machen, worum es uns geht, möchten wir mit der kurzen Geschichte eines gewöhnlichen Arbeitnehmers in Deutschland starten:

Der durchschnittliche Arbeitnehmer, nennen wir ihn Tim, verdient etwa 4.000 Euro brutto pro Monat. Bei einer wöchentlichen Arbeitszeit von 40 Stunden ergibt dies einen Stundenlohn in Höhe von circa 25 Euro brutto. Nach Abzug von Steuern und Sozialversicherungsbeiträgen verbleiben 2.602 Euro netto pro Monat. Dies entspricht einem Stundenlohn von circa 16,26 Euro netto.

Du siehst, die Belastung mit Sozialversicherungsbeiträgen und Steuern liegt bei ca. 35 Prozent. Doch dem Arbeitgeber ist Tim nicht nur 4.000 Euro im Monat wert. Er führt zusätzlich Arbeitgeberbeiträge an die Sozialversicherungen in Höhe von 818 Euro ab, welche die effektive Belastung noch einmal auf fast 46 Prozent ansteigen lässt.

	MONAT	JAHR
Gehalt	**4.000 €**	**48.000 €**
ABGABEN		
- Rentenversicherung	372 €	4.464 €
- Arbeitslosenversicherung	52 €	624 €
- Krankenversicherung	326 €	3.912 €
- Pflegeversicherung	92 €	1.104 €
Summe Sozialabgaben	**842 €**	**10.104 €**
STEUERN		
- Solidaritätszuschlag	0 €	0 €
- Kirchensteuer	0 €	0 €
- Lohnsteuer	555,58 €	6.666,96 €
Summe Steuern	**555,58 €**	**6.666,96€**
Netto	**2.602,42 €**	**31.229,04 €**
ARBEITGEBERBELASTUNG (OHNE U1-, U2-UMLAGEN, BG-ANTEIL)		
Bruttolohn	4.000 €	48.000 €
+ Rentenversicherung	372 €	4.464 €
+ Arbeitslosenversicherung	52 €	624 €
+ Pflegeversicherung	68 €	816 €
+ Krankenversicherung	326 €	3.912 €
Gesamt	**4.818 €**	**57.816 €**

ANNAHMEN					
Jahr	**Steuerklasse**	**Freibetrag**	**Kinder**	**Kirche**	**KV-Satz**
2024	1	0 €	-	Nein	14,6 % + 1,7 %

Belastung des Bruttogehalts mit Steuern und Sozialabgaben (pro Monat und pro Jahr)

Doch wie wirken sich Steuern und Sozialabgaben bei Vermietungseinkünften aus? Während die Belastung als Arbeitnehmer mit jeder Gehaltserhöhung weiter anwächst, kannst du mit vermieteten Immobilien deine Abgabenlast wunderbar nach unten drücken. Sämtliche Aufwendungen, die mit der Absicht entstanden sind, Einkünfte aus Vermietung und Verpachtung zu erzielen, können steuerlich geltend gemacht werden. Gleichzeitig fallen keinerlei Sozialabgaben auf Mieteinnahmen an.

Es gibt bei den Einkünften aus Vermietung und Verpachtung viele steuerlich relevante Themen. Dazu gehören

- das Absetzen von Arbeitsgeräten (z. B. Laptop, Smartphone, Kamera),
- die durch die Vermietung veranlassten Kosten für Internet und Telefon,
- die Kosten für Fachliteratur (z. B. Bücher) und eine entsprechende Ausbildung (z. B. Workshops und Coachings),
- die richtige Kaufpreisaufteilung und Restnutzungsdauer,
- die korrekte Berücksichtigung von Finanzierungs-Nebenkosten und
- die Königsdisziplin der Baumaßnahmen

Die Immobilie ist der letzte Wert im Privatvermögen, bei dem sich solche Potenziale ergeben. Im Gegensatz zu den Einkünften aus Kapitalvermögen (Kursgewinne von Wertpapieren, Dividenden, Zinsen) können sämtliche Kosten, welche im Rahmen der langfristigen Vermietung entstehen, unbegrenzt als Werbungskosten abgezogen werden. Entsteht dabei ein steuerlicher Verlust, ist er direkt mit anderen Einkunftsarten verrechenbar und führt gegebenenfalls zu einer Steuererstattung.

All diese Themen haben eines gemeinsam: Ihnen wird häufig nicht die angemessene Aufmerksamkeit zuteil. Dass dies ein fataler Fehler sein kann, zeigt erneut Tims Gehaltsabrechnung, die in der folgenden Tabelle dargestellt ist.

	MONAT	JAHR
Gehalt	**4.000 €**	**48.000 €**
ABGABEN		
- Rentenversicherung	372 €	4.464 €
- Arbeitslosenversicherung	52 €	624 €
- Krankenversicherung	326 €	3.912 €
- Pflegeversicherung	92 €	1.104 €
Summe Sozialabgaben	**842 €**	**10.104 €**
STEUERN		
- Solidaritätszuschlag	0 €	0 €
- Kirchensteuer	0 €	0 €
- Lohnsteuer	555,58 €	6.666,96 €
Summe Steuern	**555,58 €**	**6.666,96€**
Netto	**2.602,42 €**	**31.229,04 €**
ARBEITGEBERBELASTUNG (OHNE U1-, U2-UMLAGEN, BG-ANTEIL)		
Bruttolohn	4.000 €	48.000 €
+ Rentenversicherung	372 €	4.464 €
+ Arbeitslosenversicherung	52 €	624 €
+ Pflegeversicherung	68 €	816 €
+ Krankenversicherung	326 €	3.912 €
Gesamt	**4.818 €**	**57.816 €**

ANNAHMEN

Jahr	Steuerklasse	Freibetrag	Kinder	Kirche	KV-Satz
2024	1	0 €	-	Nein	14,6 % + 1,7 %

Tims Gehaltsabrechnung

Wer sich speziell die Jahreswerte in der rechten Spalte ansieht, dem wird klar, welche potenzielle Steuererstattung Tim bisher hat liegen lassen.

Tim kann bis zu 6.667 Euro jährlich vom Fiskus zurückerhalten. Dies ist nicht nur ein beachtlicher Erstattungsbetrag, sondern diese Summe kann vielmehr als passiver Investitionszuschuss für den eigenen Vermögensaufbau betrachtet werden.

Auch bezogen auf Tims Lebenszeit gibt es nichts zu verschenken. Teilt man den jährlichen Erstattungsbetrag durch Tims oben errechneten Stundenlohn von 16,25 Euro netto, entspricht dies einer Arbeitszeit von 410 Stunden pro Jahr. In einer Zeitspanne von zehn Jahren macht das eine Summe von 66.625 Euro aus, und damit eine Arbeitszeit von mehr als 2 Jahren.

Mit der richtigen Strategie kannst du deine Immobilie aufwerten und höhere Mieten verlangen, während du auf dem Papier Verluste machst und bereits erarbeitete Steuern zurückholst. So refinanziert dir der Staat im Ergebnis einen Großteil deiner Investment-Entscheidungen – vorausgesetzt, du fängst es klug an.

Die steuerliche Betrachtung der eigenen Immobilieninvestments ist die Kernkompetenz eines Investors. Niemand weiß so gut wie du, welche Objekte du akquirieren möchtest, welche Strategie du mit deinen einzelnen Objekten verfolgst und wie deine langfristigen Ziele mit deinem Immobilien-Portfolio aussehen.

Es ist somit zwingend erforderlich, Grundwissen aufzubauen, damit du nicht in die vielen Fallen tappst, die im Steuerdschungel in Deutschland auf dich warten. Uns ist dabei besonders wichtig, dass das absolut nicht bedeutet, auf den Steuerberater zu verzichten. Die wesentlichen Investment-Entscheidungen kannst du nicht delegieren, doch hilft dir dein Steuerberater bei der Umsetzung. Er kennt das geltende Recht viel detaillierter als du und befasst sich tagtäglich mit der neuesten Rechtsprechung. Wichtig ist für dich vor allem, mit deinem Steuerberater zu kommunizieren. Sprich deine Schritte mit ihm ab, bevor du die Dinge einfach umsetzt! Bei Immobilieninvestments steckt hinter jeder Ecke sehr viel Geld. Aber ein kleiner Fehler genügt, und es ist ebenso viel Geld weg!

Bei der Suche nach einem Steuerberater empfehlen wir dir, dich an eine breit aufgestellte Kanzlei zu wenden mit fünf bis 50 Fachleuten aus verschiedenen Bereichen. Dazu zählen in der Regel Steuerberater, Juristen und gegebenenfalls auch Wirtschaftsprüfer. Eine solche Kanzlei hat die nötigen Ressourcen, dich, wenn es hart auf hart kommt, auch im Einspruchs- oder Gerichtsverfahren zu vertreten. Sie kann außerdem gegebenenfalls die Haftung für steuerliche Gestaltungsfragen übernehmen, die für dein Investment maßgeblich sind.

Learnings

- ❐ Learning 1: Jeden Euro, den du nicht an den Staat zahlen musst, musst du auch nicht verdienen. Oft vergessen wir, welchen Aufwand wir betreiben, um Einnahmen zu generieren, obwohl wir ebenso viel Geld bereits mit klugen Anlage-Entscheidungen und Strategien sparen könnten.
- ❐ Learning 2: Genau hier treten die Vorteile des oben genannten Franklin Zitates zutage. »Nichts in der Welt ist sicher, außer dem Tod und den Steuern«, das impliziert: Das Steuerrecht verändert sich nur sehr langsam, und wir können die Gesetze und die Rechtsprechung in unser strategisches Kalkül einbeziehen. Im Gegensatz zum Tod sind die Umstände im Steuerrecht dabei sogar noch relativ gut kalkulierbar.

Progressiver Steuertarif

Die Grundlage im deutschen Steuerrecht ist der progressive Steuertarif. Das bedeutet zunächst: Auf den sogenannten Grundfreibetrag fällt keine Steuer an. Dieser Grundfreibetrag wird jeder Person ab der Geburt Jahr für Jahr aufs Neue gewährt. Der Grundfreibetrag entspricht dem Existenzminimum (also der Grundsicherung, zu der Nahrungsmittel sowie Kosten der Unterkunft und Heizkosten gehören). Daher wird er analog zu den steigenden Kosten für die Grundsicherung regelmäßig leicht erhöht.

Wachsen deine Einkünfte über den Grundfreibetrag hinaus, so fallen Steuern für jeden hinzuverdienten Euro an. Der Einstiegssteuersatz liegt bei 14 Prozent. Im Anschluss folgt die Progressionszone, in der der Steuersatz mit wachsendem Einkommen bis zum aktuellen Höchstsatz in Höhe von 42 Prozent steigt. Die Progressionszone beginnt aktuell bei 11.605 Euro und endet bei 66.760 Euro. Jeder hinzuverdiente Euro ab 66.761 Euro wird mit 42 Prozent besteuert. Ab 277.826 Euro fällt die sogenannte »Reichensteuer« mit 45 Prozent an (Stand: 2024).

Beispiel

Du verdienst genau 11.605 Euro, also einen Euro über dem Grundfreibetrag. Es entsteht eine Steuerbelastung von 14 Cent auf diesen einen Euro, der steuerpflichtig ist, sprich der 11.605 Euro. Verdienst du hingegen 66.761 Euro, beträgt die Steuerbelastung auf den 66.761. Euro 42 Cent.

Linearer Steuertarif

Im Gegensatz dazu existiert auch noch der lineare Steuertarif. Beim linearen Steuertarif gibt es keinen Grundfreibetrag und steigende Steuersätze. Es ist vielmehr eine Art »Flatrate«.

Lineare Steuertarife kommen bei der Körperschaftsteuer und der Kapitalertragsteuer vor. Diese Steuern entfallen nicht auf Personen, sondern auf den Gewinn und die Ausschüttungen von Kapitalgesellschaften wie UGs, GmbHs und AGs.

Unabhängig von der Höhe des zu versteuernden Einkommens fallen bei Kapitalgesellschaften 15 Prozent Körperschaftsteuer zuzüglich Solidaritätszuschlag und gegebenenfalls Gewerbesteuer an. Soll ein Teil des Gewinnes einer Kapitalgesellschaft an deren Anteilseigner ausgeschüttet werden, kommt die Kapitalertragsteuer in Höhe von 25 Prozent zuzüglich Solidaritätszuschlag auf die Ausschüttung hinzu.

Beispiel

Deine GmbH verdient genau 11.605 Euro. Es entsteht eine Körperschaftsteuerbelastung von 1.740 Euro. Verdient deine GmbH hingegen 66.761 Euro, beträgt die Steuerbelastung 10.014 Euro. Im Ergebnis wird jeder Euro mit 15 Cent Körperschaftsteuer belastet. Die Höhe des Gewinns spielt also bei der Höhe des Steuersatzes keine Rolle.

In der folgenden Grafik siehst du die aktuellen deutschen Steuertarife. Es ist deutlich erkennbar, dass der Quadrant links unten am günstigsten ist. Sich dort aufzuhalten, ist durch den Einsatz verschiedener Steuergestaltungen auch problemlos möglich. Welche Potenziale deine individuelle Situation bietet, erfährst du bei der Lektüre dieses Buches. Für die abschließende Umsetzung empfehlen wir dir die Zusammenarbeit mit einer renommierten Steuerkanzlei.

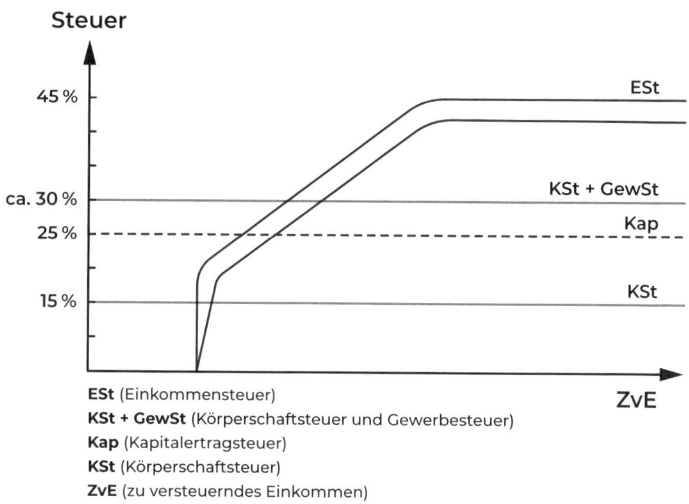

Die aktuellen deutschen Steuertarife; Abkürzungen: ZvE = zu versteuerndes Einkommen, ESt = Einkommensteuer, KSt = Körperschaftsteuer, GewSt = Gewerbesteuer, Kap = Kapitalertragsteuer

Deine eigene Situation

Für Investoren ist es besonders wichtig, sich mit ihrem »persönlichen Steuersatz« auseinanderzusetzen. Es gibt verschiedenste Strategien, die du mit Immobilien verfolgen kannst. Die Steuerbelastung variiert dabei so stark, dass sich bestimmte Objekte gar nicht für dich lohnen oder sogar Probleme in dein bestehendes Portfolio bringen können.

Auf der anderen Seite kannst du die Chancen, die die verschiedenen Steuersätze bieten, allerdings auch nutzen und miteinander kombinieren. Es liegt in deiner Hand, wie viele Steuern du am Ende wirklich zahlen musst. Das siehst du exemplarisch an folgendem Vergleich für Tims Situation:

Tim bekommt von einem Immobilieninvestor ein unschlagbares Angebot und veräußert 2 Jahre nach Anschaffung sein Mehrfamilienhaus mit einem Gewinn in Höhe von 300.000 Euro. Tim plant noch drei weitere Objekte im nächsten Jahr zu veräußern.
Ob das eine gute Idee ist oder Tim am Ende erheblich mehr Steuern zahlen muss, erfährst du im Abschnitt gewerblicher Grundstückhandel.

PRIVATES VERÄUSSERUNGS-GESCHÄFT	TIM (NATÜRLICHE PERSON)	TIM GMBH (KAPITALGESELL-SCHAFT)
Gesamtgewinn	300.000	300.000
Steuersatz	42 %	30 %
Steuerbelastung	126.000	90.000
Steuerersparnis		36.000

Privates Veräußerungsgeschäft – bei Immobilien im Privatvermögen ist die Steuerbelastung sehr hoch!

Deine Aufgabe als Investor besteht darin, bei jedem neuen Objekt und für jede Anlage-Entscheidung die Weichen richtig zu stellen. Kaufst du die Immobilie als natürliche Person oder mit einer deiner Firmen? Verwendest du für den Kauf Eigen- oder Fremdkapital? Um hier gegen teure Fehler gewappnet zu sein, liest du dieses Buch und baust dein Wissen stetig aus!

Nun kümmern wir uns erst einmal darum, deinen persönlichen Steuersatz zu ermitteln. Dafür musst du die verschiedenen Einkunftsarten kennen.

Mögliche Einkunftsarten sind im deutschen Steuerrecht:

- ❒ Einkünfte aus nicht selbstständiger Arbeit (Arbeitnehmer)
- ❒ Einkünfte aus Land- und Forstwirtschaft
- ❒ Einkünfte aus Gewerbebetrieb
- ❒ Einkünfte aus selbstständiger Arbeit (Freiberufler)
- ❒ Einkünfte aus Kapitalvermögen (Kursgewinne aus Wertpapieren, Zinsen, Dividenden)
- ❒ Einkünfte aus Vermietung und Verpachtung (Immobilien)
- ❒ Sonstige Einkünfte (Rente, private Veräußerungsgeschäfte)

Wenn du die folgenden Schritte praktisch nachvollziehst und mit deinen Zahlen füllst, wird es dir am Ende deutlich leichter fallen, eine eigene Immobilienstrategie zu finden und steuerlich zu beurteilen.

An dem folgenden Steuerbescheid kannst du erkennen, dass die Berechnung der festzusetzenden Einkommensteuer mit den Einkunftsarten beginnt.

BESTEUERUNGSGRUNDLAGEN BERECHNUNG DES ZU VERSTEUERNDEN EINKOMMENS		
	€	**Insgesamt €**
EINKÜNFTE AUS GEWERBEBETRIEB		
als Einzelunternehmer	0	
Einkünfte	**0**	**0**
EINKÜNFTE AUS NICHT SELBSTSTÄNDIGER ARBEIT		
Bruttoarbeitslohn	36.000	
ab Arbeitnehmer-Pauschbetrag	- 1.000	
Einkünfte	**35.000**	**35.000**
EINKÜNFTE AUS VERMIETUNG UND VERPACHTUNG		
Aus bebauten Grundstücken		
EW-Aktenzeichen 1001000000000000	- 2.000	
EW-Aktenzeichen 0100001000000000	- 8.300	
Einkünfte	**- 10.300**	**- 10.300**
SONSTIGE EINKÜNFTE		
Einkünfte aus priv. Veräußerungsgeschäften	0	
verbleiben	0	
Einkünfte	**0**	**0**
Summe der Einkünfte	**24.700**	**24.700**
Gesamtbetrag der Einkünfte		**24.700**
SONDERAAUSGABEN		
ab beschränkt abziehbare Sonderausgaben		
Beiträge zur Krankenversicherung inkl. etwaiger Zusatzbeiträge	2.000	
Beiträge zur Pflegeversicherung	300	
Summe der beschränkt abziehbaren Sonderausgaben	**2.300**	**- 2.300**
ab unbeschränkt abziehbare Sonderausgaben		
Summe der unbeschränkt abziehbaren Sonderausgaben		0
mindestens jedoch Sonderausgaben-Pauschbetrag		- 36
Einkommen/zu versteuerndes Einkommen		**22.364**

Die verschiedenen Einkunftsarten am Beispiel eines Steuerbescheids

Dein persönlicher Steuersatz

Um den persönlichen Steuersatz einer natürlichen Person erstmalig zu ermitteln, nutzen wir die Lohn- und Einkommensteuerberechnung des Bundesministeriums für Finanzen. Gib dafür einfach in der Suchmaschine Google die Stichwörter »Einkommensteuerrechner BMF« ein und klicke dann auf die Seite des Bundesministeriums für Finanzen, die ganz oben bei den Suchergebnissen angezeigt wird (www.bmf-steuerrechner.de).

Folgende Angaben sind notwendig:

- Zu versteuerndes Einkommen: Entweder errechnest du dein zu versteuerndes Einkommen aus deinen verschiedenen Einkunftsarten oder du nimmst näherungsweise den Wert von deinem letzten Steuerbescheid, wenn sich deine Einkünfte voraussichtlich nicht wesentlich verändern werden (siehe Abbildung: *Die verschiedenen Einkunftsarten am Beispiel eines Steuerbescheids*).
- Familienstand: Gib an, ob du alleinstehend oder verheiratet bist. Deine Steuerklasse ist für diese Berechnung irrelevant.
- Betrachtungszeitraum: Da der Grundfreibetrag und die verschiedenen Stufen des Steuertarifes, wie oben erläutert, regelmäßig steigen, kannst du hier den Zeitraum auswählen, welchen du betrachten möchtest. Das laufende Jahr ist immer voreingestellt.

Ihre Eingabedaten

zu versteuerndes Einkommen (zvE):	60.000,00 Euro
Persönliche Verhältnisse:	alleinstehend
Berechnungsjahr:	2023

Ergebnis der Berechnung der Einkommensteuer 2023

Tabelle Allgemeine Besteuerungsmerkmale

Ergebnis	Betrag	Durchschnittsbelastung	Grenzbelastung
Einkommensteuer	15.242,00 Euro	25,40 %	40,91 %
Solidaritätszuschlag	0,00 Euro	0,00 %	
Summe	**15.242,00 Euro**	**25,40 %**	

Formel nach §32a EStG

Alternative	zu versteuerndes Einkommen	Formeln
a)	bis 10.908 Euro	ESt = 0
b)	von 10.909 Euro bis 15.999 Euro	ESt = (979,18 * y + 1.400) * y y = (zvE - 10.908) / 10.000
c)	von 16.000 Euro bis 62.809 Euro	ESt = (192,59 * z + 2.397) * z + 966,53 z = (zvE - 15.999) / 10.000
d)	von 62.810 Euro bis 277.825 Euro	ESt = 0,42 * zvE - 9.972,98
e)	ab 277.826 Euro	ESt = 0,45 * zvE - 18.307,73

Grenz- und durchschnittlicher Steuersatz auf der Grundlage der eingegebenen Daten (alleinstehend):

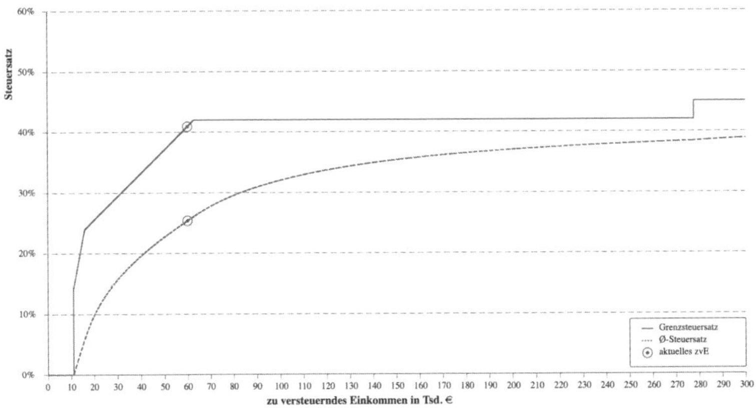

Einkommensteuerberechnung, Quelle: www.bmf-steuerrechner.de → Berechnungen und Informationen zur Einkommensteuer → Berechnung der Einkommensteuer

Als Ergebnis erhältst du deine persönliche Durchschnittsbelastung sowie deine persönliche Grenzbelastung, also den Steuersatz, den du auf den jeweils letzten Euro deiner Einkünfte zahlst. Sie liegt, wie bereits erwähnt, zwischen 14 und 42 Prozent (und kann bei Menschen mit sehr hohem Einkommen auch 45 Prozent betragen). Für deine Investitions-

Entscheidungen ist ausschließlich diese Grenzbelastung interessant. Auch dies liegt an der progressiven Form des Steuertarifes.

Der **Durchschnittssteuersatz** wächst langsam von 0 auf 45 Prozent an und stellt die prozentuale Steuerbelastung bezogen auf dein zu versteuerndes Einkommen dar. Dies hat keinerlei Aussagekraft im Hinblick auf die nächste Gehaltserhöhung oder auf positive oder negative Einkünfte aus Vermietung und Verpachtung.

Im Gegensatz dazu drückt der **Grenzsteuersatz** die prozentuale Belastung des nächsten verdienten Euros aus. Dies ist für Investoren natürlich besonders interessant, da unsere Anlage-Entscheidungen dadurch sehr gut kalkulierbar werden. Jeder hinzuverdiente Euro wird mit dem Prozentsatz der Grenzbelastung versteuert. Das bedeutet allerdings auch, dass jeder Euro, der vom zu versteuernden Einkommen abgezogen werden kann, zu einer Verringerung der Steuerbelastung in dieser Höhe führt!

ZU VERSTEUERNDES EINKOMMEN* IN EURO	DURCHSCHNITTS-STEUERSATZ IN PROZENT	GRENZSTEUERSATZ IN PROZENT
5.000,00	0,00	0,00
10.000,00	0,00	0,00
15.000,00	4,91	22,01
20.000,00	9,78	25,51
25.000,00	13,12	27,53
30.000,00	15,67	29,36
35.000,00	17,76	31,28
40.000,00	19,57	33,21
45.000,00	21,19	35,14
50.000,00	22,69	37,06
55.000,00	24,08	38,99
60.000,00	25,40	40,91
65.000,00	26,66	42,00
70.000,00	28.07	42,00

Durchschnitts- und Grenzsteuersätze für Alleinstehende 2023

** Bei Ehegatten gelten die angegebenen Steuersätze erst beim doppelten zu versteuernden Einkommen.*

Zur Veranschaulichung dient das folgende Beispiel:

Tims zu versteuerndes Einkommen lag im letzten Jahr bei 60.000 Euro. Er beabsichtigt, eine Eigentumswohnung zu erwerben, zu renovieren und anschließend zu vermieten. Die Mieteinnahmen von 6.000 Euro werden durch Zinsen, Verwaltungskosten, Hausgeld sowie Abschreibungen steuerlich verbraucht. Tim kann aber die Renovierung in Höhe von 10.000 Euro im nächsten Jahr voll steuerlich geltend machen. Die Auswirkungen siehst du im Vergleich der beiden folgenden Einkommensteuerberechnungen:

Ergebnis der Berechnung der Einkommensteuer 2023

Tabelle Allgemeine Besteuerungsmerkmale

Ergebnis	Betrag	Durchschnittsbelastung	Grenzbelastung
Einkommensteuer	15.242,00 Euro	25,40 %	40,91 %
Solidaritätszuschlag	0,00 Euro	0,00 %	
Summe	**15.242,00 Euro**	**25,40 %**	

Formel nach §32a EStG

Alternative	zu versteuerndes Einkommen	Formeln
a)	bis 10.908 Euro	ESt = 0
b)	von 10.909 Euro bis 15.999 Euro	ESt = (979,18 * y + 1.400) * y y = (zvE - 10.908) / 10.000
c)	von 16.000 Euro bis 62.809 Euro	ESt = (192,59 * z + 2.397) * z + 966,53 z = (zvE - 15.999) / 10.000
d)	von 62.810 Euro bis 277.825 Euro	ESt = 0,42 * zvE - 9.972,98
e)	ab 277.826 Euro	ESt = 0,45 * zvE - 18.307,73

Grenz- und durchschnittlicher Steuersatz auf der Grundlage der eingegebenen Daten (alleinstehend):

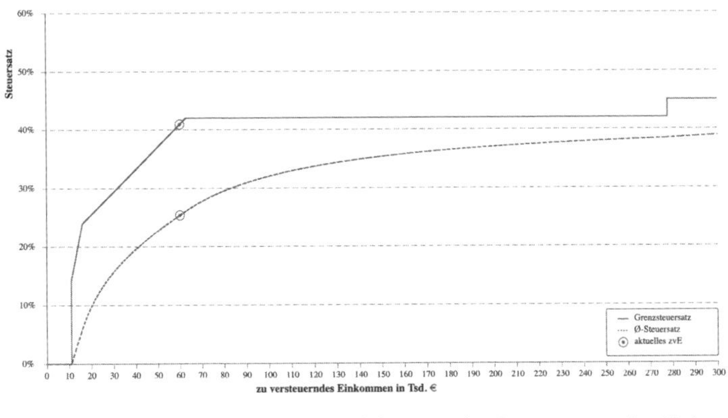

Wie sich Tims Immobilieninvestment steuerlich auswirkt. Zu versteuerndes Einkommen 60.000 Euro. Berechnungsjahr 2023. Tim ist alleinstehend.

Ergebnis der Berechnung der Einkommensteuer 2023

Tabelle Allgemeine Besteuerungsmerkmale

Ergebnis	Betrag	Durchschnittsbelastung	Grenzbelastung
Einkommensteuer	11.343,00 Euro	22,69 %	37,06 %
Solidaritätszuschlag	0,00 Euro	0,00 %	
Summe	11.343,00 Euro	22,69 %	

Formel nach §32a EStG

Alternative	zu versteuerndes Einkommen	Formeln
a)	bis 10.908 Euro	ESt = 0
b)	von 10.909 Euro bis 15.999 Euro	ESt = (979,18 * y + 1.400) * y y = (zvE - 10.908) / 10.000
c)	von 16.000 Euro bis 62.809 Euro	ESt = (192,59 * z + 2.397) * z + 966,53 z = (zvE - 15.999) / 10.000
d)	von 62.810 Euro bis 277.825 Euro	ESt = 0,42 * zvE - 9.972,98
e)	ab 277.826 Euro	ESt = 0,45 * zvE - 18.307,73

Grenz- und durchschnittlicher Steuersatz auf der Grundlage der eingegebenen Daten (alleinstehend):

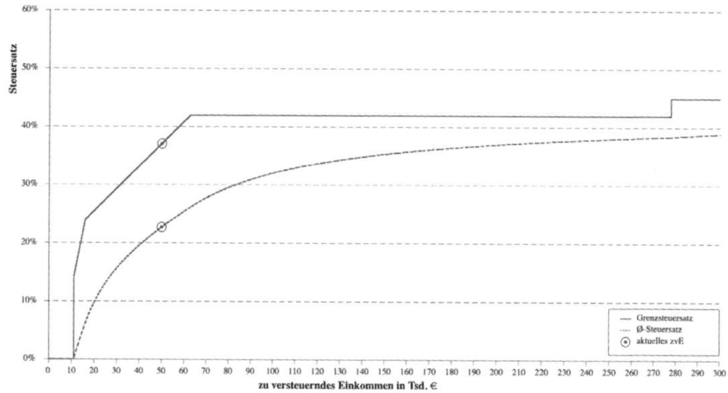

Wie sich Tims Immobilieninvestment steuerlich auswirkt. Zu versteuerndes Einkommen 50.000 Euro. Berechnungsjahr 2023. Tim ist alleinstehend.

Von der Renovierung, die 10.000 Euro gekostet hat, trägt der Staat in der vorliegenden Beispielrechnung 3.899 Euro. Tim bekommt also nicht jeden Euro zurück, den er steuerlich absetzen kann, sondern nur den prozentualen Anteil, der seinem Grenzsteuersatz entspricht.

Vor der Renovierung hatte Tim einen Grenzsteuersatz von 40,91 Prozent. Nach der Renovierung ist der Grenzsteuersatz auf 37,06 Prozent abgeschmolzen. Für weitere Objekte müsste Tim also mit dem neuen Grenzsteuersatz von 37,06 Prozent kalkulieren.

Kostenarten und Einkunftsprognose

Nachdem du deinen persönlichen Grenzsteuersatz ermittelt hast, wollen wir uns mit den verschiedenen Kostenarten bei einem Immobilieninvestment auseinandersetzen. Dafür ist es wichtig, dass du vom Angestellten-Denken in eine Unternehmer-Perspektive wechselst. Die Einnahmen sind leicht zu ermitteln. Interessant wird es allerdings auf der Seite der Ausgaben. Hier kann nicht einfach ein Pauschalbetrag geltend gemacht werden, den die meisten ohnehin nicht überschreiten. Solche Pauschalen kennst du vielleicht vom Sparerpauschbetrag bei der Kapitalertragsteuer oder dem Werbungskostenpauschbetrag bei den Einkünften aus nicht selbstständiger Arbeit.

Als Vermieter kannst du hingegen sämtliche Aufwendungen im Zusammenhang mit deinen Vermietungsobjekten steuerlich geltend machen. Dafür musst du sehr genau Buch führen, richtig kalkulieren und langfristig planen.

Im Ergebnis gehören nicht sämtliche Aufwendungen, die bei einer vermieteten Immobilie anfallen, zu den steuerlich relevanten Ausgaben, und es wirken sich nicht alle steuerlich abziehbaren Kosten auf deine Liquidität aus. Im ersten Schritt wollen wir uns daher mit den verschiedenen Kostenarten auseinandersetzen!

Du musst zwischen den folgenden drei Kostenarten unterscheiden:

1. Echte Kosten
2. Kalkulatorische Kosten
3. Steuerliche Kosten

Echte Kosten

Echte Kosten zeichnen sich dadurch aus, dass sie eine tatsächliche Veränderung deiner Liquidität zur Folge haben. Sie wirken sich zwar sofort auf dein Bankkonto aus, doch muss dies nicht automatisch steuerliche Folgen haben.

Ein Beispiel hierfür ist die Einbauküche. Du erwirbst sie für beispielsweise 4.000 Euro und musst diese Rechnung sofort begleichen. Steuerlich hingegen wird das bewegliche Wirtschaftsgut »Einbauküche« über zehn Jahre abgeschrieben.

Weiter zählt zu den echten Kosten, die sich steuerlich *nicht* sofort auswirken, die Zuführung zur Erhaltungsrücklage. Das ist das Geldpolster, das etwa bei Wohnanlagen gemeinschaftlich von allen Wohnungseigentümern aufgebaut wird, um später davon einmal größere Instandhaltungs-Maßnahmen zu bestreiten. Die Erhaltungsrücklage ist ein Teil des Wohngeldes, das jeder Wohnungseigentümer Monat für Monat an die Hausverwaltung zahlt.

Echte Kosten, die sich steuerlich nie auswirken, sind Tilgungszahlungen. Daher bezeichnen wir die Tilgung als unwiderruflich verlorene Liquidität.

Kalkulatorische Kosten

Die kalkulatorischen Kosten liegen in deiner Hand. Wenn du eine Immobilie erwirbst, wirst du möglicherweise schon eine Vorstellung davon haben, welche Maßnahmen du wann durchführen möchtest, um langfristig ein bestmögliches Vermietungsergebnis zu erzielen.

Beispielsweise nimmst du dir für den Mieterwechsel in circa fünf Jahren eine umfassende Sanierung vor und möchtest bis dahin einen Betrag von 20.000 Euro zur Verfügung haben. In diesem Szenario kannst du also das Ansparen von 4.000 Euro pro Jahr als kalkulatorische Kosten ansetzen.

Auf deine Liquidität wirken sich diese Kosten in der Sparphase nicht aus, da du sie maximal auf ein anderes Konto umbuchst. Steuerlich wirksam werden die Kosten erst bei Zahlung der Handwerkerrechnung in fünf Jahren. Es handelt sich bei den kalkulatorischen Kosten also zunächst um rechnerische Kosten zur Beurteilung deines Investments.

Steuerliche Kosten

Zu den großen Kostenblöcken, die du steuerlich geltend machen kannst, gehören Betriebsausgaben, Werbungskosten, Sonderausgaben und außergewöhnliche Belastungen. Die Betriebsausgaben und Werbungskosten beziehen sich dabei direkt auf eine Einkunftsart. Sie entstehen im Zusammenhang mit der Absicht, Einnahmen zu erzielen. Bei den Sonderausgaben und außergewöhnlichen Belastungen handelt es sich hingegen grundsätzlich um privat veranlasste Kosten wie Kranken- und Pflegeversicherung, Schulgeld, Spenden oder Krankheitskosten. Diese hat der Gesetzgeber zum Abzug zugelassen, um bestimmte gesellschaftliche Erfordernisse (zum Beispiel den Abschluss einer Krankenversicherung) zu fördern und Einzelschicksale (zum Beispiel die Pflege von Angehörigen) abzufedern.

Jeder kennt den Ausdruck »etwas von der Steuer absetzen«. Doch was verbirgt sich dahinter eigentlich im Detail? Es ist wichtig zu wissen, dass sich jeder Euro, den du absetzen kannst, maximal mit deinem bereits ermittelten Grenzsteuersatz auswirkt. Die Erstattung, welche du aufgrund deiner Steuererklärung erhältst, ist demnach nur ein prozentualer Anteil der tatsächlichen Kosten.

Solange steuerliche Kosten im Ergebnis gleichzeitig echte Kosten bedeuten, sorgt ein gesparter Euro bei dir als Investor für mehr Liquidität in der Tasche als ein abgesetzter Euro!

Trotzdem gibt es gerade für Vermieter viele Möglichkeiten, steuerliche Kosten gezielt einzusetzen, sodass sie dem eigenen Vermögensaufbau dienen. Doch welche Kosten treten in Verbindung mit den Einkünften aus Vermietung und Verpachtung auf?

Zu den steuerlichen Kosten gehören sämtliche Aufwendungen, die unter die Begriffe »Betriebsausgaben« und »Werbungskosten« fallen. Inhaltlich handelt es sich bei diesen Begriffen quasi um dieselben Kostenblöcke. In der Fachterminologie spricht man bei Gewerbebetrieben sowie Kapitalgesellschaften von Betriebsausgaben und im Privatvermögen beziehungsweise bei vermögensverwaltenden Personengesellschaften von Werbungskosten.

Die steuerlichen Kosten lassen sich in drei Arten untergliedern:

1. Die **laufenden Kosten** wie Schuldzinsen, Verwaltungskosten und Betriebskosten sind gleichzeitig echte Kosten und wirken sich somit immer auch auf die Liquidität aus.
2. Darüber hinaus gibt es die **Absetzung für Abnutzung** (AfA), landläufig auch Abschreibung genannt. Diese kennst du unter anderem vom bereits angeführten Beispiel der Einbauküche. Die AfA wirkt sich trotz der Einmalzahlung, also trotz Liquiditätsabfluss zu einem bestimmten Zeitpunkt, über die betriebsgewöhnliche Nutzungsdauer aus. Bei einer Einbauküche sind dies zehn Jahre. Die Kosten für die Einbauküche können also jährlich zu einem Zehntel steuerlich geltend gemacht werden. Bei dem Gebäudeanteil beträgt die Nutzungsdauer je nach Baujahr 40 oder 50 Jahre, also 2 Prozent oder 2,5 Prozent AfA.
3. Zuletzt gibt es noch **Kosten ohne direkten Liquiditätsabfluss**. Hierzu gehören unter anderem die Verpflegungsmehraufwendungen. Bist du auf einer mehr als acht Stunden dauernden Reise im Zusammenhang mit deinen Vermietungseinkünften, kannst du 16 Euro Verpflegungsmehraufwand steuerlich geltend machen beziehungsweise 32 Euro für jeden vollen Kalendertag. Wie der Name schon andeutet, sollen diese Beträge den Mehraufwand für die Verpflegung am Zielort der Reise abgelten. Es ist dafür nicht zwingend notwendig, dass diese Mehraufwendungen tatsächlich entstanden sind, etwa weil du essen gehst oder beim Bäcker ein Brötchen kaufst. Diese steuerlichen Kosten können somit geltend gemacht werden, ohne dass du tatsächlich Geld ausgibst.

Prognostizierte Einkünfte

Nachdem wir die steuerlich relevanten Kosten nun identifizieren können, wollen wir die prognostizierten Einkünfte von deinem neuen Investment ermitteln. Dazu kannst du von den erwarteten Mieteinnahmen deine Werbungskosten abziehen und erhältst unter dem Strich die Einkünfte aus Vermietung und Verpachtung. Im Detail sieht das wie folgt aus:

Auf der Einnahmenseite reicht es aus, mit der anvisierten Nettokaltmiete des ersten ganzen Jahres zu kalkulieren. Die Ausgabenseite ist hingegen etwas umfangreicher.

Für die AfA musst du zunächst eine Kaufpreisaufteilung vornehmen. Denn steuerlich abschreiben lässt sich nur der Teil des Kaufpreises, der auf das Gebäude entfällt, weil sich dieses tatsächlich abnutzt. Der Teil des Kaufpreises, der hingegen auf das Grundstück entfällt, erfährt keine Wertminderung durch Abnutzung und lässt sich folglich auch nicht im Rahmen der AfA geltend machen. Die Höhe der AfA aufs Gebäude ist vom ursprünglichen Baujahr des Objektes abhängig. Liegt das Baujahr vor dem 1. Januar 1925, sind 2,5 Prozent pro Jahr abzugsfähig. Nach dem 31. Dezember 1924 sind es nur noch 2 Prozent.

Bei einer Eigentumswohnung ziehst du weiter die nicht umlagefähigen Kosten gemäß Wirtschaftsplan ab, jedoch ohne die laufenden Einzahlungen in die Erhaltungsrücklage, die du mit dem monatlichen Hausgeld leistest. Wenn du beabsichtigst, eine Sondereigentumsverwaltung zu beauftragen (also eine Hausverwaltung, die speziell für dich und deine Wohneinheit tätig wird und nicht für die gesamte Wohnungseigentümergemeinschaft), kannst du diese Kosten ebenfalls von den Einnahmen abziehen.

Weitere rechnerische Verwaltungskosten für Internet, Telefon und Fahrten zu deinem Objekt kannst du mit deinen Erfahrungswerten ansetzen. Als Mittelwert aus der Praxis nutzen wir hier 200 Euro.

Zuletzt ziehst du die voraussichtlichen Zinsaufwendungen für den Immobilienkredit von den Einnahmen ab. Die anfänglichen Zinsaufwendungen kannst du anhand des Finanzierungsangebotes deiner Bank leicht selbst errechnen.

Das Ergebnis sind die kalkulatorischen Einkünfte aus Vermietung und Verpachtung im ersten Jahr nach der Anschaffung.

Die steuerliche Kalkulation hat Vorrang

Es ist wichtig, den Unterschied zwischen der steuerlichen Berechnung deines Objektes und der Liquiditätsrechnung zu kennen, da die Reihenfolge nach unserer praktischen Erfahrung immer wieder vertauscht wird. Bei der Kalkulation deiner Objekte musst du stets die **steuerliche Berechnung vor der Liquiditätsrechnung** erstellen!

Das hat folgenden Grund: Ein positives Ergebnis der steuerlichen Berechnung ist dem zu versteuernden Einkommen hinzuzurechnen. Ein negatives Ergebnis kann hingegen vom zu versteuernden Einkommen abgezogen werden. Als Resultat erhältst du für jedes neue Objekt einen Näherungswert dazu, wie hoch deine Steuererstattung oder Nachzahlung ausfallen wird. Diese Nachzahlung oder Erstattung wirkt sich natürlich unmittelbar auf die Liquiditätsrechnung aus. Aus diesem Grund muss die steuerliche Berechnung immer an erster Stelle stehen.

Weiter solltest du im Hinterkopf behalten, dass sich die Zahlen im Laufe deines Investitionszeitraums voraussichtlich verändern werden. So kannst du die Einnahmen hoffentlich weiter steigern, die Höhe des Hausgeldes passt sich den zukünftigen Entscheidungen auf den Eigentümerversammlungen an, und die Zinslast sinkt bei einem Annuitätendarlehen mit fortschreitender Rückzahlung exponentiell.

Um diese veränderten Bedingungen in deiner Kalkulation aufgreifen zu können, haben wir mit Microsoft Excel das Tool »Immobilien-Kalkulation« entwickelt. Wie diese Kalkulation im Detail aussieht, zeigt dir das folgende Beispiel.

Gib hier deine Objektdaten ein

Kaufpreis	200.000,00 €
Gebäudeanteil in %	80,00%
Maklercourtage inkl. MwSt. in %	3,57%
Notar- und Gerichtskosten in %	1,50%
Grunderwerbssteuer in %	3,50%
Baujahr	1900
Restnutzungsdauer für Sonder-AfA in Jahren	
Größe in qm	80,00
Kaltmiete pro Monat	660,00 €
persönlicher Steuersatz	42,00%
Kosten Hausverwaltung pro Monat	25,00 €
nicht umlegbare Kosten (ohne Instandhaltung) pro Monat	60,00 €
Instandhaltungsrücklage pro Monat	60,00 €
Darlehenssumme	200.000,00 €
Zinsen p.a.	3,00%
Tilgung p.a.	1,50%
tilgungsfreie Anlaufzeit (in Monaten)	
Modernisierung im Jahr (1 - 20)	
Modernisierungskosten	

Steuerliche Betrachtung im Betrachtungsjahr

Einnahmen		Ausgaben	
Kaltmiete	7.920,00 €	Abschreibung Immobilie	4.342,80 €
		Kosten Modernisierung	0,00 €
		Hausverwaltung	300,00 €
		nicht umlegbare Kosten ohne Instandhaltung	720,00 €
Gesamt	**7.920,00 €**	Zinsen	5.958,40 €
steuerliches Ergebnis	-3.401,20 €	**Gesamt**	**11.321,20 €**
Steuerzahlung (-) / Rückerstattung (+)	1.428,51 €		

Cashflow / Liquidität im Betrachtungsjahr

Einnahmen		Ausgaben	
Kaltmiete	7.920,00 €	Zins	5.958,40 €
		Tilgung	3.041,60 €
		Hausverwaltung	300,00 €
		nicht umlegbare Kosten ohne Instandhaltung	720,00 €
		Instandhaltung	720,00 €
		Eigenanteil Modernisierung	0,00 €
Gesamt	**7.920,00 €**	**Gesamt**	**10.740,00 €**
Steuerzahlung (-) / Rückerstattung (+)	1.428,51 €		
Liquidität	-1.391,49 €		
Liquidität pro Monat	-115,96 €		

Immobilien-Kalkulation

Mit dem Excel-Tool kannst du genau abschätzen, wie sich deine Steuerlast durch eine neue Immobilie verändern wird und ob sich das Objekt am Ende für dich rentiert oder nicht. Das Excel-Tool bietet dir zudem einen schnellen Rechtsformvergleich, und geplante Sanierungen können detailliert in deine Kalkulation aufgenommen werden.

Beispiel

Greifen wir das obige Objekt wieder auf, welches Tim für 10.000 Euro renovieren möchte. Die Kaltmiete beträgt auf das Jahr bezogen 6.000 Euro.
Nach Kaufpreisaufteilung entfallen 70 Prozent der Anschaffungskosten auf den Gebäudeanteil. Zu den Anschaffungskosten gehören der Kaufpreis und die Nebenkosten wie Notar- und Maklergebühren sowie die Grunderwerbsteuer. Wir gehen hier von Gesamtkosten in Höhe von 100.000 Euro aus. 70 Prozent entsprechen demnach 70.000 Euro.
Aufgrund des Baujahres vor dem 1. Januar 1925 ist der Gebäudeanteil des Kaufpreises mit 2,5 Prozent, also 1.750 Euro, pro Jahr abzuschreiben.
Die nicht umlagefähigen Nebenkosten betragen monatlich 100 Euro, worin 50 Euro für die Erhaltungsrücklage enthalten sind. Es verbleiben also 50 Euro pro Monat, 600 Euro jährlich, die sich steuerlich auswirken.
Das Objekt soll von einer Sondereigentumsverwaltung betreut werden, welche 25 Euro im Monat kostet. Der Jahresbetrag liegt somit bei 300 Euro. Als weiteren Aufwand ziehen wir die rechnerischen Verwaltungskosten in Höhe von 200 Euro ab.
Tim liegt ein Kreditangebot seiner Bank mit einem Zinssatz von 3 Prozent bei 1,5 Prozent anfänglicher Tilgung vor. Der anfängliche Zinsaufwand liegt somit bei 3.000 Euro. Die Tilgung wirkt sich steuerlich nicht aus.

STEUERLICHE BERECHNUNG	BETRAG IN EURO
Mieteinnahmen	6.000
Abschreibung (AfA)	-1.750
Nicht umlagefähige Kosten	-600
Sondereigentumsverwaltung	-300
Verwaltungskosten	-200
Zinsen	-3.000
Einkünfte	150
Steuerlast	**55,60**

Steuerberechnung

Summierst du diese Zahlen auf, erhältst du steuerpflichtige Einkünfte aus Vermietung und Verpachtung in Höhe von 150 Euro. Bei dem oben genannten Grenzsteuersatz in Höhe von 37,06 Prozent hätte dies eine Nachzahlung von circa 55,60 Euro für das erste volle Jahr nach der Anschaffung zur Folge. Die Liquiditätsrechnung nach Steuern ergibt eine Unterdeckung von 255,60 Euro im ersten Jahr nach der Anschaffung.

LIQUIDITÄTSBERECHNUNG	BETRAG IN EURO
Einnahmen	6.000
Tilgung	-1.500
Nicht umlagefähige Kosten	-600
Erhaltungsrücklage	-600
Sondereigentumsverwaltung	-300
Verwaltungskosten	-200
Zinsen	-3.000
Steuerlast	**-55,60**
Liquidität nach Steuern	**-255,60**

Liquiditätsrechnung

Learnings

- ❒ Learning 1: Es gibt verschiedene Steuertarife, die sich miteinander kombinieren und somit nutzen lassen. Dabei kann der progressive Steuertarif sehr vorteilhaft sein, wenn man Verluste aus Vermietung und Verpachtung erzielt. Der lineare Steuertarif ist hingegen eine Art »Flatrate«, der für positive Vermietungseinkünfte oft die günstigere Variante ist.
- ❒ Learning 2: Der persönliche Grenzsteuersatz ist entscheidend für die steuerliche Auswirkung von Vermietungseinkünften im Privatvermögen. Der Durchschnittssteuersatz, welcher aus dem Steuerbescheid hervorgeht, ist hierfür hingegen nicht relevant.

- ❒ Learning 3: Die steuerliche Berechnung erfolgt immer vor der Liquiditätsrechnung, da Steuererstattungen oder Nachzahlungen in die Liquiditätsrechnung einfließen.
- ❒ Learning 4: Mit unserem Excel-Tool erfordert es wenig Aufwand, ein neues Objekt anzulegen und zu kalkulieren. Mit ein bisschen Erfahrung ist dies schnell durchgeführt und eröffnet nie dagewesene Vorteile.
- ❒ Learning 5: Auch bei einem steuerlichen Überschuss kann die Liquidität negativ sein. Anders herum können durch eine kreditfinanzierte Modernisierung ein negatives steuerliches Ergebnis und ein hoher Liquiditätsüberschuss erzielt werden.

Einkünfte aus Vermietung und Verpachtung

Zu den Einkünften aus Vermietung und Verpachtung gehört die Vermietung von unbeweglichem Vermögen. Dazu gehören unter anderem Grundstücke und Gebäude. Ob du eine Wohnung, ein Haus oder nur ein Zimmer vermietest, ist aus steuerlicher Sicht einerlei. Einkünfte aus Vermietung und Verpachtung werden in der »Anlage V« in der Steuererklärung angegeben. Dabei ist jeder Vermieter verpflichtet, für jedes seiner Objekte eine entsprechende Anlage einzureichen.

Der Begriff »Einkünfte« bedeutet, dass du den Überschuss beziehungsweise den Verlust aus Einnahmen abzüglich der Werbungskosten ermitteln musst. Zu beachten ist der Veranlassungszusammenhang. Alle Aufwendungen und Erträge, die mit der Absicht entstehen, Einkünfte aus Vermietung und Verpachtung zu erzielen, können steuerlich geltend gemacht werden. Davon abzugrenzen sind Aufwendungen und Erträge, die deine private Lebenssphäre berühren. Du wirst sehen, dass hier immer wieder Abgrenzungs- und Aufteilungsprobleme entstehen, auf die wir an entsprechender Stelle eingehen.

Wichtig ist für dich als Investor: Bei den Einkünften aus Vermietung und Verpachtung ist das Zufluss- und Abfluss-Prinzip anzuwenden (§ 11 EStG). Einnahmen sind dabei grundsätzlich dem Kalenderjahr zuzurechnen, indem sie dir zufließen. Ausgaben musst du in dem Kalenderjahr geltend machen, in dem du sie leistest. Vereinfacht kannst du die Einkünfte aus Vermietung und Verpachtung also zu einem großen Teil anhand deiner Kontobewegungen ermitteln.

Es gibt allerdings **zwei Ausnahmen** vom Zufluss- und Abfluss-Prinzip:

1. Die erste Ausnahme bilden die abnutzbaren Wirtschaftsgüter. Die Anschaffungskosten sind unabhängig vom Zeitpunkt der Zahlung in gleichbleibenden Raten über die betriebsgewöhnliche Nutzungsdauer abzusetzen. Diese Vorgehensweise nennt man, wie bereits erwähnt, AfA oder Abschreibung.
2. Die zweite Ausnahme sind regelmäßig wiederkehrende Einnahmen und Ausgaben wie Miete, Hausgeld oder Betriebskosten. Diese sind über den Jahreswechsel dem Kalenderjahr zuzurechnen, zu dem sie gehören, wenn sie innerhalb eines Zehn-Tage-Zeitraumes vor oder nach dem 31. Dezember fällig sind und auch gezahlt werden.

Einnahmen

Zu den Einnahmen aus Vermietung und Verpachtung gehören alle Güter, die dir aufgrund der Nutzungsüberlassung von unbeweglichem Vermögen zufließen (§ 8 EStG). Es kann sich dabei sowohl um Geld als auch um Sachzuwendungen oder Arbeitsleistungen handeln. Zu den Einnahmen zählen unter anderem die Nettokaltmiete, die Nebenkosten mitsamt Nachzahlungen, die Miete für Nebenräume, Garagen oder Werbeflächen und zudem Sachbezüge wie beispielsweise die Tätigkeit eines Mieters als Hausmeister.

Die Nebenkostenvorauszahlungen sind zunächst laufend als Einnahmen anzusetzen. Das Ergebnis der Betriebskostenabrechnung wird jeweils im Folgejahr (Zeitpunkt der Zahlung) berücksichtigt.

Beispiel

Dein Mieter leistet, wie im Mietvertrag vereinbart, zum 1. eines jeden Monats 150 Euro Nebenkostenvorauszahlungen. Du rechnest in diesem Jahr am 16. Juni über die Nebenkosten des Vorjahres ab. Das Ergebnis ist eine Erstattung an deinen Mieter in Höhe von 100 Euro, die du ihm natürlich umgehend überweist. In Summe musst du die laufenden Vorauszahlungen des Mieters in Höhe von 1.800 Euro sowie das Ergebnis der Betriebskostenabrechnung des Vorjahres in Höhe von -100 Euro, also insgesamt 1.700 Euro, als vereinnahmte Umlagen in der Anlage V deklarieren.

Eine neutrale Rolle spielt bei der Einkünfteermittlung die Kaution. Es handelt sich um einen zivilrechtlichen Anspruch des Mieters, also um Geld, das bei dir als Vermieter ausschließlich verwahrt wird. Aus diesem Grund handelt es sich bei Zahlung der Kaution nicht um eine steuerpflichtige Einnahme. Erst bei der Verwendung der Kaution fließt dir als Vermieter diese als Einnahme zu.

Wenn du die Kaution aufgrund nicht durchgeführter Renovierungs-Maßnahmen einbehältst, musst du steuerlich Einnahmen erklären, welche in der Regel direkt durch Werbungskosten in Form von Erhaltungsaufwand kompensiert werden. Denn schließlich gibst du das Geld aus der Kaution ja auch sofort wieder für entsprechende Handwerkerleistungen aus. Soweit die Kaution allerdings für nicht gezahlte Mieten oder Betriebskosten einbehalten wird, sind ausschließlich die Einnahmen anzusetzen. Entsprechend erhöhen sich deine Einkünfte aus Vermietung und Verpachtung dann.

Eine weitere Besonderheit sind Bausparzinsen. Wenn ein Bausparvertrag als Bedingung für eine Immobilienfinanzierung abgeschlossen wird, gehören die Zinseinnahmen nicht mehr zu den Einkünften aus Kapitalvermögen. Sie sind eindeutig im Zusammenhang mit der Vermietungsabsicht entstanden. Dies nennt man »Subsidiaritätsprinzip«.

Die Zinseinnahmen unterliegen somit im Rahmen der Vermietungseinkünfte dem persönlichen Einkommensteuersatz. Die geleistete Kapitalertragsteuer wird wie andere Kapitalerträge in der »Anlage KAP« erklärt und auf die festgesetzte Einkommensteuer angerechnet.

Zuletzt gibt es die verbilligte Vermietung von Wohnraum. Nur wenn die Mieteinnahmen mindestens 66 Prozent der ortsüblichen Kaltmiete betragen, können die in diesem Zusammenhang entstandenen Werbungskosten vollständig bei der Einkünfteermittlung abgezogen werden (§ 21 Absatz 2 EStG).

Betragen die Mieteinnahmen zwischen 50 Prozent und 65 Prozent der ortsüblichen Kaltmiete, können die Kosten nur vollständig geltend gemacht werden, wenn eine Gewinnerzielungsabsicht vorliegt. Das bedeutet, dass hochgerechnet auf den Investitionszeitraum, der nach der aktuellen Rechtsprechung 30 Jahre beträgt (BFH-Urteil vom 22.7.2003 (BStBl II 2003, 806), trotz der geringen Miete ein Überschuss der Einnahmen über die Werbungskosten entstehen muss.

Bei der Vermietung an Angehörige ist zusätzlich auf die fremdübliche Gestaltung des Mietverhältnisses zu achten. Die Vermietung muss also so ablaufen wie unter Fremden. Dazu gehören sowohl der Abschluss eines schriftlichen Mietvertrags als auch die tatsächliche Zahlung der Miete.

Werbungskosten

Es gibt diverse Arten von Werbungskosten. Wie bereits im Kapitel Kostenarten erwähnt, sind manche Kosten für dich mit einem direkten Liquiditätsabfluss verbunden. Sie sollten demnach mit Bedacht eingesetzt werden. Andere Kosten sind wiederum fiktiv und können steuerlich sofort abgezogen werden. Im Folgenden möchten wir dir die wichtigsten Positionen aus Sicht eines Immobilieninvestors einmal kurz vorstellen:

Hausgeld

Zu den typischen Werbungskosten gehören die Betriebskosten. Dazu zählt auch das Hausgeld, welches nur bei Eigentumswohnungen anfällt. Diese zumeist monatliche Zahlung umfasst unter anderem Heizungs-, Wasser- und Hausmeisterkosten, Müllgebühren, öffentliche Abgaben und Versicherungsbeiträge bezüglich des Grundvermögens.

Während du Verwaltungskosten, die ebenfalls im Hausgeld enthalten sind, nicht im Rahmen des Mietverhältnisses auf den Mieter umlegen kannst, sind sie selbstverständlich als Werbungskosten abziehbar.

Hier ist erneut besonders auf das Zufluss- und Abfluss-Prinzip zu achten. Die Hausgeldzahlungen sind zunächst als laufende Werbungskosten anzusetzen. Das Ergebnis der Hausgeldabrechnung ist erst im Zeitpunkt der Zahlung hinzuzurechnen beziehungsweise abzuziehen.

Eine Besonderheit ist die Erhaltungsrücklage. Ein Teil des monatlichen Hausgeldes entfällt darauf. Mit jeder Zahlung erwirbst du gegenüber der Wohnungseigentümergemeinschaft einen Geldanspruch. Bei Veräußerung deines Objektes verkaufst du diesen Anspruch mit. Es handelt sich demnach vorher um Geld auf deinem eigenen Konto und nachher um eine Forderung gegenüber der Wohnungseigentümergemeinschaft (das Geld liegt auf dem Rücklagenkonto der Hausverwaltung). Da die Zuführung zur Erhaltungsrücklage im Ergebnis keinen Aufwand für dich darstellt, kannst du sie nicht bereits bei Zahlung steuerlich geltend machen. Erst wenn Geld aus der Erhaltungsrücklage entnommen wird, etwa um eine nötige Instandhaltungsmaßnahme an der gemeinschaftlichen Wohnanlage durchzuführen, entsteht steuerlich wirksamer Aufwand. Ob dies der Fall war, kannst du in der jährlichen Hausgeldabrechnung entnehmen. Je nach Verwendung kannst du somit den Entnahmebetrag als Erhaltungsaufwand oder auf andere Weise geltend machen.

Finanzierungskosten

Zu den abzugsfähigen Finanzierungskosten gehören nicht nur die laufenden Zinsen, welche die Bank monatlich mit der laufenden, in der Regel immer gleichen Kreditrate (Annuität) erhält, sondern auch die Finanzierungsnebenkosten. Es handelt sich dabei um die Kosten der Grundschuldbestellung beim Notar sowie die Eintragung der Grundschuld beim Grundbuchamt. Auch die Kosten eines Finanzierungsvermittlers können zu den Finanzierungsnebenkosten zählen, wenn dieser von dir eine gesonderte Provision erhält, die nicht bereits im Sollzins enthalten ist.

Sowohl Finanzierungs- als auch Finanzierungsnebenkosten folgen stets dem finanzierten Wirtschaftsgut. Bei Immobilien kommen diese

Kosten am häufigsten in der Erwerbsphase eines neuen Objektes sowie in der Phase der Anschlussfinanzierung vor. Soweit die Darlehensmittel für eine vermietete Immobilie eingesetzt werden, kannst du die Aufwendungen steuerlich geltend machen.

Auf diesen Punkt ist besonders bei reinen Geldbeschaffungs-Maßnahmen zu achten, welche beispielsweise durch frei gewordene Grundschulden möglich sind. Wenn dir die Bank auf dieser Grundlage ein Darlehen auszahlt, sind die Zinsen nur steuerlich abziehbar, soweit du die Darlehensmittel wieder mit Vermietungsabsicht in eine Immobilie investierst.

Das bedeutet für dich: Ein neues Objekt oder eine Renovierung sind unschädlich. Ein neuer Porsche sollte vom betreffenden Geld allerdings nicht angeschafft werden.

Nach dem Grundsatz der Vertragsfreiheit steht dir die Option offen, deine finanziellen Verhältnisse möglichst steuergünstig zu regeln. Eine Möglichkeit hierzu bietet das Zwei- oder Mehrkontenmodell. Bei diesem Modell wird Fremdkapital gezielt der steuerlich relevanten Sphäre zugeordnet, wie bereits am Beispiel der Nachbeleihung erläutert.

Die einfachste Form dieser Gestaltung ist das Zweikontenmodell. Hierzu wird ein Vermieterkonto eingerichtet, über welches sämtliche Mieteinnahmen laufen und für private Zwecke verwendet werden dürfen. Von dem zweiten Konto werden Aufwendungen bezahlt, die durch die Vermietung veranlasst sind. Es handelt sich demnach ausschließlich um ein Konto für Werbungskosten.

Die Zinsen, die auf diesem Konto anfallen, sind vollständig als Finanzierungskosten abziehbar. Wichtig ist, dass hier keinerlei private Aufwendungen untergemischt werden, da diese den steuerlichen Abzug der Zinsen ausschließen würden. Außerdem muss das konkrete Vorgehen natürlich mit deiner Bank abgesprochen werden, um möglichst günstige Finanzierungskonditionen zu erhalten und der eigenen Bonität nicht zu schaden.

Verwaltungskosten

Zu den typischen Verwaltungskosten eines Objektes gehören die Sondereigentumsverwaltung, die Kontoführungsgebühren und die Kosten der steuerlichen Beratung.

Nicht jährlich anfallende Verwaltungskosten können Inserate oder Maklergebühren sein, die im Rahmen der Neuvermietung anfallen. Darüber hinaus können auch Abstandszahlungen an deinen Mieter sofort steuerlich abziehbar sein, wenn du ihn zum Auszug auf freiwilliger Basis bewegst in der Absicht, das Objekt neu und zu besseren Bedingungen zu vermieten. Dagegen sind die Kosten nicht steuerlich abziehbar, wenn du beabsichtigst das Objekt ohne Neuvermietung zu verkaufen oder selbst dort einzuziehen (BFH-Urteil vom 26. Januar 2011 – IX R 24/10). Sollte es einmal zu einem Rechtsstreit rund um das Mietverhältnis kommen, handelt es sich bei den Rechtsanwaltskosten ebenfalls um typische Verwaltungsaufwendungen.

Zu den wichtigsten Verwaltungskosten gehören außerdem die Reisekosten, die im Zusammenhang mit der Verwaltung deines Objektes entstehen – sei es der Weg zur Eigentümerversammlung, zur Hausverwaltung oder zu einer Besichtigung mit einem potenziellen Mieter. Die jeweiligen Fahrtkosten können stets steuerlich geltend gemacht werden. Anders als ein Arbeitnehmer, welcher zwar den Weg zur Arbeit, nicht aber den Rückweg als Werbungskosten abziehen kann (einfache Entfernung), handelt es sich beim Vermieter um Reisekosten, und die gesamte gefahrene Strecke kann geltend gemacht werden (gefahrene Kilometer).

Sollten deine Reisen etwas länger ausfallen, beispielsweise weil das Objekt weit von deinem Wohnort entfernt ist, kannst du möglicherweise auch Verpflegungsmehraufwendungen und Hotelkosten geltend machen. Die einzige Bedingung ist, dass es sich um Aufwendungen handelt, welche im Zusammenhang mit deiner Absicht entstanden sind, als Vermieter Einkünfte zu erzielen.

Soweit du getrennte Immobilien- und Privatkonten besitzt, kann es sich gegebenenfalls anbieten, die entstandenen Reisekosten regelmäßig abzurechnen. Das bedeutet, dass du die Kosten aufsummierst und aus deinen laufenden Mieterträgen auf dein Privatkonto überweist.

Zudem musst du als Vermieter natürlich immer per Telefon oder Mail erreichbar sein. Nach aktueller Rechtsprechung wird bei den Telefonkosten ein Abzug von 20 Prozent der tatsächlichen Kosten, maximal 240 Euro pro Jahr gestattet (R 9.1 Abs.5 LStR). Für Internetgebühren wird dagegen analog zur Rechtsprechung zu den beweglichen Wirtschaftsgütern eine private Mitveranlassung von 50 Prozent unterstellt (Niedersächsisches FG, Urteil vom 17. Dezember 2009 – 14 K 125/08; BFH, Urteil vom 16. Juni 2010 – VI B 18/10; BMF-Schreiben 6. Juli 2010 – IV C 3 – BStBl I S.614). Als Vermieter kannst du also 50 Prozent der Kosten steuerlich geltend machen, um für deine Mieter, für Makler und für Bankmitarbeiter erreichbar zu sein. Zuletzt fallen unter die weiteren Verwaltungskosten auch noch Arbeitsmaterialien wie Papier, Stifte, Briefmarken und ähnlicher Kleinkram.

Vorweggenommene Werbungskosten

Du kannst auch Werbungskosten wie Bücher, Onlinekurse, den Besuch von Workshops oder die Teilnahme an Coaching-Programmen steuerlich geltend machen. Dies ist sogar ohne eigenen Immobilienbesitz möglich. Bildest du dich im Rahmen der Vermietungseinkünfte fort, kannst du die Kosten bereits ansetzen, wenn du beabsichtigst mit dem erworbenen Know-how Einkünfte aus Vermietung und Verpachtung zu generieren. Diese Aufwendungen nennt man vorweggenommene Werbungskosten.

Wichtig ist dabei, dass du deine Absicht auch in die Tat umsetzt. Dies wird in der Anfangsphase in der Regel kontrolliert, indem in deine Steuerbescheide ein Vorläufigkeitsvermerk aufgenommen wird. Wenn du dich am Ende nur für Vermietungseinkünfte interessiert hast, aber letztlich doch keine tatsächlichen Einkünfte damit generiert hast, handelt es sich um private Weiterbildung. Die Kosten dafür kannst du dann ebenso wie die Kosten für andere Hobbys nicht steuerlich geltend machen.

Vergebliche Werbungskosten

Wenn du ein Objekt besichtigst, eine Finanzierung durchsprichst oder einen Gutachter beauftragst und das Objekt am Ende nicht kaufst, kannst du die angefallenen Kosten trotzdem als Werbungskosten geltend machen. Der Grund dafür ist, dass du auch in diesem Fall in der Absicht gehandelt hast, Einkünfte aus Vermietung und Verpachtung zu erzielen. In der Praxis verschenken hier Steuerpflichtige Jahr für Jahr die Möglichkeit, eine gewaltige Steuererstattung zu erzielen, weil die betreffenden Fahrtkosten und Verpflegungsmehraufwendungen nicht in der Steuererklärung angeben werden. Dabei ist dies ohne Weiteres möglich.

Beispiel

Du hattest in einem Jahr 50 Objektbesichtigungen und bist dafür jeweils 250 Kilometer gefahren. Dazu gehören unter anderem Fahrten zum Objekt, zum Makler und zu Bankterminen. Leider ist dir von diesen 50 Objekten nur bei zehn tatsächlich der Abschluss eines Kaufvertrags gelungen. Außerdem warst du im Zusammenhang mit der Objektakquise an 15 Tagen für mehr als 8 Stunden nicht zu Hause. Wenn du Fahrtkosten und Verpflegungsmehraufwand als Werbungskosten geltend machst, ist die Steuererstattung beträchtlich, wie die folgende Tabelle zeigt.

Fahrtkosten Hin- und Rückfahrt (km)	10.000	0,30 €	3.000,00 €
Verpflegungsmehraufwand (Tage)	15	16,00 €	240,00 €
Steuererstattung		42 %	1.360,80 €

Beispiel für die Steuerersparnis durch Geltendmachung vergeblicher Werbungskosten

In die Berechnung fließen 40 vergebliche Fahrten a 250 km ein. Insgesamt ergeben sich daraus 10.000 km. Die Zahl wird mit der Kilometerpauschale von 0,30 Euro/km multipliziert. Weiter können für

15 Tage Verpflegungsmehraufwendungen in Höhe von 16 Euro geltend gemacht werden.
Bei den zehn weiteren Objekten, welche du tatsächlich angeschafft hast, können die Reisekosten nicht sofort als Werbungskosten abgezogen werden. Bei den Objektbesichtigungen handelt es sich um Anschaffungsnebenkosten. Diese sind nach der Kaufpreisaufteilung über die AfA abzuschreiben. Die Fahrten zu Bankterminen, aus denen Kreditverträge entstanden sind, sind allerdings Nebenkosten der Finanzierung. Sie können im Bereich der Finanzierungskosten sofort steuerlich geltend gemacht werden.
An diesem Beispiel erkennst du, dass eine Eigentumswohnung, die anfangs einen negativen Cashflow von 100 Euro pro Monat erwirtschaftet, durch deine akribischen Aufzeichnungen in einen positiven Cashflow gedreht werden kann. Auch hier kann es sich gegebenenfalls anbieten, die entstandenen Reisekosten ordentlich abzurechnen und aus deinen laufenden Mieterträgen auf dein Privatkonto zu erstatten.

Du siehst, es ist ratsam, über sämtliche Dinge, die du als Vermieter erledigst, detailliert Buch zu führen. Andernfalls versprechen wir dir, dass du bei der Erstellung deiner Steuererklärung nur noch die erfolgreichen Kaufvertragsabschlüsse des Jahres aus dem Gedächtnis rekonstruieren können wirst. Genau aus diesem Grund haben wir das Steuerspar-Tool entwickelt, in das du sämtliche der hier genannten Werbungskosten eintragen kannst und kurze Erläuterungen zu jedem einzelnen Punkt findest.

Vermietungsabsicht

Bei allen genannten Arten von Werbungskosten ist eines immer wieder zu beachten: Aufwendungen können nur im Rahmen der Einkünfte aus Vermietung und Verpachtung abgezogen werden, wenn sie auch durch eine belegbare Vermietungsabsicht entstanden sind. Dieses Prinzip gilt auch, wenn das Gebäude aufgrund eines Mieterwechsels oder einer Renovierung vorübergehend leer steht. Auch dann können sämtliche Kosten geltend gemacht werden, so lange nur die Vermietungsabsicht nicht aufgegeben wird.

Es kann allerdings immer wieder passieren, dass das Finanzamt die Absicht, die du mit einzelnen Objekten verfolgst, erfragt und kontrolliert. Wird beispielsweise ein Objekt aufgrund umfassender Sanierungsarbeiten oder eines Streits mit der Versicherung längere Zeit nicht vermietet und kommt es deshalb zu hohen steuerlichen Verlusten, solltest du Belege für die fortbestehende Vermietungsabsicht vorlegen können. Es ist demnach auch hier ratsam, die zur Mietersuche aufgegebenen Inserate, die Bilder und den entsprechenden Schriftverkehr etwa mit Maklern aufzubewahren, um diese gegebenenfalls vorlegen zu können.

Absetzung für Abnutzung – AfA

Für die AfA musst du zunächst die Anschaffungskosten für ein Objekt in einen Gebäudeanteil und einen Bodenanteil aufteilen. Wichtig: Sowohl der Kaufpreis des Objektes als auch sämtliche Anschaffungsnebenkosten etwa für den Makler, die Grunderwerbsteuer und den Notar werden zusammengerechnet. Das genaue Vorgehen lernst du in dem Kapitel »Kaufpreisaufteilung«.

Im Anschluss wird der Gebäudeanteil in gleichbleibenden Raten über eine vom Baujahr abhängige Nutzungsdauer von 40 beziehungsweise 50 Jahren abgeschrieben (§ 9 Absatz 1 Nr. 7 EStG i. V. m. § 7 Absatz 4 EStG). Du kannst von dem Gebäudeanteil 2 Prozent jährlich steuerlich geltend machen, wenn das Objekt nach dem 31. Dezember 1924 fertiggestellt wurde, und 2,5 Prozent für Objekte, die früher fertiggestellt wurden.

Für Gebäude, die ab dem 01.01.2023 fertiggestellt wurden, gilt eine AfA von 3 Prozent. Alternativ können Gebäude im ersten Jahr mit 6 Prozent des Gebäudeanteils sowie in den folgenden Jahren mit jeweils 6 Prozent des Restwertes steuerlich geltend gemacht werden. Der Baubeginn des Gebäudes muss dafür zwischen dem 01.10.2023 und 30.09.2029 liegen (§ 7 Absatz 5a und § 7b EStG).

Ab dem Zeitpunkt der Anschaffung beziehungsweise Herstellung kannst du AfA geltend machen (§ 9a EstDV). In der Regel entspricht dieser Zeitpunkt dem Übergang von Nutzen und Lasten, welcher im Kaufvertrag vereinbart wurde (Besitzübergang). Im Anschaffungsjahr ist der Betrag monatsgenau auszurechnen.

Wenn ein Gebäude unter Denkmalschutz steht, musst du jegliche Veränderung mit der Denkmalschutzbehörde abstimmen. Dies ist zugleich ein Vor- und ein Nachteil. Wenn dir die Denkmalschutzbehörde deine Umbau-Maßnahmen genehmigt und du eine Bescheinigung für die Wiederherstellung des Objektes erhältst, profitierst du von einer besonders hohen Abschreibung.

Bei einer Denkmalimmobilie dürfen die Modernisierungskosten gemäß §§ 7h, 7i EStG im Kalenderjahr des Abschlusses der Baumaßnahmen sowie den sieben Folgejahren pro Jahr mit 9 Prozent des bescheinigten Betrages abgeschrieben werden. In den darauffolgenden vier Jahren kannst du jährlich 7 Prozent geltend machen. Daneben kommt wie gewöhnlich eine lineare Abschreibung auf die Anschaffungskosten des nicht von der Denkmalschutzbehörde bescheinigten Anteils in Betracht. Das können beispielsweise Fahrstühle oder Balkone sein, die du herstellst und über den ursprünglichen Zustand des Denkmalobjektes hinausgehen.

Das Besondere ist, dass es entsprechende Sonderregelungen nicht nur für Investoren, sondern auch für Selbstnutzer gibt. Wenn du dich entscheidest, eine Denkmalimmobilie zur Eigennutzung zu kaufen, kannst du gemäß § 10f EStG im Kalenderjahr des Abschlusses der Baumaßnahmen sowie den neun Folgejahren jeweils 9 Prozent des bescheinigten Betrages wie Sonderausgaben abziehen. So reduzierst du dein zu versteuerndes Einkommen und kannst deine Steuerlast erheblich senken. Eine Denkmalimmobilie ist somit eine der letzten Möglichkeiten, mit einer selbstgenutzten Immobilie Steuern zu sparen.

Hintergrund der besonderen Abschreibungsmöglichkeiten für Denkmalimmobilien ist das politische Interesse des Gesetzgebers, Kulturgüter wie besondere, alte Gebäude und Straßenzüge in einen einwandfreien Zustand zu bringen und langfristig für die Nachwelt zu erhalten. Diese oft sehr schönen Immobilien prägen durch den individuellen Stil ihrer Zeit ganze Innenstädte. Erlaubt sind lediglich behutsame Sanierungen, die einem strengen Genehmigungsverfahren unterliegen. Da es natürlich deutlich aufwendiger ist und speziell geschulter Handwerker bedarf, um die historische Optik solcher Gebäude zu erhalten, sind Denkmalsanierungen in der Regel deutlich teurer als normaler Bestand.

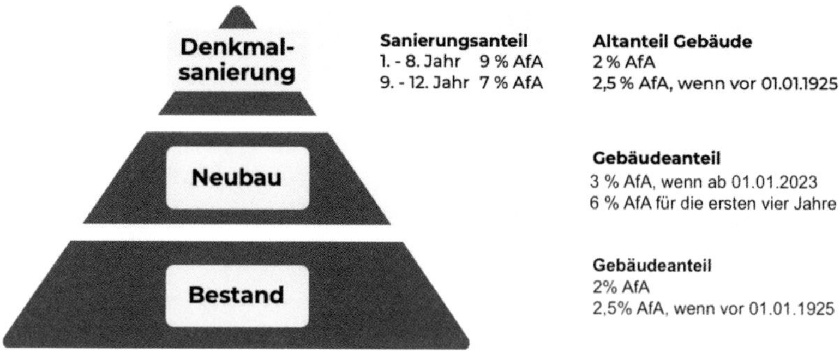

Immobilien-AfA im Überblick

Beispiel

Der Kaufpreis einer Wohnung, Baujahr 1910, beträgt 100.000 Euro zuzüglich 3,57 Prozent Maklercourtage, 2 Prozent Notar- und Grundbuchamtskosten sowie 3,5 Prozent Grunderwerbsteuer. Auf den Gebäudeanteil entfallen 80 Prozent der Anschaffungskosten. Die Kaufpreiszahlung erfolgt am 28. August, und der Eigentumsübergang wurde auf den nächsten Monatsersten vereinbart.

Die Anschaffungskosten betragen:

Kaufpreis	100.000 Euro
Makler	3.570 Euro
Notar und Grundbuchamt	2.000 Euro
Grunderwerbsteuer	3.500 Euro
Summe	109.070 Euro

Da 80 Prozent der Anschaffungskosten auf den Gebäudeanteil entfallen, ist die AfA von 87.256 Euro zu berechnen (109.070 Euro x 80 Prozent). Die vom Fiskus vorgegebene Nutzungsdauer (Anzahl der Jahre, über die hinweg das Objekt steuerlich abgeschrieben werden muss), be-

trägt aufgrund des Baujahres 40 Jahre. Somit beläuft sich die jährliche AfA auf 2.181 Euro (87.256 Euro / 40 Jahre).
Im Jahr der Anschaffung ist dieser Betrag noch einmal auf den tatsächlichen Zeitraum des Eigentums an der Immobilie zu kürzen. Nach der Kaufpreiszahlung am 28. August gingen Nutzen und Lasten zum nächsten Monatsersten auf den Käufer über. Der Besitzzeitraum im vorliegenden Beispiel beginnt demnach am 1. September und endet fürs betreffende Kalenderjahr am 31. Dezember. Im Ergebnis handelt es sich um vier Monate.
Die AfA im Erstjahr beträgt demnach 727 Euro (2.181 Euro x 4/12 Monate).

An Stelle der pauschalierten Restnutzungsdauer von 40 bzw. 50 Jahren haben Investoren die Möglichkeit, für die Bemessung der Gebäude-AfA auf eine kürzere, tatsächliche Nutzungsdauer zurückzugreifen (§ 9 Absatz 1 Nr. 7 i.V.m. § 7 Absatz 4 Satz 2 EStG). Mit Urteil vom 28.07.2021 - IX R 25/19 hat der BFH hierzu entschieden, dass jede Darlegungs- und Nachweismethode eines öffentlich bestellten Sachverständigen zulässig ist, um die kürzere Restnutzungsdauer einer Immobilie zu belegen. Dies eröffnet dir als Investor völlig neue Möglichkeiten. Wir haben bereits gelernt, dass es sich bei der AfA um Kosten handelt, die deine Steuerlast mindern ohne die Liquidität zu beeinflussen. In der Praxis begleiten wir immer wieder Objekte, die unter Berücksichtigung der neuen Rechtsprechung über 15 bis 25 Jahre abgeschrieben werden können. Der Steuervorteil der AfA kann somit verdoppelt werden! Ein genaues Beispiel mit den herausragenden Vorteilen der verkürzten Restnutzungsdauer finden Sie im Anhang auf Seite 251 ff.

Folgendes ist wichtig zu wissen: Die AfA kann sich auf 3 Prozent pro Jahr erhöhen, und zwar bei einer Vermietung an Gewerbetreibende (§ 9 Absatz 1 Nr. 7 EStG i. V. m. § 7 Absatz 4 EStG). Dafür darf die Immobilie allerdings nicht im Privatvermögen gehalten werden, sondern sie muss sich in einem Betriebsvermögen bei dir oder einer deiner Gesellschaften befinden. Wenn du die Immobilie im Privatvermögen hältst und an Gewerbetreibende oder Freiberufler vermietest, erhöht sich der AfA-Satz nicht.

Bei der Vermietung an Gewerbetreibende ist außerdem die Umsatzsteuer zu beachten. Aufgrund der Höhe der Mieteinnahmen wird schnell die Umsatzgrenze der Kleinunternehmerregelung überschritten, ab der eine umsatzsteuerfreie Vermietung nicht mehr möglich ist. Dann musst du im Mietvertrag Umsatzsteuer ausweisen. Gleichzeitig erhältst du das Privileg, für das betreffende Objekt Vorsteuerbeträge aus deinen Eingangsrechnungen ziehen zu dürfen. Da jeder Mensch nur eine Unternehmereigenschaft innehaben kann und sich diese gegebenenfalls auch auf andere Tätigkeiten auswirkt, ist es auch in diesem Bereich ratsam, die eigene Tätigkeit mit einem Steuerberater zu strukturieren. Hinzu kommt bei der Vermietung an Gewerbetreibende oder Freiberufler das Risiko einer Betriebsaufspaltung. Diese kann schnell vorliegen, wenn du Privatvermögen an ein Unternehmen vermietest, an dem du die Mehrheit der Stimmrechte hältst. Das hat zur Folge, dass das Privileg der steuerfreien Veräußerung entfällt, da Betriebsvermögen vorliegt.

Wenn es um die Vermietung von Betriebsvermögen sowie die umsatzsteuerliche Berücksichtigung deiner Immobilien geht, solltest du dein Vorhaben eng mit einem Steuerberater abstimmen. Fehler, die hier gemacht werden, können sehr teuer werden!

Auch für Außenanlagen kannst du AfA geltend machen. Kaufst du beispielsweise bei einem Mehrfamilienhaus eine bepflanzte Gartenanlage, diverse Gartenlauben oder Wintergärten mit, bilden diese jeweils ein selbstständiges Wirtschaftsgut, welches über zehn Jahre abgeschrieben wird.

Ähnlich verhält es sich mit Garagen. Hier unterscheidet man zwischen Garagen bei Ein- oder Zweifamilienhäusern, die regelmäßig zusammen mit dem Gebäude abgeschrieben werden und Mehrfamilienhäusern, bei denen die Garage ein selbstständiges Wirtschaftsgut bilden kann. Das liegt daran, dass die Rechtsprechung davon ausgeht, ein Einfamilienhaus entspräche ohne Garage nicht dem heutigen Wohnstandard. Bei einem Mehrfamilienhaus hingegen gehört in der Regel nicht automatisch zu jeder Wohnung auch eine Garage; die Vermietung erfolgt teilweise an Dritte, und die räumliche Verbundenheit ist nicht zwingend gegeben. Dies gilt nicht, soweit die Errichtung der Garagen Bestandteil der erteilten Baugenehmigung des Mehrfamilienhauses war. (BFH-Urteil vom

22. September 2005 – IX R 26/04). Die gewöhnliche Nutzungsdauer geht aus der folgenden Tabelle hervor.

2.1.2	PARKHÄUSER UND GARAGEN	
2.1.2.1	Parkhäuser und Tiefgaragen	30
2.1.2.2	Garagen und Fertiggaragen auf eigenen Grundstücken	20
2.1.2.3	Garagen und Fertiggaragen auf fremden Grundstücken	12
2.1.3	Fahrbahnen (einschl. Abscheider), Parkplätze, Hofbefestigungen (mit Packlage)	10
2.1.4	Grünanlagen	10

AfA-Tabelle für den Wirtschaftszweig »Vertrieb von Erdölerzeugnissen«, Quelle: BStBl I 1998, 248

Die im Rahmen der Abschreibung von Gewerbeimmobilien vorgestellte Umsatzsteuerproblematik besteht analog auch bei der Vermietung von Garagen, wenn diese nicht im Zusammenhang mit einem Wohnraummietvertrag überlassen werden. Hier ist die Umsatzgrenze der Kleinunternehmerregelung in Höhe von 22.000 Euro aufgrund des geringeren Mietzinses nicht so schnell überschritten, was jedoch durch das Zusammentreffen mit anderen Umsätzen leicht passieren kann. Darüber hinaus ist die Abgrenzung zum Gewerbebetrieb zu beachten. Ähnlich wie bei der kurzfristigen Vermietung von Ferienwohnungen und einem Hotelbetrieb gibt es auch bei Parkmöglichkeiten die Unterscheidung von langfristiger Überlassung und Vermietung als Kurzzeitparkplatz beziehungsweise Stellplatz in einem Parkhaus.

Zuletzt gibt es die Möglichkeit, andere bewegliche Wirtschaftsgüter über die AfA geltend zu machen. Hierzu gehört unter anderem die neue Einbauküche, die du deinem Mieter versprochen hast und über zehn Jahre abschreiben kannst (BFH-Urteil vom 3. August 2016 – IX R 14/15). Auch hier musst du den AfA-Betrag im Jahr der Anschaffung für jeden vollen Monat, der dem Anschaffungsmonat vorangeht, um ein Zwölftel kürzen.

Beispiel

In deiner Wohnung ist eine alte Küche verbaut, die du im Rahmen des anstehenden Mieterwechsels gegen eine neue Einbauküche austauschen möchtest. Dabei fallen für die neue Einbauküche samt Geräten Kosten in Höhe von 4.000 Euro an. Die Küche wurde im April geliefert und montiert. Wie kannst du die Maßnahme steuerlich geltend machen?
Einbauküchen sind, wie soeben dargestellt, über eine Nutzungsdauer von zehn Jahren abzuschreiben. In diesem Fall darfst du im ersten Jahr der Anschaffung nur 9 von 12 Monaten ansetzen. Die zugehörige Berechnung lautet wie folgt:

4.000 Euro: 10 Jahre x (8 Monate: 12 Monate) = 300 Euro

Weitere bewegliche Wirtschaftsgüter können Büromöbel oder Arbeitsgeräte wie Laptop und Smartphone sein. In der Regel wird hier eine private Mitveranlassung in Höhe von 50 Prozent angenommen, sodass du die hälftigen Anschaffungskosten steuerlich geltend machen kannst. Auch die beweglichen Wirtschaftsgüter sind nicht nach dem Zufluss- und Abfluss-Prinzip absetzbar, sondern müssen ab dem Monat der Lieferung über die betriebsgewöhnliche Nutzungsdauer abgeschrieben werden. Die entsprechende Nutzungsdauer eines Wirtschaftsgutes findest du im Internet unter dem Suchbegriff »AfA Tabellen«. Die folgende Tabelle zeigt die AfA-Werte für Smartphone & Co.

6.13.2	KOMMUNIKATIONSENDGERÄTE	
6.13.2.1	Allgemein	8
6.13.2.2	Mobilfunkendgeräte	5
6.13.3	Textendeinrichtungen (Faxgeräte u. ä.)	6
6.13.4	Betriebsfunkanlagen	11
6.13.5	Antennenmasten	10

AfA-Tabelle für die allgemein verwendbaren Anlagegüter, Quelle: BStBl I 2000,1532

In der amtlichen AfA-Tabelle wird für »Mobilfunkendgeräte« eine Nutzungsdauer von fünf Jahren unterstellt. Aufgrund des technischen Fortschrittes und der Nutzbarkeit als Tablet-/Laptopersatz kann gegenüber dem Finanzamt auch eine Nutzungsdauer von lediglich drei Jahren glaubhaft gemacht werden.

Mit BMF-Schreiben vom 26. Februar 2021 wurde die Nutzungsdauer von Computerhardware und Software zur Dateneingabe und -verarbeitung auf ein Jahr herabgesetzt. Computer/Notebooks/Tablets können demnach unabhängig vom Kaufpreis ab dem 1. Januar 2021 sofort als Werbungskosten abgezogen werden.

Eine letzte Besonderheit stellen abnutzbare, bewegliche Wirtschaftsgüter dar, die zu einer selbstständigen Nutzung fähig sind (§ 6 Abs. 2 und § 6 Abs. 2a EStG). Diese kannst du als Vermieter bei einem Anschaffungspreis von bis zu 1.000 Euro netto, also 1.190 Euro brutto, sofort abschreiben. Selbstständig nutzbar ist beispielsweise ein Laptop mit vorinstalliertem Betriebssystem, nicht aber ein Desktop-PC, da dieser Bildschirm, Tastatur und Maus benötigt, um ordentlich zu funktionieren. Es gibt umfangreiche Rechtsprechung zu dieser Thematik, die du gegebenenfalls für deine individuellen Anschaffungen in den Einkommensteuerhinweisen nachlesen kannst.

Erhaltungsaufwand – die goldene Gans für Investoren

Ein zentraler Punkt eines jeden Immobilieninvestments sind die Erhaltungsaufwendungen. In diesem Bereich schlummern enorme Erstattungspotenziale, die von vielen Investoren nicht richtig genutzt werden. Da Erhaltungsaufwendungen zu einigen unserer größten Investmenterfolge geführt haben, widmen wir diesen ein eigenes Kapitel mit der Strategie »Entwickeln & Halten«. Es ist wichtig, Erhaltungsaufwendungen von Herstellungskosten abzugrenzen und die großen Fallen zu umgehen, die bei einer nicht sauberen Unterscheidung dieser Begriffe lauern. Erhaltungsaufwendungen können sofort als Werbungskosten geltend gemacht werden. Das ist bei Herstellungskosten nicht der Fall, sie müssen abgeschrieben werden. Wie groß der steuerliche Unterschied ist, siehst du an folgender Beispielrechnung:

	ERHALTUNGSAUF-WAND	HERSTELLUNGS-KOSTEN
Kosten der Maßnahme	20.000,00 Euro	20.000,00 Euro
Steuererstattung	8.400,00 Euro	168,00 Euro p.a.

Steuerersparnis je nach Einstufung als Erhaltungsaufwand oder Herstellungskosten

Während du Erhaltungsaufwendungen als Privatinvestor im Jahr der Zahlung mit deinem persönlichen Steuersatz geltend machen kannst, werden Herstellungskosten den ursprünglichen Anschaffungskosten hinzugerechnet und über die AfA auf bis zu 50 Jahre verteilt. Der Unterschied in Form der reinen Steuererstattung beträgt bei obigem Beispiel 8.232 Euro!

Hinzu kommt, dass in jedem Fall der Wert der Immobilie gesteigert wurde und der somit mögliche Veräußerungsgewinn nach zehn Jahren für dich als Privatinvestor steuerfrei bleibt. Nehmen wir Herstellungskosten an, wären nach zehn Jahren gerade einmal 4.000 Euro der Maßnahme abgeschrieben und die restlichen 16.000 Euro würden sich bei einer steuerfreien Veräußerung nicht auswirken. Der Aufwand wäre verloren.

Gleichzeitig ist eine Steuererstattung heute in Höhe von 8.400 Euro natürlich deutlich mehr wert als jährlich 168 Euro für die nächsten zehn Jahre, wenn man den Kaufkraftverlust durch Inflation berücksichtigt. So wären in 25 Jahren die 168 Euro, in heutiger Kaufkraft gemessen, nur noch 102,40 Euro wert. Du verlierst somit selbst bei einer langen Haltedauer des Objektes effektiv mehr als 30 Prozent ab dem 25. Jahr.

Dass es sich im vorliegenden Beispiel noch um relativ kleine Beträge handelt und wie du die Erhaltungsaufwendungen richtig einsetzen kannst, erfährst du im Kapitel »Die besten Immobilien-Steuerstrategien«.

An dieser Stelle ist es für dich erst einmal wichtig, dich mit der Definition der Erhaltungsaufwendungen auseinanderzusetzen. Erhaltungsaufwand liegt vor, wenn dem Grunde nach funktionsgleiche Anlagen ersetzt werden oder dem technischen Fortschritt entsprechend modernisiert werden.

Beispiele aus der Rechtsprechung:

- die Erneuerung einer Fassade samt Wärme- und Schallschutz
- der Ersatz dezentraler Heizungen durch eine Zentralheizung
- der Austausch der Sanitäranlagen
- der Austausch vorhandener Fenster
- das Versetzen von Wänden

Auch Reparatur-, Pflege- und Wartungs-Maßnahmen zur Instandhaltung fallen unter den Begriff der Erhaltungsaufwendungen. Dazu gehören etwa ein neuer Anstrich oder der Austausch vorhandener Fußböden.

Zuletzt fragen sich viele Investoren, ob es nicht schlauer wäre, möglichst viel Eigenleistung in die Immobilieninvestments einzubringen. Dafür musst du wissen, dass die eigene Arbeitskraft nicht zu den Werbungskosten gehört. Soweit du also Kosten sparst, indem du an deinen Vermietungsobjekten in Eigenleistung oder mit deinen Freunden arbeitest, kannst du nur das Material, nicht aber die Arbeitskraft steuerlich geltend machen. Dass dies häufig ein Nullsummenspiel bleibt und du deine Zeit wirklich effizienter nutzen könntest, siehst du an folgendem Rechenbeispiel:

TÄTIGKEIT	DEINE STUNDEN	HANDWERKER-KOSTEN IN EURO
Decken und Wände: Tapete entfernen und entsorgen	24,0	498,23
Fliesen in Küche + Abstellraum + Bad, Küche Wand, Bad Wand über Dusche enfernen und entsorgen	16,0	560,10
Laminat + Sockelleisten entsorgen	4,0	151,68
Schalter und Steckdosen entfernen und entsorgen	2,0	72,00
Wand und Deckenflächen spachteln (187 qm)	40,0	2.767,95
Eckschienen anbringen und einspachteln	8,0	17,30

TÄTIGKEIT	DEINE STUNDEN	HANDWERKER-KOSTEN IN EURO
Wand und Deckenflächen grundieren, Vlies tapezieren	24,0	2.380,00
Lampenausschnitte in Decken herstellen Durchmesser 68 mm ohne Verkabelung in Flur, Küche, Bad	2,0	55,00
Türen anschleifen, grundieren, lackieren weiß, Garnituren alt entsorgen und neu anbringen	8,0	292,50
Dichtgummi in Türzargen	2,0	100,00
Fußboden reinigen, absaugen und Trittschall verlegen	8,0	191,68
Parkett verlegen (50 qm)	8,0	951,28
Sockelleisten anbringen	4,0	170,40
Silikonfugen angleichen	2,0	45,00
Übergangsschienen anbringen	2,0	48,00
Heizkörper anschleifen und lackieren	5,0	238,00
	158,0	**8.697,72**
inklusive MwSt.		**10.350,28**
Nach Steuern		**6.003,16**

Rechenbeispiel zur steuerlichen Auswirkung von Eigenarbeit

Der Handwerker kostet nach Steuern effektiv 6.003,16 Euro. Wenn wir diesen Betrag einmal in deinen Stundenlohn umrechnen, ergibt sich ein Betrag in Höhe von 37,99 Euro ohne Berücksichtigung von Werkzeugkosten oder ähnlichen Aufwendungen. Ob dies deinen eigenen Erwartungen entspricht oder du durch andere Tätigkeiten einen höheren Stundenlohn oder Freizeitwert erzielen kannst, ist individuell zu beurteilen.

Hinzu kommt, dass diverse Gewerke wie zum Beispiel Elektrik, Heizung und Sanitär von Fachunternehmen ausgeführt werden sollten. Unserer Meinung nach ist es wichtig, die Haftung für mögliche Schäden auszulagern und die eigenen Fähigkeiten nicht zu überschätzen. Auch der Zeitaufwand einer ungelernten Arbeitskraft wird in der Regel deutlich größer sein, als der eines Facharbeiters. Daher haben wir Elektrik und Sanitär in unserer Beispielrechnung ausgelassen.

Learnings

Learning 1: Einnahmen sind …

- ❒ Nettokaltmiete (Mieterhöhungen, Nachträge und Minderungen berücksichtigen)
- ❒ Vereinnahmte Umlagen inklusive Ergebnis der Betriebskostenabrechnung des Vorjahres
- ❒ Garagenmieten (Tiefgarage, Carport, Stellplatz etc.)
- ❒ sonstige Einnahmen (z. B. Zinsen aus Bausparguthaben)

Learning 2: Werbungskosten sind …

- ❒ Finanzierungskosten (Zinsen, nicht Tilgung)
- ❒ Finanzierungsnebenkosten (Kosten für Grundschuldbestellung, Eintragung der Grundschuld, Finanzierungsvermittlung)
- ❒ Hausgeld
  - ❒ umlagefähige Nebenkosten inklusive Ergebnis der Hausgeldabrechnung des Vorjahres (Betriebskosten)
  - ❒ nicht umlagefähige Nebenkosten (allerdings nicht die Zuführung zur Erhaltungsrücklage)
- ❒ Grundsteuer
- ❒ Erhaltungsaufwendungen (inklusive Entnahme aus der Erhaltungsrücklage)
- ❒ Übliche Verwaltungskosten (Gebäudeversicherung, Kontoführungsgebühren, Neuvermietung, Steuerberatung, Rechtsanwaltskosten bezüglich des Mietverhältnisses)
- ❒ Sonstige Verwaltungskosten (Reisekosten, Verpflegungsmehraufwand, Arbeitsmittel, Telefon- und Internetkosten, Fortbildungskosten)
- ❒ AfA für bewegliche Wirtschaftsgüter (Möbel, Einbauküche, Laptop, Smartphone)

Learning 3: Notwendige Unterlagen sind …

- ❒ Mietvertrag inklusive Mieterhöhungsverlangen und Nachträgen
- ❒ Nebenverträge wie gesonderte Garagenmietverträge
- ❒ Betriebskostenabrechnung
- ❒ Steuerbescheinigung der Bank bei Bausparzinsen
- ❒ Kontoauszüge
- ❒ Darlehensvertrag sowie Zinsbescheinigungen der jeweiligen Jahre
- ❒ Vertrag über die Sondereigentumsverwaltung
- ❒ Wirtschaftsplan und Hausgeldabrechnung
- ❒ Belege über durchgeführte Maßnahmen (Erhaltungsaufwendungen)
- ❒ Belege über angeschaffte bewegliche Wirtschaftsgüter
- ❒ Kontoauszüge

Learning 4: Bei einem neuen Objekt kommen hinzu …

- ❒ Notarieller Kaufvertrag
- ❒ Berechnung der Anschaffungsnebenkosten (Grunderwerbsteuer, Notarkosten, Maklergebühren, Grundbuchamt)
- ❒ Kaufpreisaufteilung
- ❒ Berechnung der Absetzung für Abnutzung (AfA)
- ❒ Ggf. Gutachten über kürzere Restnutzungsdauer
- ❒ Teilungserklärung und Baubeschreibung zwecks Ermittlung des Baujahres und der durchgeführten Sanierungs-Maßnahmen
- ❒ gegebenenfalls Berechnung der Herstellungskosten inklusive aller Nebenkosten

Kaufpreis und Erwerbsnebenkosten – die korrekte Aufteilung

Da nur das Gebäude und nicht der Grund und Boden abgeschrieben werden kann, müssen die Anschaffungskosten einer Immobilie stets aufgeteilt werden (§ 9 Absatz 1 Nr. 7 EStG i. V. m. § 7 Absatz 4 EStG).

Dazu sind zunächst die Anschaffungs- oder Herstellungskosten zu ermitteln. Gemäß § 255 Absatz 1 HGB gehören sämtliche Aufwendungen, die nötig sind, um einen Vermögensgegenstand zu erwerben und ihn in einen betriebsbereiten Zustand zu versetzen, zu den Anschaffungskosten. Bei deiner Immobilie sind zusätzlich zum Kaufpreis auch die Anschaffungsnebenkosten zu berücksichtigen. Die gesamten Anschaffungskosten setzen sich folgendermaßen zusammen:

Als Erstes ist natürlich der Kaufpreis zu nennen. Das ist in jedem Fall der Geldbetrag, den du dem Veräußerer beziehungsweise der Bank, deren Darlehen abzulösen war, bei Kaufpreisfälligkeit gezahlt hast. Darüber hinaus können jedoch auch übernommene Belastungen oder anderen Gegenleistungen bestehen, welche zum Kaufpreis zu addieren sind.

Es folgen die Erwerbsnebenkosten. Zu den Anschaffungskosten gehören sämtliche Aufwendungen im Zusammenhang mit dem Erwerb der Immobilie. Als Nebenkosten fallen in der Regel Notargebühren, Kosten des Grundbuchamtes, Grunderwerbsteuer und gegebenenfalls Maklergebühren an.

Sowohl bei den Notarkosten als auch bei den Kosten des Grundbuchamtes ist ein besonderes Augenmerk auf die Abgrenzung von Anschaffungs- und Finanzierungsnebenkosten zu legen. Das Erstellen eines Kaufvertrages und seine Abwicklung fallen genauso wie der Vollzug im Grundbuch unter den Begriff der Anschaffungskosten. Nicht zu den Anschaffungskosten gehören hingegen die Kosten der Grundschuldbestellung sowie deren Eintragung durch das Grundbuchamt. Diese

Kosten können als Finanzierungsnebenkosten sofort im Jahr der Zahlung als Werbungskosten abgezogen werden.

Bei der Grunderwerbsteuer und den Maklergebühren handelt es sich um einen festen Prozentsatz des Kaufpreises. Da beide ausschließlich im Zusammenhang mit dem Erwerb des Eigentums stehen, sind sie vollständig den Anschaffungskosten zuzurechnen und entsprechend abzuschreiben.

Eine Besonderheit gilt für Kaufpreisanteile, die auf die Erhaltungsrücklage und Einbauküchen entfallen. Werden diese in den notariellen Kaufvertrag mit aufgenommen, vermindert sich die Bemessungsgrundlage für die Grunderwerbsteuer entsprechend.

Bei der Erhaltungsrücklage einer Eigentumswohnung gilt dies jedoch nur, soweit der Kaufvertrag bis einschließlich 20. Mai 2021 geschlossen wurde. Da der Geldanspruch der Erhaltungsrücklage zivilrechtlich zwar dem Eigentümer gehört, aber untrennbar mit der Immobilie verbunden ist, hat der BFH entschieden, dass sie zukünftig nicht mehr von der Bemessungsgrundlage der Grunderwerbsteuer abgezogen werden darf (Urteil vom 16. September 2020 II R 49/17). Nach der jetzigen Rechtslage stellt die Erhaltungsrücklage ein selbstständiges Wirtschaftsgut dar, welches der Käufer übernimmt und erst bei Verwendung gemäß Hausgeldabrechnung geltend machen kann.

Anderes gilt nach wie vor bei der Einbauküche. Da sie als im Kaufpreis enthaltenes Mobiliar gilt und somit nicht zum Erwerb der Immobilie gehört, ist der im Kaufvertrag ausgewiesene Betrag nach wie vor von der Bemessungsgrundlage der Grunderwerbsteuer abzuziehen (FG Köln, Urteil vom 8. November 2017 – 5 K 2938/16). Bei einer Kaufpreisfinanzierung durch die Bank ist bei diesem Vorgehen allerdings Vorsicht geboten. Denn die Banken stellen dir in der Regel ein durch die Immobilie gesichertes Darlehen zur Verfügung. Soweit nun ein Teil des Kaufpreises auf Mobiliar wie eine Einbauküche entfällt, das die Bank nicht als werthaltig ansieht, kann es im schlimmsten Fall passieren, dass du den Kaufpreis der Einbauküche aus Eigenmitteln tragen musst.

Es gibt noch viele weitere Kosten, die durch einen Immobilienkauf entstehen können. Dazu gehören zum Beispiel auch Reisekosten für die Besichtigung oder Kosten eines Gutachters, den du mit einer Kurzeinschätzung beauftragt hast. Da hier der Grundstein für die Abschreibung über den gesamten Investitionszeitraum gelegt wird, ist es ratsam, jede Kostenposition im Rahmen des Erwerbs durchzugehen und zu beurteilen. Wenn du dir bei einzelnen Kosten unsicher bist oder größere Positionen nicht zuordnen kannst, empfehlen wir dir, deinen Steuerberater hinzuzuziehen. Dir als Investor kommt, wann immer das möglich ist, ein sofortiger Abzug als laufende Werbungskosten gelegen, da sich diese direkt positiv auf deine Liquidität auswirken. Die Anschaffungskosten hingegen führen erst nach Kaufpreisaufteilung über die AfA zu einer steuerlichen Auswirkung über viele, viele Jahre.

Beispiel

Der Kaufpreis beträgt 100.000 Euro. In den Notarkosten in Höhe von 2.000 Euro sind 400 Euro für die Bestellung der Grundschuld enthalten. Das Grundbuchamt verlangt 500 Euro. Davon entfallen 100 Euro auf die Eintragung der Grundschuld. Der Makler stellt eine Rechnung in Höhe von 3,57 Prozent des Kaufpreises brutto (3.570 Euro). Die Grunderwerbsteuer beträgt 3,5 Prozent (3.500 Euro). Addierst du aus den oben genannten Kosten die steuerlich relevanten Anschaffungskosten auf, beträgt die Summe 109.070 Euro. Laufende Werbungskosten können in Höhe von 500 Euro geltend gemacht werden. Die Anschaffungskosten bilden die Grundlage der Kaufpreisaufteilung. Die laufenden Werbungskosten führen bereits im Jahr der Zahlung zu einer Steuererstattung in Höhe von 210 Euro und das alles nur, weil du dir die Mühe gemacht hast, die Anschaffungskosten korrekt aufzuteilen und von den Finanzierungsnebenkosten abzugrenzen.

Kaufpreis	100.000 Euro
Notarkosten	1.600 Euro
Grundbuchamt	400 Euro
Maklerkosten	3.570 Euro
Grunderwerbsteuer	3.500 Euro
Summe	**109.070 Euro**

Beispiel: Kaufpreis und Kaufnebenkosten

Im nächsten Schritt ist die Kaufpreisaufteilung auf Gebäude und Grund und Boden vorzunehmen. Eine Kaufpreisaufteilung muss sowohl für Eigentumswohnungen als auch für ganze Häuser vorgenommen werden. Dass der Wohnungseigentümer seinen Bodenanteil nur eingeschränkt nutzen und womöglich gar nicht darüber verfügen kann, rechtfertigt keinen niedrigeren Wertansatz von Grund und Boden im Vergleich zum alleinigen Eigentum. Das aber wäre wünschenswert. Denn abgeschrieben werden kann nur der Teil des Kaufpreises, der auf das Gebäude entfällt. Die Kaufpreisaufteilung wirkt sich über die gesamte Laufzeit deines Investments aus. Soweit du nicht nach einer gewissen Zeit verkaufst, handelt es sich dabei um einen Abschreibungszeitraum von 40 beziehungsweise 50 Jahren. Daran siehst du wie wichtig es ist, sich bereits während des Ankaufes im Zusammenhang mit der Objektstrategie über die Kaufpreisaufteilung Gedanken zu machen. Je größer der Gebäudeanteil ist, desto mehr Abschreibung steht über den gesamten Investitionszeitraum zur Verfügung und desto mehr Gestaltungsspielraum bleibt dir für Modernisierungsaufwendungen in den ersten drei Jahren nach Anschaffung. Weitere Details dazu erfährst du im nächsten Kapitel im Abschnitt »Baumaßnahmen«.

Bei der Kaufpreisaufteilung werden die gesamten Anschaffungskosten rechnerisch auf Grund und Boden sowie Gebäude aufgeteilt. Der Grund und Boden unter dem Gebäude unterliegt keiner Abnutzung durch die Mieter und kann daher nicht abgeschrieben werden. Der steuerliche Wert von Grund und Boden ist für dich als Investor daher irrelevant und sollte möglichst gering sein. Anders verhält es sich mit dem Gebäude. Durch die Nutzung der Mieter geht der Gesetzgeber von einer kontinuierlichen Abnutzung aus. Die sanitären Anlagen werden täglich benutzt, der Aufzug fährt mehr oder weniger häufig, und die Lichtschalter und Steckdosen werden Tag für Tag beansprucht. Um den Grad der Abnutzung nicht individuell und detailliert errechnen zu müssen, wurden pauschal 2 Prozent beziehungsweise 2,5 Prozent Minderung des Gebäudewertes in das Gesetz aufgenommen. Den Aufteilungsmaßstab für den Gesamtkaufpreis auf Grund und Boden sowie Gebäude stellen die fiktiven Verkehrswerte dar. Darunter sind die einzelnen Veräußerungspreise der beiden Wirtschaftsgüter Gebäude, also Haus ohne

Grundstück, und Grund und Boden, also Grundstück ohne Haus, zu verstehen. Natürlich kann man diese beiden Wirtschaftsgüter physisch nicht losgelöst voneinander kaufen, da das Gebäude fest mit dem Grund und Boden verbunden ist. Doch gibt es in der steuerrechtlichen Praxis mehrere Möglichkeiten, diese Problematik zu lösen.

Zuallererst besteht die Möglichkeit, bereits in den notariellen Kaufvertrag einzelne Werte für den Grund und Boden und das Gebäude aufzunehmen. Da sich in diesem Fall zwei fremde Parteien, also der Käufer und Verkäufer, im notariellen Kaufvertrag auf einen Wertansatz einigen, ist diesem zunächst einmal Glauben zu schenken (BFH-Urteil vom 21. Juli 2020 – IX R 26/19). Dies gilt natürlich nur bis zu einer gewissen Grenze, ab der die Aufteilung unhaltbar erscheint. Wo diese Grenze liegt ist regional unterschiedlich und wurde in vergangenen Gerichtsverfahren von Gericht zu Gericht unterschiedlich beurteilt. Der Randziffer 24 des BFH-Urteils vom 21. Juli 2020 – IX R 26/19 ist zu entnehmen, dass eine geringe Abweichung von bis zu 10 Prozent als geringfügig angesehen werden kann. Es sollte in jedem Fall dokumentiert werden, dass eine tatsächliche Wertermittlung mit dem Verkäufer vorgenommen wurde und dass sich die beiden Vertragsparteien vorab darüber auseinandergesetzt haben.

Als grobe Regel kannst du dir merken: Es ist unmöglich, dass der Gebäudewert den Kaufpreis abzüglich des anteiligen Bodenwertes (Quadratmeter x Bodenrichtwert) übersteigt. Somit stellt der Kaufpreis abzüglich des anteiligen Bodenwertes in der Regel den maximalen Gebäudeanteil dar.

Wenn die Werte in einem Missverhältnis zueinander stehen, wird der Ansatz für die steuerliche Würdigung verworfen. Das Finanzamt erstellt dann eine eigene Kaufpreisaufteilung mit dem weiter unten vorgestellten Excel-Tool. Spätestens im Rahmen eines daran anschließenden Klageverfahrens hat das Finanzgericht einen unabhängigen Sachverständigen zu beauftragen, der die Kaufpreisaufteilung objektbezogen vornimmt.

Die Erfahrungen zeigt: In den vergangenen Jahrzehnten wurde häufig im Verhältnis 80 zu 20 aufgeteilt. Dabei stehen 80 Prozent für den Gebäudeanteil und 20 Prozent für Grund und Boden. Mittlerweile sollte allerdings jedem, der mit Immobilien zu tun hat, klar sein, dass ein fünfgeschossiges Mietwohngrundstück an der Alster in Hamburg, eine Eigentumswohnung in Berlin und ein Resthof irgendwo auf dem Land tatsächlich nicht pauschal nach demselben Wertverhältnis aufgeteilt werden können. Daher überrascht es nicht, dass vor allem in Ballungszentren, in denen die Bodenpreise in den letzten Jahren deutlich gestiegen sind, das Verhältnis 80 zu 20 nicht mehr haltbar erscheint. Die pauschale Aufteilung im Verhältnis 80 zu 20 wollen wir hier der Vollständigkeit halber aufführen, doch solltest du diese zur Begründung deiner Kaufpreisaufteilung nicht mehr anwenden.

Das Bundesministerium für Finanzen (BMF) stellt die Excel-Datei »Arbeitshilfe zur Aufteilung eines Gesamtkaufpreises für ein bebautes Grundstück (Kaufpreisaufteilung)« zur Verfügung, um die Aufteilung nach Verkehrswerten unter Berücksichtigung einiger objektspezifischer Eingaben zu ermöglichen. Hierfür sind unter anderem Grundstücksart, ursprüngliches Baujahr, Wohnfläche, Grundstücksgröße und der Bodenrichtwert anzugeben. Auf der zweiten Seite der Excel-Datei können bestimmte Modernisierungs-Maßnahmen innerhalb der letzten 20 Jahre eingegeben werden, welche die Restnutzungsdauer des Gebäudes erhöhen und somit natürlich auch auf den Wert des Gebäudeanteils einen positiven Einfluss haben. Die Berechnung wurde auf Basis der aktuellen Rechtsprechung (BFH-Urteil vom 21. Juli 2020 – IX R 26/19) noch einmal überarbeitet. Sie bietet seitdem die folgenden Aufteilungsmöglichkeiten:

- Sachwertverfahren
- Ertragswertverfahren
- Vergleichswertverfahren

Soweit die Kaufpreisaufteilung mit dem alten Excel-Tool durch das Finanzamt vorgenommen wurde, besteht aufgrund der neuen Rechtsprechung die Möglichkeit, einen Änderungsantrag einzureichen und alle änderbaren Jahre rückwirkend zu korrigieren. Sind zurückliegende Steuerbescheide bereits bestandskräftig, kann die neu zu ermittelnde AfA durch den Grundsatz der Abschnittsbesteuerung zumindest für zukünftige Zeiträume berücksichtigt werden. Gegebenenfalls kann dies sogar so weit gehen, dass die AfA, die aufgrund der bisherigen Aufteilung mit dem alten Tool nicht in Anspruch genommen werden konnte, nunmehr nachgeholt werden kann.

Darüber hinaus kann eine Erhöhung des Gebäudeanteils eine weitere Folge haben: Womöglich können Erhaltungsaufwendungen, die zuvor als anschaffungsnaher Aufwand qualifiziert wurden, nun doch sofort abziehbare Werbungskosten darstellen. Dies wäre ein enormer Vorteil für dein Investment.

Soweit die Finanzverwaltung deiner ursprünglichen Kaufpreisaufteilung gefolgt ist oder du eine im Vergleich zum neuen Excel-Tool nachteilige Kaufpreisaufteilung in einen Kaufvertrag aufgenommen hast, hast du leider keine Möglichkeit, die Aufteilung in der genannten Weise zu berichtigen.

Die oben genannten Aufteilungsmöglichkeiten stehen gemäß ImmoWertV gleichwertig zueinander. Welches Verfahren am Ende ausgewählt wird, ist von den tatsächlichen Gegebenheiten abhängig zu machen. Es sollte das Verfahren ausgewählt werden, welches den tatsächlichen Objektwert am besten widerspiegelt.

Da es sich bei der Excel-Datei des BMF um eine veröffentlichte Arbeitshilfe der obersten Finanzbehörde handelt, birgt diese den Vorteil, bei wahrheitsgemäßen Angaben auch im Einspruchsverfahren rechtssicher zu sein. Natürlich handelt es sich trotz der objektspezifischen Eingaben um ein stark vereinfachtes Verfahren. Aus diesem Grund kann die Kaufpreisaufteilung gemäß Excel-Datei durch einen Sachverständigen widerlegt werden. Auch hier ist noch einmal zu erwähnen, dass die Kaufpreisaufteilung spätestens im Rahmen eines anschließenden Klageverfahrens durch einen vom Gericht bestellten Sachverständigen vorzunehmen ist.

Zuletzt bleibt dir im Zusammenhang mit einem Sachverständigen die Möglichkeit, eine sachverständige Kaufpreisaufteilung bereits präventiv zu beauftragen. Soweit die Berechnung nachvollziehbar ist, keine methodischen Mängel oder unzutreffenden Wertansätze enthält und die Wahl des Wertermittlungsverfahrens begründet wurde, hast du gegenüber der Finanzverwaltung gute Argumente für deine Kaufpreisaufteilung. Aufgrund des nicht unerheblichen Kostenaufwandes für ein umfangreiches Gutachten kommt es jedoch auf den Einzelfall an, ob sich dieser Aufwand lohnt. Ein Sachverständigen-Gutachten kann je nach Immobilienstrategie zum Beispiel bei größeren Modernisierungs-Maßnahmen innerhalb der ersten drei Jahre sinnvoll sein, um die steuerliche Berücksichtigung als anschaffungsnaher Aufwand zu vermeiden. Vor der Beauftragung eines Sachverständigen lohnt es sich in jedem Fall auch hier, den Sachverhalt einmal detailliert mit deinem Steuerberater zu besprechen.

Im oben angeführten Beispiel sind Anschaffungskosten in Höhe von 109.070 Euro entstanden. Es ergeben sich folgende Möglichkeiten:

Im Kaufvertrag wurde ein Wertverhältnis von 85 zu 15 vereinbart. Dies ergäbe einen Gebäudewert von 92.710 Euro, welcher per AfA geltend gemacht werden kann. Die restlichen 16.360 Euro entfallen auf Grund und Boden.

Geben wir die Daten desselben Objekts ohne weitere Ermittlungen in die Excel-Datei des BMF ein, erhalten wir steuerliche Anschaffungskosten des Gebäudes in Höhe von 79.796 Euro, während der Anteil für den Grund und Boden 29.274 Euro beträgt. Du siehst, dass hier eine Differenz von 12.914 Euro vorliegt, was einer jährlichen AfA von 323 Euro entspricht.

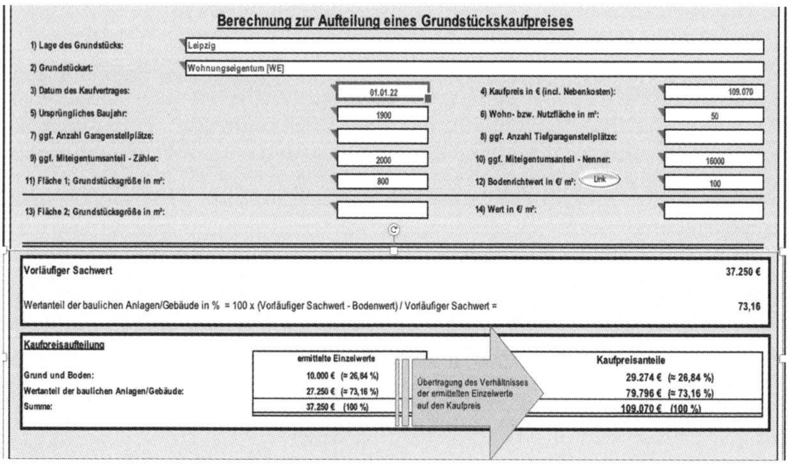

Berechnung zur Aufteilung eines Grundstückskaufpreises

1) Lage des Grundstücks: Leipzig
2) Grundstückart: Wohnungseigentum [WE]
3) Datum des Kaufvertrages: 01.01.22
4) Kaufpreis in € (incl. Nebenkosten): 109.070
5) Ursprüngliches Baujahr: 1900
6) Wohn- bzw. Nutzfläche in m²: 50
7) ggf. Anzahl Garagenstellplätze:
8) ggf. Anzahl Tiefgaragenstellplätze:
9) ggf. Miteigentumsanteil - Zähler: 2000
10) ggf. Miteigentumsanteil - Nenner: 16000
11) Fläche 1; Grundstücksgröße in m²: 800
12) Bodenrichtwert in €/ m²: Link 100
13) Fläche 2; Grundstücksgröße in m²:
14) Wert in €/ m²:

Vorläufiger Sachwert 37.250 €

Wertanteil der baulichen Anlagen/Gebäude in % = 100 x (Vorläufiger Sachwert - Bodenwert) / Vorläufiger Sachwert = 73,16

Kaufpreisaufteilung

	ermittelte Einzelwerte	Kaufpreisanteile
Grund und Boden:	10.000 € (≈ 26,84 %)	29.274 € (≈ 26,84 %)
Wertanteil der baulichen Anlagen/Gebäude:	27.250 € (≈ 73,16 %)	79.796 € (≈ 73,16 %)
Summe:	37.250 € (100 %)	109.070 € (100 %)

Übertragung des Verhältnisses der ermittelten Einzelwerte auf den Kaufpreis

Ermittlung der Kaufpreisaufteilung mit dem BMF-Tool

Wie groß die steuerliche Auswirkung über den gesamten Investitionszeitraum sein kann, siehst du in folgender Tabelle. Bei einer durchschnittlichen Eigentumswohnung mit 200.000 Euro Kaufpreis können die Abweichungen über den exemplarischen Investitionszeitraum von zehn Jahren bereits mehrere tausend Euro betragen. Es ist keine Seltenheit, dass fünfstellige Beträge durch eine kleine Unaufmerksamkeit bei der Kaufpreisaufteilung verloren gehen. Daher empfehlen wir bei ernsthaftem Interesse an einem Objekt, bereits im Ankaufsprozess die erste grobe Kaufpreisaufteilung vorzunehmen und in die Objektkalkulation einfließen zu lassen. Nur so erhältst du belastbare Daten für deine Investments.

ANGABEN	80/20	50/50	30/70
Kaufpreis	200.000 €	200.000 €	200.000 €
Kaufnebenkosten	13.740 €	13.740 €	13.740 €
Gesamtanschaffungskosten	213.740 €	213.740 €	213.740 €
Gesamtkosten Objektanteil	170,992 €	106.870 €	64.122 €
Gesamtkosten Bodenanteil	42.784 €	106.870 €	149.618 €
Abschreibung 2,5%	4.274 €	2.672 €	1.603 €
steuerliche Auswirkung	**1.795 €**	**1.122 €**	**673 €**
steuerliche Auswirkung auf 1o Jahre	**17.954 €**	**11.221 €**	**6.733 €**
Abschreibung 2%	3.420 €	2.137 €	1.282 €
steuerliche Auswirkung	**1.436 €**	**898 €**	**539 €**
steuerliche Auswirkung auf 1o Jahre	**14.363 €**	**8.977 €**	**5.386 €**

Steuerliche Auswirkung verschiedener Kaufpreisaufteilungen

Learnings

- ❒ Learning 1: Vergiss keine Aufwendungen bei der Berechnung der Anschaffungskosten. Dazu gehören nicht nur die Zahlungen an die Verkäufer, den Notar, das Finanzamt (in Form von Grunderwerbsteuer) und den Makler, sondern auch mögliche Besichtigungen mit einem Gutachter, Fahrtkosten und weitere Reisekosten.
- ❒ Learning 2: Grenze die Anschaffungskosten korrekt von den sofort abzugsfähigen Werbungskosten ab. Dazu gehören beispielsweise die Finanzierungsnebenkosten und auch Reisekosten im Zusammenhang mit der Finanzierung.
- ❒ Learning 3: Teile die Anschaffungskosten korrekt und in eigener Verantwortung auf Gebäude sowie Grund und Boden auf. Wir sind große Freunde davon, eine Kaufpreisaufteilung bereits in den Notarvertrag aufzunehmen und diesen Wertansatz mit der Excel-Datei des BMF zu überprüfen. So vergisst du nie, dir bereits bei der Anschaffung über den Gebäudeanteil und deine individuelle Immobilienstrategie Gedanken zu machen. Ohne diesen Schritt kannst du die Liquiditätsberechnung einer Immobilie nicht richtig durchführen, da eine große Unsicherheit in der späteren steuerlichen Beurteilung liegt. Soweit du mit diesen Möglichkeiten nicht weiterkommst, kann dir gegebenenfalls ein Sachverständiger bei deiner individuellen Kaufpreisaufteilung helfen.

Potenziale, die sich aus deinem persönlichen Steuersatz ergeben

Bestimmte Steuerspar-Potenziale sind abhängig davon, welchen persönlichen Steuersatz du hast. Hier die wichtigsten Infos zu diesem Thema.

Steuerfreie Gewinne aus Immobilienverkäufen

In Deutschland gibt es zwei verschiedene Besteuerungssysteme. Die »Vermögenszuwachstheorie« besagt, dass jeder Vermögenszuwachs besteuert wird. Diese Systematik wird auf alle Gewinneinkunftsarten wie unter anderem Gewerbebetriebe oder Einkünfte aus selbstständiger Arbeit angewendet. Im Ergebnis werden nicht nur gehandelte Waren oder Dienstleistungen, sondern auch Gewinne aus der Veräußerung von Anlage- und Umlaufvermögen versteuert. Bei Kaufleuten bedeutet dies beispielsweise, dass sowohl die Lebensmittel, mit denen sie handeln, als auch der Gewinn aus der Veräußerung des Firmenwagens zu versteuern sind.

Die Veräußerung von Wirtschaftsgütern des Privatvermögens musst du hingegen in der Regel nicht versteuern. Hier spricht man von der »Quellentheorie«. Die Immobilie bildet die Quelle, aus der dir langfristig Mieterträge zufließen. Alles, was dort heraussprudelt, unterliegt der Besteuerung. Die Quelle selbst wird jedoch nicht besteuert. Dasselbe Prinzip galt bis in das Jahr 2008 auch für Erträge aus Aktienveräußerungen. Dieses Prinzip wurde durch Einführung der Abgeltungsteuer durchbrochen. Im Ergebnis verbleibt die Immobilie als letzter Vermögensgegenstand, bei dem eine steuerfreie Veräußerung mit Gewinn möglich ist. Leider wird auf Ebene der Politik immer wieder diskutiert, diese Steuerbefreiung zu kippen.

Um kurzfristige Spekulationen auf steigende Immobilienpreise zu vermeiden, wurde das private Veräußerungsgeschäft gesetzlich verankert (§ 22 Nr. 2 i. V. m. § 23 Einkommensteuergesetz (EStG). Besteuert werden Grundstücke des Privatvermögens, die innerhalb einer Frist von zehn Jahren gekauft und mit Gewinn wieder verkauft werden. Unter den Begriff Grundstück fällt auch die jeweilige Bebauung. Die Vorschrift ist also sowohl auf unbebaute Grundstücke als auch auf bebaute Grundstücke mit Wohnungen, Häusern oder Mehrfamilienhäusern anwendbar. Sollte das Eigentum an einer Immobilie durch Schenkung oder Tod auf dich übergegangen sein, ist nicht dieser Zeitpunkt, sondern das Anschaffungsdatum durch den Rechtsvorgänger maßgeblich.

Die Berechnung der Veräußerungsfrist für Grundstücke von zehn Jahren erfolgt auf Grundlage des obligatorischen Rechtsgeschäftes (BFH Urteil vom 25.03.2021 – IX R 10/20). Das bedeutet, dass für die Fristberechnung die Daten der beiden Kaufverträge von Anschaffung und Veräußerung maßgeblich sind.

Beispiel

Du erwirbst mit Vertrag vom 10. März 2025 eine fremdvermietete Eigentumswohnung. Der Verkäufer genehmigt den Kaufvertrag am 15. April 2025 nach. Der Eigentumsübergang findet am 1. Juni 2025 statt. Die Frist des § 23 EStG beginnt nach der zivilrechtlichen Wirksamkeit des Kaufvertrages am 16. April 2025 und endet am 15. April 2035. Eine steuerfreie Veräußerung wäre rechtlich somit ab dem Vertragsdatum 16. April 2035 möglich.

Für die steuerpflichtige Veräußerung innerhalb der Zehn-Jahres-Frist ist eine tatsächliche Spekulationsabsicht auf den Veräußerungsgewinn unerheblich. Der Verkauf kann sich also auch zufällig, aus persönlichen Gründen oder aufgrund von Liquiditätsschwierigkeiten ergeben. Fällt dabei ein Gewinn an, wird dieser trotzdem besteuert.

Grundstücke, die zu eigenen Wohnzwecken genutzt werden, sind von der Besteuerung ausgenommen (§ 23 Abs. 1 Nr. 1 S.3 EStG). Nur wenige Investoren wissen, dass dazu auch die mietfreie Überlassung an das eigene Kind während des Studiums zählt. Das bietet beispielsweise die Möglichkeit, den eigenen Kindern in aufstrebenden Studentenstädten eine Wohnung zu kaufen und diese nach dem Studium mit einem steuerfreien Veräußerungsgewinn wieder zu verkaufen. Wichtig ist dabei, die Grenze des gewerblichen Grundstückshandels zu beachten.

Auch der Verkauf des eigenen Einfamilienhauses ist steuerfrei. Allerdings war der Anteil des häuslichen Arbeitszimmers bis zu einem anderslautenden BFH-Urteil steuerpflichtig (1. März 2021 – IX R 27/19). Der Hintergrund liegt darin, dass das häusliche Arbeitszimmer nach Verwaltungsansicht nicht den eigenen Wohnzwecken, sondern der Arbeit dient. Die neue Rechtsprechung stellt somit die anteilige Veräußerung des häuslichen Arbeitszimmers mit dem eigenen Objekt steuerfrei.

Leider fällt die Nutzung der eigenen Ferienwohnung nicht unter die Definition der eigenen Wohnzwecke. Die Veräußerung innerhalb von weniger als zehn Jahren bleibt hier steuerpflichtig.

Damit die oben genannten Begünstigungen für Selbstnutzer nicht durch Spekulanten ausgenutzt werden, hat der Gesetzgeber eine bestimmte Formulierung eingefügt (§ 23 Abs. 1 EStG). Das Objekt muss

- ❐ entweder »zwischen Anschaffung oder Fertigstellung und Veräu ßerung ausschließlich zu eigenen Wohnzwecken« genutzt worden sein, sprich seit der Anschaffung,
- ❐ oder aber »im Jahr der Veräußerung und in den beiden vorangegangenen Jahren zu eigenen Wohnzwecken« genutzt worden sein.

Unter der ersten Option ist zu verstehen, dass das Objekt bereits bei Besitzübergang unvermietet gewesen sein muss. Sobald für einen Monat Miete geflossen ist, gilt die Immobilie nicht mehr als seit der Anschaffung durchgehend zu eigenen Wohnzwecken genutzt. Das ist beispielsweise der Fall, wenn der ehemalige Mieter zwar gekündigt hat, der Wechsel von Nutzen und Lasten allerdings früher eingetreten ist als erwartet.

Bei der Nutzung zu eigenen Wohnzwecken »innerhalb der letzten drei Jahre« ist es hingegen etwas einfacher. Hier geht es nicht um volle Kalenderjahre, sondern nur um Teilzeiträume innerhalb dieser Jahre. Effektiv müsstest du für diese Steuerbefreiung somit vom 31. Dezember eines Jahres bis zum 1. Januar des übernächsten Jahres in der betreffenden Immobilie leben, entschied der Bundesfinanzhof (3. September 2019 – IX R 10/19).

Zur Veranschaulichung dient das folgende Beispiel:

Tim zieht im November 2025 in eine neue Wohnung ein, die er ursprünglich vermietet hatte. Er meldet sich um und verkauft das Objekt im Februar 2027 mit einem Gewinn von 50.000 Euro vor Steuern. Da Tim innerhalb der letzten drei Jahre 2025, 2026 und 2027 zusammenhängend im betreffenden Objekt gewohnt hat, kann er es im Jahr 2027 steuerfrei veräußern.

Diese Spezialregelung kann natürlich nicht mehrfach im Rahmen einer Fix-&-Flip-Strategie ausgenutzt werden. Da in diesem Fall selbstständig und mit der nachhaltigen Absicht zur Gewinnerzielung gehandelt würde, läge per Definition ein Gewerbebetrieb vor. Soweit du diese Strategie für den Eigenkapitalaufbau nutzen möchtest, hilft es, rechtzeitig deinen Steuerberater zu informieren beziehungsweise hinzuzuziehen. Zudem muss die Finanzierung in diesem Fall passend strukturiert werden. Mehr dazu erfährst du im Kapitel »Finanzierung«.

Gewinnermittlung bei privaten Veräußerungsgeschäften

Wenn eine der oben genannten Bedingungen für die Steuerbefreiung nicht erfüllt ist, liegt ein privates Veräußerungsgeschäft vor. In diesem Fall musst du deine Einkünfte wie folgt ermitteln:

Veräußerungspreis
- Anschaffungskosten inklusive Nebenkosten um die AfA gemindert
- durch die Veräußerung angefallenen Kosten
= steuerpflichtiger Veräußerungsgewinn/-verlust

Der Veräußerungspreis umfasst sämtliche Aufwendungen des Käufers, die er zum Erwerb der Immobilie an dich leistet. Das ist in der Regel der Betrag, welcher im notariellen Kaufvertrag beurkundet wird.

Anschließend subtrahierst du davon die Anschaffungskosten samt Erwerbsnebenkosten. Wie du diese richtig ermittelst, kannst du im Kapitel »Kaufpreis und Erwerbsnebenkosten – die korrekte Aufteilung« noch einmal nachlesen. Von den Anschaffungskosten musst du die in Anspruch genommene AfA abziehen, da sich diese in den Jahren der Vermietung steuerlich zu deinem Vorteil ausgewirkt hat. Im Ergebnis werden damit die Steuervorteile, welche sich über den bisherigen Investitionszeitraum ergeben haben, vollständig rückabgewickelt und mit einem aufgrund des Veräußerungsgewinnes sehr hohen Grenzsteuersatz nachversteuert.

Zuletzt kannst du die durch die Veräußerung angefallenen Kosten abziehen. Dies ist beispielsweise der Fall, wenn du Inserate schaltest, eine Vorfälligkeitsentschädigung an die Bank leisten musst, die (anteiligen) Maklerkosten übernimmst oder den Notar bezahlst.

Im folgenden Beispiel lernst du einen der größten Vorteile und das riesige Potenzial für den Vermögensaufbau mit Immobilien im Privatvermögen kennen:

Beispiel

Du veräußerst ein Objekt (Baujahr 1990) innerhalb der Spekulationsfrist, welches du für 100.000 Euro zuzüglich Grunderwerbsteuer von 3,5 Prozent und Notarkosten von 2 Prozent erworben hast. Der Kaufpreis entfiel zu 80 Prozent auf das Gebäude. Du hast genau fünf Jahre lang vermietet. Jetzt bietet dir ein Kapitalanleger 200.000 Euro für das Objekt, unter der Bedingung, dass du die Notarkosten in Höhe von 2 Prozent trägst. In der folgenden Tabelle ist der Rechenweg zusammengefasst.

Kaufpreis		200.000 €
- Anschaffungskosten	100.000 + 3.500 + 2.000	105.500 €
+ in Anspruch genommene AfA	105.500 x 80 Prozent x 2 Prozent x 5 Jahre	8.440 €
- durch die Veräußerung angefallene Kosten	200.000 X 2 Prozent	4.000 €
Steuerpflichtiger Veräußerungsgewinn		98.940 €
Steuerbelastung		**41.555 €**

Beispiel für einen Verkauf innerhalb der Spekulationsfrist

Der Veräußerungspreis beträgt 200.000 Euro. Von diesem sind die Anschaffungskosten abzüglich der in Anspruch genommenen AfA zu subtrahieren. Im Ergebnis können die Anschaffungskosten abgezogen und die in Anspruch genommene AfA hinzugerechnet werden. Weiter sind 4.000 Euro für den Notar als Veräußerungskosten abzuziehen.
Im Ergebnis werden 98.940 Euro mit deinem persönlichen Steuersatz nachversteuert, was in Verbindung mit weiteren Einkünften wie beispielsweise deinem Arbeitslohn schnell zum Spitzensteuersatz in Höhe von 42 Prozent führt. Im vorliegenden Beispiel wären das 41.555 Euro. Ohne Berücksichtigung der weiteren Wertentwicklung hast du die Möglichkeit, nach zehn Jahren einen steuerfreien Veräußerungsgewinn in Höhe von 91.500 Euro einzufahren, also den vollen Gewinn ohne Berücksichtigung der AfA. Wenn du hingegen, wie oben dargestellt, das Objekt schon nach fünf Jahren verkaufst, zahlst du 41.555 Euro Steuern, und dir bleiben nach Steuern »nur« 49.945 Euro. Das ist einer der größten Vorteile von privaten Immobilieninvestoren.

Der Veräußerungsgewinn ist für jedes Objekt einzeln zu ermitteln. Sollten mehrere Objekte im Paket veräußert werden, muss der Veräußerungspreis im Verhältnis der einzelnen Verkehrswerte aufgeteilt werden. Versteuert wird der Betrag in dem Jahr, in dem der Veräußerungspreis dir zufließt. Hier wird, anders als bei der Zehn-Jahres-Frist, nicht auf den Kaufvertrag, sondern auf den tatsächlichen Geldfluss abgestellt. Die Steuer muss somit erst gezahlt werden, wenn die Zahlung und der Besitzwechsel abgeschlossen sind und dir das Geld zur Verfügung steht.

Beispiel

Führt man das obige Beispiel fort und nimmt die Anschaffung im Jahr 2020, den Veräußerungsvertrag im Jahr 2025 und den tatsächlichen Zahlungstermin im Jahr 2026 an, so ist der Veräußerungsgewinn erst bei der Steuererklärung für das Kalenderjahr 2026 anzugeben. Da du die betreffende Steuererklärung erst im Jahr 2027 erstellen kannst, musst du die Steuernachzahlung aus dem privaten Veräußerungsgeschäft bis dahin im Hinterkopf behalten und das Geld zurücklegen.

Private Veräußerungsgeschäfte unter 1.000 Euro pro Jahr bleiben auch dann steuerfrei, wenn die Veräußerungsfrist (»Spekulationsfrist«) unterschritten ist. Diese Freigrenze gilt für jeden Ehegatten einzeln. Aufgrund des Investitionsvolumens bleiben Gewinne aus Immobiliengeschäften allerdings in den seltensten Fällen steuerfrei. In der Regel findet diese Befreiung eher bei Goldgeschäften oder anderen Wertgegenständen Anwendung, soweit die betreffenden Güter innerhalb eines Jahres an- und verkauft werden.

Veräußerungsverluste aus privaten Veräußerungsgeschäften dürfen ausschließlich mit eben solchen Gewinnen verrechnet werden. Ein vertikaler Verlustausgleich mit anderen Einkunftsarten ist ausgeschlossen, sprich: Verluste aus dem Verkauf einer Immobilie können nicht mit Gewinnen aus Vermietung und Verpachtung verrechnet werden, sondern nur mit Gewinnen aus anderen privaten Veräußerungsgeschäften. Das können dann aber auch Gewinne aus dem Verkauf von Gold, Antiquitäten oder Kunst sein. Sind keine Veräußerungsgewinne angefallen und ist eine Verrechnung daher unmöglich, wird der Verlust über Jahre hinweg fortgetragen.

Gewerblicher Grundstückshandel

Die Abgrenzung zwischen privater Vermögensverwaltung und gewerblicher Tätigkeit ist steuerlich äußerst wichtig. Denn die eben kennengelernten Privilegien für Privatinvestoren fallen schlagartig weg, wenn ein Grundstückshandel als gewerblich eingestuft wird.

In der Immobilienbranche gibt es neben originären Gewerbebetrieben wie dem Handel mit Baustoffen, der Tätigkeit als Makler oder dem »Fix & Flip«-Business (dem schnellen Aufbau von Eigenkapital durch Kauf, Aufwertung und raschen Verkauf von Immobilien) auch noch den gewerblichen Grundstückshandel. Auch wenn dabei eigentlich nie die Absicht bestand, gewerblich tätig zu werden, qualifiziert das Überschreiten bestimmter Grenzen die gesamte Tätigkeit dennoch in einen Gewerbebetrieb um. Während der Zeit des Vermietens wirkt sich diese Änderung gar nicht allzu sehr auf die steuerliche Situation aus, und die Einstufung als gewerblich könnte dir egal sein. Willst du deine Tätigkeit später aber einmal aufgeben oder einzelne Objekte verkaufen, findet die »Vermögenszuwachstheorie« Anwendung. Alle Gewinne aus der Veräußerung des Anlagevermögens, die sogenannten stillen Reserven, sind dann zu versteuern. Eine steuerfreie Veräußerung der Objekte kommt in diesem Fall nicht mehr in Betracht.

Für das Vorliegen eines gewerblichen Grundstückshandels sind im Wesentlichen zwei Faktoren maßgeblich: die Dauer der Vermietung und die Anzahl der veräußerten Objekte. Der Wert des veräußerten Grundbesitzes ist bei der Abgrenzungsfrage irrelevant.

Das einfachste Ausschlusskriterium ist die Dauer der Vermietung. Ist ein Objekt über einen Zeitraum von mindestens zehn Jahren fremdvermietet, gehört grundsätzlich auch dessen Veräußerung zur privaten Vermögensverwaltung. Das Objekt fällt somit in die private Vermögenssphäre und gilt nicht als Objekt im Sinne des gewerblichen Grundstückshandels (BFH-Urteil vom 6. April 1990 – III R 28/87).

Wie bei den privaten Veräußerungsgeschäften sind Grundstücke, die zu eigenen Wohnzwecken dienen, grundsätzlich ebenfalls nicht als Objekte im Sinne des gewerblichen Grundstückshandels zu betrachten (vgl. BFH-Urteil vom 16. Oktober 2002 – X R 74/99). Wenn du also in dem Zeitraum der anderen Veräußerungen auch dein Eigenheim verkaufst, brauchst du es nicht mitzuzählen. Ein vorübergehend selbstgenutztes Objekt wird jedoch trotzdem einbezogen, wenn die Veräußerung von Beginn an beabsichtigt war (vgl. BFH-Urteil vom 11. April 1989 – VIII R 266/84). Dabei kommt es auf die Umstände des Einzelfalles an. Bei einer Eigennutzung von weniger als fünf Jahren sollte die ursprünglich auf Dauer angelegte Nutzung demnach nachweisbar sein und die Nutzungsänderung auf offensichtlichen Sachzwängen beruhen (vgl. BFH-Urteil vom 18. September 2002 – X R 28/00). Dies muss auch bei den im Kapitel »Potenziale aus deinem persönlichen Steuersatz« genannten Studentenwohnungen der Kinder beachtet werden.

In der Regel treten in Verbindung mit Objekten zu eigenen Wohnzwecken folgende Fragen auf: Ist das Objekt auf individuelle Weise ausgestattet oder neutral, wie es ein Kapitalanleger tun würde? Findet der Verkauf aus persönlichen Gründen statt, beispielsweise aufgrund einer Scheidung oder beruflichen Veränderung, oder handelt es sich um einen von Beginn an beabsichtigten Spekulationsgewinn?

Es ist wichtig zu wissen, dass nur Objekte zur Einstufung als gewerblicher Grundstückshandel mitgezählt werden, bei denen ein enger zeitlicher Zusammenhang zwischen Errichtung beziehungsweise Erwerb und der Veräußerung besteht. Dieser enge zeitliche Zusammenhang wird in der Rechtsprechung bis zu einer Obergrenze von fünf Jahren unterstellt. Das einfachste Mittel, um diese Einstufung zu verhindern, besteht hier natürlich darin, eine oder mehrere Veräußerungen auf die Folgejahre zu verschieben, um die Grenze zu überschreiten.

Objekte können allerdings bis zu einer Grenze von zehn Jahren mitgerechnet werden, wenn besondere Umstände darauf hinweisen, dass zum Zeitpunkt der Errichtung oder des Erwerbs bereits eine Veräußerungsabsicht vorgelegen hat. Diese besonderen Umstände können beispielsweise im Know-how eines Immobilienmaklers oder Architekten liegen. Verkauft ein Vertreter dieser Berufsgruppen wiederholt kurz nach Ende der Fünf-Jahres-Frist ein Objekt, wird unterstellt, dass der Betreffende berufsbedingt die Chancen und Risiken des Marktes genau beurteilen konnte und die Grenze vorsätzlich ausgenutzt hat.

Jetzt dürfte klar sein, welche Objekte bei der Einstufung als gewerblicher Grundstückshandel mitzuzählen sind und welche nicht. Dies ist abhängig von der Art der Nutzung und deren Dauer. Stellt sich die Frage, was es mit der Anzahl der veräußerten Objekte auf sich hat. Entscheidend ist nun die »Drei-Objekte-Grenze«. Diese Grenze besagt, dass die Veräußerung von mehr als drei Objekten innerhalb von fünf Jahren grundsätzlich als gewerblich gilt (BFH-Urteil vom 18. September 1991 – XI R 23/90). Ausgenommen sind die oben genannten Objekte, welche wir nicht in die Berechnung miteinbeziehen müssen.

Im Ergebnis heißt das nicht, dass die ersten drei Objekte gefahrlos binnen fünf Jahren verkauft werden könnten und danach eine gewerbliche Tätigkeit vorliegen würde. Vielmehr wird bereits rückwirkend, ab Anschaffung des ersten Objektes, ein Gewerbebetrieb eröffnet. Ab diesem Zeitpunkt ist jede Tätigkeit aus Sicht eines Unternehmers zu beurteilen – auch steuerlich. Auf Vorgänge, die vor dem Kauf des ersten Objektes im Sinne der Drei-Objekte-Grenze abgewickelt wurden, hat dies keinen Einfluss.

Beispiel

Du verkaufst im Jahr 2025 ein Mehrfamilienhaus, im Jahr 2027 drei Eigentumswohnungen und im Jahr 2031 drei weitere Objekte. Zwei der 2027 verkauften Eigentumswohnungen waren bereits mehr als zehn Jahre vermietet. Die restlichen Objekte hast du vor weniger als fünf Jahren gekauft.
Im Fünf-Jahres-Zeitraum 2025 bis 2029 wurden mehr als drei Objekte veräußert. Da die beiden langfristig vermieteten Eigentumswohnungen allerdings nicht mitzählen, liegt kein gewerblicher Grundstückshandel vor. Im Zeitraum 2026 bis 2030 wurden weniger als drei Objekte veräußert. Durch das Überschreiten der Drei-Objekte-Grenze im Jahr 2031 für den Zeitraum 2027 bis 2031 (eine Eigentumswohnung 2027 und drei Objekte 2031) liegt dann plötzlich ein gewerblicher Grundstückshandel vor. Der Gewerbebetrieb gilt rückwirkend als im Jahr 2027 eröffnet. Die Veräußerung im Jahr 2025 sowie die Veräußerung der beiden langfristig vermieteten Objekte im Jahr 2027 bleiben steuerfrei.

Es gibt noch einige Besonderheiten, die im Zusammenhang mit dem gewerblichen Grundstückshandel erwähnenswert sind:

Bei umfangreichen Modernisierungen solltest du beachten, dass die Frist von fünf Jahren mit Abschluss der Arbeiten neu beginnt (vgl. BFH-Urteil vom 5. Dezember 2002 – IV R 57/01). Da der Begriff »umfassende Modernisierungen« von der Rechtsprechung nicht weiter definiert wurde und somit keine einfache Abgrenzung möglich ist, kann es bei größeren Maßnahmen sinnvoll sein, mit dem Abschluss der Arbeiten als Fristbeginn für die Drei-Objekte-Grenze zu rechnen.

Auch verlustbringende Objekte sind bei Unterschreiten der Fünf-Jahres-Frist mitzuzählen, wenn geprüft wird, ob die Drei-Objekte-Grenze unterschritten wurde oder nicht. Da auch andere Gewerbetreibende durchaus Geschäfte mit Verlust abschließen und dies zum unternehmerischen Risiko gehört, sind die betreffenden Objekte nicht von der Zählung ausgenommen. Etwas anderes gilt, wenn das Objekt explizit nicht mit der Absicht angeschafft wurde, einen Gewinn zu erzielen. Dies darzulegen und plausibel zu machen, sollte allerdings gerade im aktuellen Marktumfeld schwierig sein.

Bei Ehegatten besteht die Besonderheit, dass jeder Ehegatte bis zu drei Objekte innerhalb von fünf Jahren im Privatvermögen halten und später veräußern kann. Eine gemeinsame Betrachtung der Grundstücksaktivitäten findet in der Regel nicht statt. Anders ist dies allerdings bei vermögensverwaltenden Personengesellschaften. Treten Ehepaare beispielsweise als GbR auf, gilt der anteilige Verkauf eines jeden Ehepartners als eine Veräußerung, die mitzählt. Genauso verhält es sich auch, wenn Ehepartner Bruchteilseigentum erworben haben und somit jeweils hälftig im Grundbuch eingetragen sind. Der Verkauf des hälftigen Anteils gilt in diesem Fall für jeden Ehegatten als eine vollständige Veräußerung im Sinne der Drei-Objekte-Grenze.

Zuletzt ist das BFH-Urteil vom 28. September 2017 – IV R 50/15 zu berücksichtigen. Danach kann ein Gewerbe bereits daraus resultieren, dass sich ein Gesamtgewinn bei der Investition in eine Immobilie nur unter Berücksichtigung des am Ende des Vermietungszeitraumes zu erwartenden Veräußerungspreises erzielen lässt. Diese Betrachtung gilt gemäß BFH-Urteil unabhängig von der Haltedauer des Objektes. Somit kann nach dieser Rechtsprechung auch bei langfristiger Vermietung von mehr als zehn Jahren ein gewerblicher Grundstückshandel vorliegen. Soweit in deiner Objektkalkulation über den Investitionszeitraum ein Totalgewinn zu erwarten ist, bleibt es bei der privaten Vermögensverwaltung und Einkünften aus Vermietung und Verpachtung. Kann bei der Kalkulation nur aufgrund der Wertannahmen zur späteren Veräußerung ein Totalgewinn erzielt werden, handelt es sich von Beginn an um einen Gewerbebetrieb. Für die Prognose sind die vorhersehbaren Mieteinnahmen, Abschreibungen, Zinsen und laufenden Kosten zu berücksichtigen. Außergewöhnliche Werbungskosten, die sich im Laufe der Zeit ergeben, bedrohen die Steuerfreiheit nicht. Diese Rechtsprechung war bisher nur auf bewegliche Wirtschaftsgüter anwendbar, doch wurde durch dieses BFH-Urteil auch auf Immobilien ausgeweitet.

Beispiel

Du übernimmst von einem Bauträger eine neuwertige Wohnung. Da du darauf spekulierst, die Wohnung als Erstbezug nach einigen Jahren mit Wertsteigerung wieder zu veräußern, schaltest du zwar hin und wieder Inserate, doch lässt du die Wohnung zunächst leer stehen. In diesem Fall entsteht jährlich ein Verlust aus Vermietung und Verpachtung, und du hast das Investment ausschließlich vorgenommen, um am Ende den hohen Veräußerungsgewinn zu erzielen. Die Rechtsprechung geht hier von gewerblichem Handeln aus.

Als Alltagshilfe haben wir für dich ein Schaubild entwickelt, welches die oben genannte Abgrenzungs-Problematik strukturiert darstellt. Du kannst jedes deiner Objekte anhand des unten aufgeführten Schaubildes überprüfen. Dabei wirst du ein Gespür dafür entwickeln, ob und wann die Einstufung als gewerblich droht. Darüber hinaus ist stets zu beachten, dass dein Liquiditätsplan aus der Tätigkeit als Vermieter spätestens am Ende des Investitionszeitraumes, welcher in der Regel mit 30 Jahren angesetzt wird, positiv ist und du so rechnerisch einen »Totalgewinn« erwirtschaftest. Diese Berechnung ist objektbezogen zu erstellen und kann nicht durch andere gewinnträchtige Objekte in deinem Portfolio kompensiert werden.

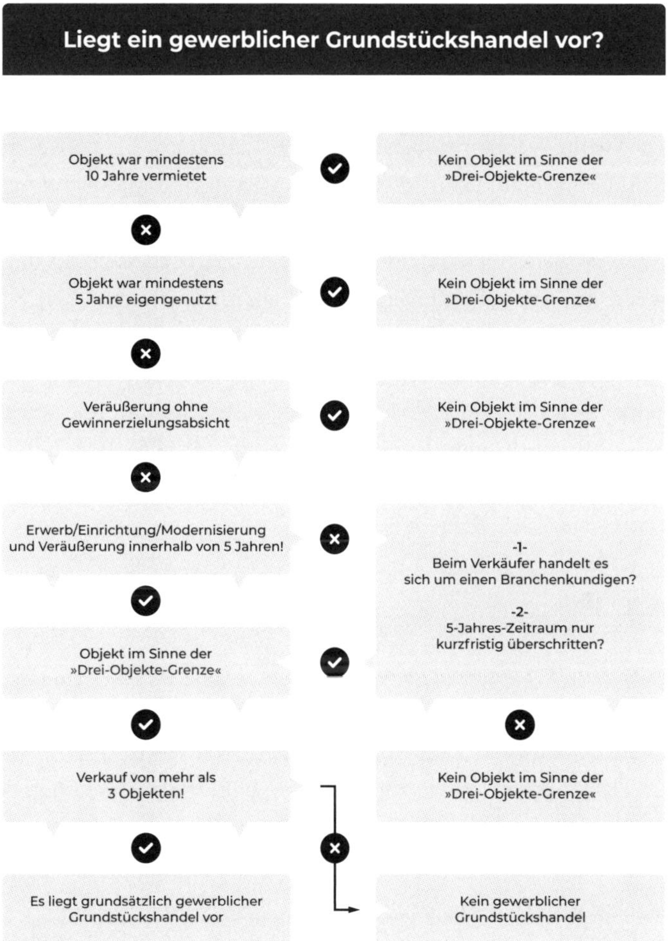

Schnellcheck: Drei-Objekt-Grenze überschritten?

Weiterführende Informationen zu dem Thema Grundstückshandel enthält das BMF-Schreiben vom 26. März 2004 – IV A 6 – S 2240 – 46/04 sowie die zitierte Rechtsprechung. Es gibt eine Vielzahl von Gerichtsentscheidungen zu verschiedenen einzelfallbezogenen Rechtsfragen rund um den gewerblichen Grundstückshandel, welche bei der Abgrenzung im persönlichen Fall weiterhelfen können.

Soweit das Finanzamt dir gewerblichen Grundstückshandel unterstellt, solltest du dies in jedem Fall mit deinem Steuerberater überprüfen und Optionen für die eigenen Immobilien erarbeiten. Es besteht beispielsweise die Möglichkeit, Veräußerungen bebauter Grundstücke, die bis zum Verkauf mehr als zehn Jahre vermietet waren oder nur zu eigenen Wohnzwecken genutzt wurden, aus dem Betriebsvermögen herauszuhalten. Dafür sind rechtssichere Argumentationsketten zu erarbeiten, welche belegen, dass von Beginn an keine Spekulationsabsicht bestand. Des Weiteren kann dein Steuerberater gegebenenfalls durch gezielten Einsatz einer 6b-Rücklage oder die Umwandlung in eine Kapitalgesellschaft die negativen Folgen des gewerblichen Grundstückshandels abfedern und deine Immobilien neu strukturieren. Zu den Details der 6b-Rücklage erfährst du mehr im Kapitel »Gesellschaften«. Näheres zu der Umwandlung in eine Kapitalgesellschaft enthält das Kapitel »Die besten Steuerstrategien für Immobilieninvestoren«.

Learnings

- ❒ Learning 1: Du kennst die Vermögenszuwachstheorie und die Quellentheorie und kannst beide voneinander unterscheiden.
- ❒ Learning 2: Der Verkauf eines Grundstücks sowie dessen Bebauung ist steuerfrei, wenn zwischen den beiden Kaufverträgen der Anschaffung und der Veräußerung mehr als zehn Jahre vergangen sind.
- ❒ Learning 3: Für den gewerblichen Grundstückshandel sind im Regelfall nur Objekte in die »Drei-Objekte-Grenze« einzubeziehen, zwischen deren Erwerb und Veräußerung maximal fünf Jahre liegen. Auch hier gilt: Hast du dein Objekt vor der Veräußerung mehr als zehn Jahre vermietet, handelt es sich grundsätzlich nicht um ein Zählobjekt.

❐ Learning 4: Beachte, dass dein Liquiditätsplan aus der reinen Vermietung spätestens am Ende des Investitionszeitraumes eines jeden Objektes positiv sein sollte und du auch ohne Hinzurechnung des Veräußerungsgewinnes einen »Totalgewinn« erzielst.

Baumaßnahmen – die Königsdisziplin eines jeden Privatinvestors!

Aus dem Abschnitt »Werbungskosten« ist dir bereits bekannt, was unter Erhaltungsaufwand zu verstehen ist und wie dieser sich auswirkt. Erhaltungsaufwand liegt vor, wenn dem Grunde nach funktionsgleiche Anlagen ersetzt werden oder dem technischen Fortschritt entsprechend modernisiert werden. Erhaltungsaufwendungen können im Jahr der Zahlung sofort als Werbungskosten abgezogen werden.

Du hast allerdings auch gelesen, dass es einige Herausforderungen in Verbindung mit den Erhaltungsaufwendungen geben kann. Das liegt daran, dass es bei Baumaßnahmen stets um das Spannungsfeld zwischen Erhaltung und Herstellung geht. Herstellungskosten werden anders als Erhaltungsaufwendungen über die betriebsgewöhnliche Nutzungsdauer des Gebäudes von 40 beziehungsweise 50 Jahren abgeschrieben. Dies ist steuerlich deutlich ungünstiger und sollte somit nach Möglichkeit vermieden werden. Als Investor ist es nach unseren Erfahrungen deine Aufgabe, einen Überblick über die Möglichkeiten und Herausforderungen in Verbindung mit Baumaßnahmen zu erlangen und dadurch deine Rendite zu optimieren. Immer wieder sehen wir, dass Investoren fünfstellige Erstattungsbeträge verlieren, da der Alltag schnelles Handeln erfordert und die Maßnahmen nicht mit dem Steuerberater besprochen wurden. Damit dir dies zukünftig erspart bleibt, werden wir in diesem Kapitel einige Definitionen und Begriffe erarbeiten, mit Leben füllen und voneinander abgrenzen. Damit kannst du auch im hektischen Alltag das volle Potenzial deiner Immobilien nutzen und mit deinem Steuerberater auf Augenhöhe kommunizieren.

Es gibt zwei Arten von Aufwendungen, die zu den Herstellungskosten gehören. Per Definition sind Herstellungskosten sämtliche Aufwendungen, die anfallen, um ein Wirtschaftsgut, hier das Gebäude, in den vom Investor angestrebten, betriebsbereiten Zustand zu bringen. Dies sind die originären Herstellungskosten.

Auf der anderen Seite wandelt der Gesetzgeber beziehungsweise die Rechtsprechung in gewissen Konstellationen Erhaltungsaufwand in Herstellungskosten um, wenn bestimmte Baumaßnahmen ineinandergreifen oder die Höhe der Kosten eine gewisse Schwelle überschreitet.

Kommen wir zunächst zu den originären Herstellungskosten. Bei einem Bestandsgebäude ist diese Prüfung relativ schnell erledigt. Das Gebäude wird in der Regel bereits in einem betriebsbereiten Zustand erworben und das Mietverhältnis fortgeführt. Ist ein Gebäude hingegen so weit abgenutzt, dass es unbrauchbar beziehungsweise unbewohnbar geworden ist, werden jegliche Aufwendungen, die dazu dienen, es wieder bewohnbar zu machen, als Herstellungskosten gewertet (BFH-Urteil vom 13. Oktober 1998 – IX R 61/95). Es wird sozusagen ein »neues« Gebäude hergestellt. Dies ist beispielsweise bei Denkmalobjekten der Fall, die als Ruine erworben und wiederaufgebaut werden. Wird das Gebäude zum Zeitpunkt der Anschaffung nicht genutzt, ist zunächst offen, ob das Gebäude betriebsbereit ist. Wenn im Anschluss an den Erwerb Baumaßnahmen durchgeführt werden, können die Aufwendungen hierfür auch Herstellungskosten sein. Bei der Beurteilung kommt es auf die Zweckbestimmung des Erwerbers an. Soll die Art und Weise verändert werden, in der das Gebäude zur Erzielung von Einnahmen dient, handelt es sich um Herstellungskosten. Dazu gehört beispielsweise ein Umbau, bei dem aus Wohnräumen Büroräume werden.

Außerdem gibt es die Möglichkeit, durch Erweiterungen originäre Herstellungskosten zu produzieren. Dies ist beispielsweise bei einem Anbau, der Aufstockung des bestehenden Gebäudes oder dem Anbringen von Balkonen der Fall. Die Erweiterung bezieht sich dabei immer auf die Vergrößerung der nutzbaren Fläche gemäß Wohnflächenverordnung (WoFlV). Werden hingegen nur innerhalb des bestehenden Gebäudes zusätzliche Zwischenwände eingezogen, führt dies nicht zu einer Erweiterung. Der Aufwand ist dann sofort als Erhaltungsaufwand abziehbar (BFH-Urteil vom 16. Januar 2007 – IX R 39/05).

Unter den Begriff »Substanzmehrung« fallen sämtliche Einbauten, die bisher in Form oder Funktion nicht vorhanden waren. Beispiele hierfür sind die Installation einer Alarmanlage, das Anbringen einer Außentreppe oder einer Markise und der Einbau eines Fahrstuhls oder eines Kamins.

Bei der Substanzmehrung ist besonders auf die Abgrenzung zum Erhaltungsaufwand zu achten. Erfüllt ein neuer Bestandteil die gleiche Funktion für das Gebäude wie bisher ein anderer, so handelt es sich nicht um eine Substanzmehrung, die zu den Herstellungskosten führen würde. Vielmehr ist es sofort abzugsfähiger Erhaltungsaufwand. Das gilt ebenfalls, wenn die Anlage nicht auf die gleiche Art und Weise wie die ersetzte wirkt, die Funktion aber ausschließlich im Rahmen des technischen Fortschritts erweitert wurde. Praxisbeispiele, in denen Erhaltungsaufwand vorliegt, sind der Einbau einer Warmwasseraufbereitung per Solarthermie statt der früheren Gasheizung, das Vergrößern von Fenstern oder eine neue Fassadenverkleidung mit zusätzlichem Wärme- und Schallschutz.

Bei den originären Herstellungskosten gibt es die Möglichkeit, Maßnahmen bis zu 4.000 Euro ohne Umsatzsteuer pro Immobilie und Jahr sofort als Erhaltungsaufwand abzuziehen (R 21.1 Abs. 2 S.2 EStR). Dies ist eine Vereinfachungsregel zur Vermeidung von Rechtsstreitigkeiten. Die Grenze reicht für viele kleinere Baumaßnahmen aus. In einer Wohnungseigentümergemeinschaft (WEG) könnte beispielsweise die Herstellung eines Müllplatzes oder Fahrradschuppens unter diese Grenze fallen. Hier zahlen ja die anderen WEG-Mitglieder mit, und der eigene Anteil könnte unter dieser Grenze liegen. Im Sondereigentum, also in der eigenen Wohneinheit innerhalb der WEG, kommt beispielsweise die Herstellung von Deckenspots in Betracht.

Die bis hierhin genannten Formen der nachträglichen Herstellungskosten sind relativ leicht zu definieren und zu überprüfen. Leider gibt es darüber hinaus weitere Herstellungskosten. Sie gelten, wenn bestimmte Baumaßnahmen ineinandergreifen oder die Höhe der Kosten eine gewisse Schwelle überschreitet.

In den ersten drei Jahren nach Anschaffung ist primär der anschaffungsnahe Aufwand zu prüfen (§ 6 Abs. 1 Nr. 1a EStG). Anschaffungsnaher Aufwand liegt vor, wenn Instandsetzungs- und Modernisierungsaufwendungen an einer Immobilie ohne Umsatzsteuer 15 Prozent der Anschaffungskosten übersteigen. Maßgeblich für das Überschreiten der 15-Prozent-Grenze sind dabei nicht die Anschaffungskosten des gesamten Objektes, sondern ausschließlich der Anteil des Gebäudes nach Kaufpreisaufteilung. Die Auswirkungen der Kaufpreisaufteilung wurden bereits erläutert. Wenn du eine Strategie mit Instandsetzungs- und Modernisierungsaufwendungen verfolgst, kannst du der folgenden Tabelle darüber hinaus entnehmen, dass sich die steuerliche Wirkung durch die Kaufpreisaufteilung noch einmal potenziert.

AUFTEILUNG	80/20	50/50	30/70
Kaufpreis	200.000 €	200.000 €	200.000 €
Kaufnebenkosten	13.740 €	13.740 €	13.740 €
Gesamtanschaffungskosten	213.740 €	213.740 €	213.740 €
Gesamtkosten Objektanteil	170,992 €	106.870 €	64.122 €
Gesamtkosten Bodenanteil	42.784 €	106.870 €	149.618 €
max. anschaffungsnaher Aufwand	**30.522 €**	**19.076 €**	**11.446 €**
steuerliche Auswirkung	**12.819 €**	**8.012 €**	**4.807 €**

Kaufpreisaufteilung: Je höher der Anteil, der aufs Gebäude entfällt, desto höher die Steuerersparnis auch beim anschaffungsnahen Aufwand.

Der Beginn des Drei-Jahres-Zeitraumes ist der Übergang von Nutzen und Lasten. Es ist derselbe Zeitpunkt, zu dem auch die AfA beginnt. Werden hingegen Instandsetzungs- und Modernisierungsaufwendungen nach Kaufvertragsabschluss und vor dem Übergang von Nutzen und Lasten durchgeführt, zählen sie nicht bei der 15-Prozent-Grenze mit. Dazu muss der künftige Eigentümer über eine gesicherte Rechtsposition verfügen, und es muss absehbar sein, dass die Nutzung durch den Voreigentümer endet (BFH-Urteil vom 28. April 2020 – IX B 121/19). Da es sich hierbei um aktuelle Rechtsprechung handelt, solltest du beziehungsweise sollte dein Steuerberater in jedem Fall noch einmal die Gesetzeslage prüfen, bevor eine solche Maßnahme umgesetzt wird. Andernfalls führen die vor dem Wechsel von Nutzen und Lasten getätigten Aufwendungen zu sogenanntem Drittaufwand. Als solcher sind sie für dich steuerlich gänzlich verloren (BFH-Urteil vom 25. Februar 2009 – IX R 3/07).

Liegt im Ergebnis anschaffungsnaher Aufwand vor, handelt es sich bei den gesamten Kosten um Herstellungskosten, und ein sofortiger Abzug als Werbungskosten scheidet aus. Nach aktueller BFH-Rechtsprechung sind auch Schönheitsreparaturen wie das Tapezieren, Streichen oder das Erneuern des Fußbodens beim Mieterwechsel in die Berechnung einzubeziehen (BFH, Urteil v. 14.6.2016 – IX R 25/14). Jährlich üblicherweise anfallende Aufwendungen wie die Wartung der Heizung oder der Austausch von Glühbirnen sind nicht zu berücksichtigen. Sie bleiben weiterhin sofort abziehbar (BFH, Urteil v. 14.6.2016 – IX R 22/15). Das Gleiche gilt für Kosten für die Behebung unvorhergesehener Substanzschäden, die erst nach Anschaffung durch das schuldhafte Handeln eines Dritten, beispielsweise des Mieters, verursacht werden (BFH Urteil vom 9.5.2017 – IX R 6/16). Weiter bleiben auch die zuvor in diesem Kapitel kennengelernten Erweiterungen im Sinne des § 255 Abs. 2 Satz 1 HGB unberücksichtigt (BFH-Urteil vom 15. Mai 2013 – IX R 36/12). Im Ergebnis kann insbesondere bei unerwarteten Reparaturen und Mieterwechseln die 15-Prozent-Grenze leicht überschritten werden. So müssen die gesamten Aufwendungen der ersten drei Jahre über die Nutzungsdauer des Gebäudes von 40 beziehungsweise 50 Jahren abgeschrieben werden. In diesem Zusammenhang ist die Nutzung der Vereinfachungsregelung, nach der Herstellungskosten bis zu 4.000 Euro ohne Umsatzsteuer als Erhaltungsaufwendungen abgezogen werden dürfen, mit Bedacht einzusetzen.

Außerhalb des Drei-Jahres-Zeitraumes ab Anschaffung eines Objektes, sind folgende Möglichkeiten der Herstellungskosten zu prüfen:

Werden mehrere Maßnahmen durchgeführt, die für sich gesehen Erhaltungsaufwendungen wären, aber zu einer wesentlichen Verbesserung des Gebäudes führen, handelt es sich ebenfalls um Herstellungskosten. Eine wesentliche Verbesserung ist anzunehmen, wenn der Gebrauchswert des Gebäudes gegenüber dem Zeitpunkt des Erwerbs deutlich steigt. Hinweise darauf geben besonders hochwertige Materialien, außergewöhnliche bauliche Gestaltungen, ein deutlicher Anstieg der erzielbaren Miete und der Anstieg der tatsächlichen Nutzungsdauer. Eine wesentliche Verbesserung liegt jedoch nicht schon dann vor, wenn die Aufwendungen außergewöhnlich hoch sind oder in einem Jahr geballt vorkommen.

Um das Ganze greifbar zu machen, wird auf drei Standardstufen abgestellt. Eingeteilt wird der Gebrauchswert in die Stufen »einfacher, mittlerer und anspruchsvoller Standard«. Maßgeblich für die Beurteilung sind die Ausstattungsmerkmale Heizungs-, Sanitär- und Elektroinstallation sowie Fenster. Nur wenn Baumaßnahmen bei mindestens drei dieser vier Ausstattungsmerkmale zu einer Erhöhung des Gebrauchswertes führen, hebt sich der Standard des Gebäudes. Dann liegen nachträgliche Herstellungskosten im Sinne einer wesentlichen Verbesserung vor.

Der **einfache Standard** liegt vor, wenn die Ausstattungsmerkmale im nötigen Rahmen oder technisch überholtem Zustand vorhanden sind. Dies ist beispielsweise bei Einfachverglasung, Kohleöfen oder ungeheizten Bädern der Fall. Die beschriebenen Merkmale entsprechen in der Regel nicht mehr dem heutigen Anspruch an Wohnraum und sind daher nur sehr selten vorzufinden.

In den meisten Fällen liegt ein **mittlerer Standard** vor. Das bedeutet, dass die Ausstattungsmerkmale durchschnittlichen Ansprüchen genügen. Geheizt wird über eine moderne Zentralheizung, das Bad wurde vergleichsweise preiswert modernisiert und die Fenster sind isoliert. Dies ist in der Regel bei Bestandsbauten als Investitionsobjekt der Fall.

Der **anspruchsvolle Standard** umfasst nicht nur das Zweckmäßige, sondern das Mögliche. Im allgemeinen Sprachgebrauch handelt es sich um Luxussanierungen. Hier wird vor allem auf die Wertigkeit der Materialien geachtet. Wird beispielsweise das Bad in einer Eigentumswohnung mit Marmorfliesen und Goldarmaturen saniert, rutscht man in den anspruchsvollen Standard, und die Aufwendungen sind Herstellungskosten. Wer als Investor Kosten und Nutzen seriös kalkuliert, für den sind diese Objekte eher ungeeignet. Meist werden sie an Eigennutzer oder Kapitalanleger verkauft, welche mit einer geringeren Mietrendite zufrieden sind.

Aufgepasst: Wenn Herstellungskosten beispielsweise durch einen nachträglichen Balkonanbau entstehen und zusätzlich mindestens zwei weitere zentrale Ausstattungsmerkmale verbessert werden, handelt es sich ebenfalls um eine Hebung des Standards. Somit reduzieren sich die Ausstattungsmerkmale auf lediglich zwei mögliche Hebungen. Entsprechend sind auch diese Aufwendungen Herstellungskosten und damit nicht sofort absetzbar.

Beispiel

Ein Investor kauft ein leer stehendes Einfamilienhaus, welches zukünftig vermietet werden soll. Er lässt im bisher nicht ausgebauten Dachgeschoss ein Badezimmer einbauen. Außerdem werden einfach verglaste durch zweifach verglaste Fenster ersetzt und die Leistungskapazität der Elektroinstallation wird durch Einbau dreiphasiger Elektroleitungen maßgeblich gesteigert.
Neben der Erweiterung des Gebäudes durch den Ausbau des Dachgeschosses samt Einbau eines Badezimmers werden zwei zentrale Ausstattungsmerkmale vom einfachen auf einen mittleren Standard gehoben. Die hierdurch verursachten Aufwendungen führen insgesamt zu Herstellungskosten des Gebäudes.

Erstrecken sich Baumaßnahmen über mehrere Jahre, die nach den oben erläuterten Grundsätzen insgesamt zu einer Hebung des Standards führen, kann dies zu einer Sanierung in Raten führen. Von einer Sanierung in Raten ist grundsätzlich auszugehen, wenn die Maßnahmen innerhalb eines Fünf-Jahres-Zeitraumes durchgeführt werden. Da zu den wesentlichen Ausstattungsmerkmalen auch die Heizung und Fenster eines Objektes gehören, kann das Thema gerade für Inhaber von Eigentumswohnungen besonders relevant werden. In diesem Fall können sie ihre eigenen Interessen und Gestaltungsoptionen ausschließlich im Rahmen der Wohnungseigentümerversammlung vertreten. Ist aus dem Gespräch mit der Verwaltung oder den Protokollen ersichtlich, dass umfangreichen Sanierungsarbeiten wie der Austausch von Fenstern oder der Heizungsanlage bevorstehen, solltest du als kluger Investor nicht zeitgleich dein Sondereigentum, sprich deine Wohneinheit, modernisieren.

Kommst du letztendlich doch zu dem Ergebnis, dass Herstellungskosten angefallen sind, musst du die Bemessungsgrundlage der AfA neu ermitteln. Hierzu nimmst du den Gebäudeanteil, den du bei Erwerb einer Immobilie ermittelt hast, und addierst die nachträglichen Herstellungskosten hinzu. Die prozentuale Abschreibung in Höhe von 2 beziehungsweise 2,5 Prozent verändert sich aufgrund von Modernisierungen nicht. Eine Besonderheit im Falle nachträglicher Herstellungskosten ist, dass der Gebäudeanteil von Beginn des Jahres an erhöht werden kann. Eine zeitanteilige Betrachtung abhängig vom Zeitpunkt der Durchführung einzelner Maßnahmen findet nicht statt.

Beispiel

Du hast eine Immobilie erworben, deren Gebäudewert 100.000 Euro beträgt. Zunächst schreibst du sie mit 2 Prozent ab, jährlich also 2.000 Euro. Im Folgejahr sanierst du im April das Bad für 10.000 Euro inklusive Umsatzsteuer und im August die Fenster für weitere 10.000 Euro inklusive Umsatzsteuer. Die Aufwendungen übersteigen zuzüglich Umsatzsteuer 15 Prozent des Gebäudewertes. Der AfA-Betrag erhöht sich somit auf 2.400 Euro pro Jahr (120.000 Euro x 2 Prozent = 2.400 Euro).

Kommst du hingegen zu dem Ergebnis, dass Erhaltungsaufwand vorliegt, kannst du diesen sofort in voller Höhe als Werbungskosten abziehen oder aber auf zwei bis fünf Jahre verteilen (§ 82b EStDV). Dies kann vorteilhaft sein, soweit du dich in der Progressionszone des deutschen Einkommensteuertarifs bewegst. Da der Steuersatz progressiv bis auf 42 Prozent ansteigt, erzielst du wie im Abschnitt »Dein persönlicher Steuersatz« dargestellt, die größte Auswirkung, wenn du stets den höchstmöglichen Grenzsteuersatz mit deinen Werbungskosten abfederst. Gleichzeitig ist allerdings zu beachten: Der Liquiditätsrückfluss zieht sich über einen längeren Zeitraum, und in dieser Zeit kannst du nicht mit dem erwarteten Geld arbeiten.

Beispiel

Tims zu versteuerndes Einkommen lag im letzten Jahr bei 60.000 Euro. Bei der Sanierung seines Mehrfamilienhauses entstehen Werbungskosten in Form von Erhaltungsaufwendungen in einer Gesamthöhe von 50.000 Euro. Tim überlegt, wie er diesen Betrag am besten steuerlich geltend machen kann und erstellt folgende Tabelle:

AUFTEILUNG IN JAHREN	1	2	3	4	5
Steuer ohne Erhaltungsaufwand	15.242 €	15.242 €	15.242 €	15.242 €	15.242 €
zvE nach Erhaltungsaufwand	10.000 €	35.000 €	43.333 €	47.500 €	50.000 €
Steuer mit Erhaltungsaufwand	0 €	6.216 €	8.957 €	10.428 €	11.343 €
Steuererstattung p. a.	**15.242 €**	**9.026 €**	**6.285 €**	**4.814 €**	**3.899 €**
Steuererstattung gesamt	**15.242 €**	**18.052 €**	**18.885 €**	**19.256 €**	**19.495 €**

Erhaltungsaufwendungen absetzen – Vergleichsrechnung für die Streckung über ein bis fünf Jahre

Natürlich muss Tim auch hier den inflationären Kaufkraftverlust beachten. So sind 3.899 Euro in fünf Jahren bei 2 Prozent Inflation in heutiger Kaufkraft gemessen nur noch 3.531 Euro wert. Außerdem bleibt Tim bei der sofortigen Steuererstattung natürlich die Möglichkeit, das Geld gleich wieder zu reinvestieren und neue Gelegenheiten zu nutzen, welche sich bieten.

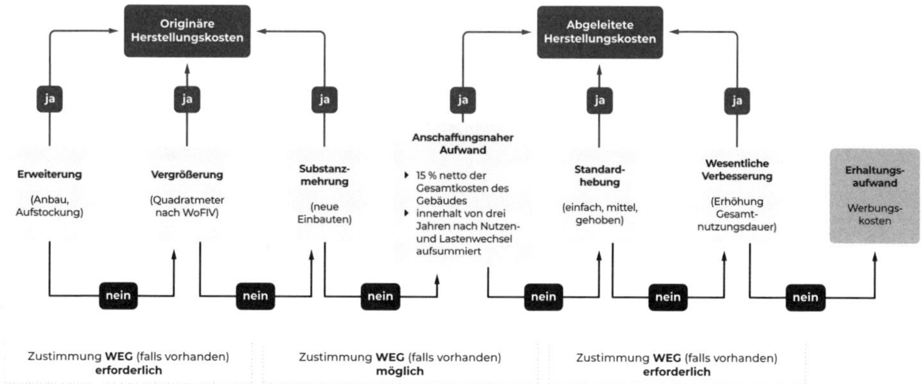

Baumaßnahmen bei einer Eigentumswohnung – wo die WEG entscheidet

Soweit es sich bei deinem Objekt um eine Eigentumswohnung handelt, gibt es Maßnahmen mit Zustimmungsvorbehalt der Wohnungseigentümergemeinschaft (WEG). Dazu gehören die Erneuerung der »Außenhülle« des Gebäudes oder Arbeiten am Leitungssystem im Gemeinschaftseigentum.

Learnings

- ❒ Learning 1: Herstellungskosten sind dem Gebäudeanteil hinzuzurechnen und anschließend per AfA geltend zu machen.
- ❒ Learning 2: Bei der Beurteilung und Umsetzung eines Investments steht für die ersten drei Jahre nach Anschaffung der anschaffungsnahe Aufwand im Mittelpunkt. Hier musst du für deine Strategie abwägen, ob das jeweilige Objekt dazu passt. Achte gegebenenfalls bereits beim Ankauf einer Eigentumswohnung darauf, ob aus den Protokollen bisheriger Eigentümerversammlungen anstehende Baumaßnahmen ersichtlich sind.
- ❒ Learning 3: Der anschaffungsnahe Aufwand hängt vom Gebäudewert nach Kaufpreisaufteilung ab. Die Kaufpreisaufteilung schlägt sich somit nicht nur in deiner jährlichen AfA nieder, sondern – viel

wichtiger noch! – in der Berücksichtigung von Erhaltungsaufwendungen jeglicher Art.

- ❒ Learning 4: Herstellungskosten bis zu 4.000 Euro ohne Umsatzsteuer dürfen sofort als Erhaltungsaufwendungen abgezogen werden. Diese Option ist gerade bei weiteren Maßnahmen mit Bedacht einzusetzen.
- ❒ Learning 5: Der Erhaltungsaufwand eines Privatinvestors kann auf zwei bis fünf Jahre verteilt werden. Dies kann vorteilhaft sein, soweit du dich steuerlich in der Progressionszone befindest. Nachteilig ist, dass der Liquiditätsrückfluss bei einer Streckung auf mehrere Jahre länger dauert und du nicht mit dem Geld arbeiten kannst, dass du noch nicht in Form einer Steuererstattung erhalten hast.
- ❒ Learning 6: Es kann sinnvoll sein, von deinen Objekten Vorher-Nachher-Fotos anzufertigen, um eine gründliche Dokumentation der einzelnen Maßnahmen vorlegen zu können. Dies kann im Nachhinein Aufschluss darüber geben, um welche Maßnahmen es sich im Detail gehandelt hat. Es erhöht auch den Objektwert beim Wiederverkauf.

Gesellschaften

GbR

Eine Gesellschaft bürgerlichen Rechts, im allgemeinen Sprachgebrauch auch GbR oder BGB-Gesellschaft genannt, ist die einfachste Form einer Personengesellschaft. Die GbR entsteht, indem sich mindestens zwei Gesellschafter zu einem gemeinsamen Gesellschaftszweck zusammenschließen. Ein schriftlicher Gesellschaftsvertrag ist möglich und ratsam, allerdings nicht zwingend notwendig. Bei einer GbR haftet jeder Gesellschafter unbeschränkt gesamtschuldnerisch – also für alle Schulden der Gesellschaft.

Eine GbR hat sogenanntes Gesamthandseigentum. Dieser Begriff ist abzugrenzen vom Bruchteilseigentum. Worin liegt der Unterschied? Während eine GbR als solche in das Grundbuch eingetragen wird, handelt es sich bei dem klassischen Einfamilienhaus zweier Ehegatten in der Regel um Bruchteilseigentum. Jeder Ehepartner ist mit einem hälftigen Anteil im Grundbuch eingetragen. Soweit ein gemeinsamer Erwerb beabsichtigt ist, ergeben sich Vorteile daraus, eine Immobilie im rechtlichen Rahmen einer Personengesellschaft zu kaufen. Diese werden im Kapitel »Die besten Steuerstrategien für Immobilieninvestoren« dargestellt. Um bei euren Investments nachträglich vom Bruchteilseigentum in das Gesamthandseigentum einer GbR zu wechseln, ist das Grundbuch durch einen Gang zum Notar zu berichtigen. Wichtig ist, dieses Vorhaben mit der Bank abzusprechen, da GbRs gegebenenfalls durch die Geschäftskundenabteilung betreut werden und die Bank diesem Vorgang natürlich zustimmen muss. Haftungsrechtlich ergeben sich tatsächlich keinerlei Änderungen. Für den Rechtsformwechsel fällt glücklicherweise keine Grunderwerbsteuer an, soweit die bisherigen Eigentümer in der Personengesellschaft für die nächsten zehn Jahre dieselben Miteigentumsverhältnisse beibehalten (§ 5 GrEStG).

Die Einkünfteermittlung erfolgt bei einer GbR in der Regel wie bei einem einzelnen Privatinvestor mit der Anlage V. Im Anschluss werden die Einkünfte gesondert und einheitlich festgestellt. Das bedeutet, dass der Überschuss oder Verlust anteilig auf die Gesellschafter aufgeteilt wird und später im Rahmen der persönlichen Einkommensteuerfestsetzung besteuert wird.

Soweit innerhalb der Personengesellschaft originär gewerbliche Einkünfte erzielt werden, was beispielsweise beim Betrieb einer Fotovoltaikanlage der Fall sein kann, besteht die Gefahr der »Abfärbetheorie« (§ 15 Abs. 3 Nr. 1 EStG). Diese besagt, dass sämtliche Einkünfte einer Gesellschaft in gewerbliche Einkünfte umqualifiziert werden, wenn auch gewerbliche Einkünfte erzielt werden. Dies kann präventiv beispielsweise dadurch vermieden werden, dass die gewerblichen Tätigkeiten durch eine Schwester-Personengesellschaft ausgeübt werden.

OHG

Eine offene Handelsgesellschaft, auch OHG genannt, hat dieselben Eigenschaften wie eine GbR. Allerdings muss eine OHG im Handelsregister eingetragen werden, um zivilrechtlich zu entstehen. Des Weiteren betreibt eine OHG kraft Gesetzes immer ein Handelsgewerbe. Das ist wichtig zu wissen, da die OHG aufgrund dieser Eigenschaft vom Umwandlungssteuerrecht profitiert. Die Gründung einer OHG wird regelmäßig als Zwischenschritt genutzt, um eine vermögensverwaltende GbR in eine vermögensverwaltende GmbH umzuwandeln.

GmbH & Co. KG

Bei einer GmbH & Co. KG handelt es sich ebenfalls um eine Personengesellschaft. Es gibt einen vollhaftenden Komplementär sowie mehrere Kommanditisten, deren Haftung auf die Einlage begrenzt ist. Da der Komplementär bei dieser Rechtsform eine GmbH ist, wird die Haftung im Ergebnis auf die Summe aus GmbH-Vermögen und Kommanditkapital begrenzt. Die GmbH & Co. KG kann von dir allein oder mit anderen Kommanditisten wie beispielsweise deinen Kindern gegründet werden. Die Gründung einer GmbH & Co. KG setzt jedoch eine Komplementär-GmbH voraus, welche notariell errichtet werden muss. Deshalb fallen höhere Kosten an als bei einer GbR oder OHG. Sie sind aber in etwa gleich hoch wie bei der Gründung einer vermögensverwaltenden GmbH.

Als Geschäftsführer einer GmbH & Co. KG wird in der Regel der persönlich haftende Gesellschafter eingesetzt. Dabei handelt es sich um die Komplementär-GmbH. Dies kann das erste steuerliche Problem mit sich bringen. Ist die Komplementär-GmbH der einzige Geschäftsführer, handelt es sich um eine gewerblich geprägte Personengesellschaft. Eine solche GmbH & Co. KG kann nicht mehr vermögensverwaltend tätig werden (§ 15 Abs. 3 Nr. 2 EStG). Dies lässt sich umgehen durch Einberufung eines anderen oder weiteren persönlich haftenden Geschäftsführers. Zudem besteht auch bei der GmbH & Co. KG das oben genannte Risiko der »Abfärbetheorie«.

Soweit keine gewerbliche Gesellschaft vorliegt, können auch Einkünfte aus Vermietung und Verpachtung oder Einkünfte aus Kapitalvermögen erzielt werden. Da es sich bei der GmbH & Co. KG um eine Personengesellschaft handelt, deren Gewinn gesondert und einheitlich festgestellt wird, ergeben sich auf Ebene der einzelnen Gesellschafter dieselben Vor- und Nachteile wie bei einem Privatinvestor.

Vorteile von Personengesellschaften: Der größte Vorteil einer Familien-Personengesellschaft ist die Aufteilung der Einkünfte auf verschiedene Köpfe. So können innerhalb der Familie mehrmals Grundfreibeträge und die Progressionszonen ausgenutzt werden. Wie groß die steuerliche Auswirkung im Ergebnis sein kann, siehst du in folgender Tabelle:

	FAMILIENGESELLSCHAFT	
	INHABER	FAMILIE (4)
zvE	200.000 €	50.000 €
Steuersatz Ø	37,52 %	24,28 %
Gesamtsteuer	75.040 €	48.560 €
Vorteil	**26.480 €**	

Vorteile einer GmbH & Co. KG als Familien-Personengesellschaft

Gerade in der Rechtsform einer KG ist es möglich, auch minderjährige Kinder an der Familien-Personengesellschaft zu beteiligen. Das Familiengericht wird hier in der Regel zustimmen, da Kommanditisten streng geregelte Rechte und Pflichten haben. Die Verpflichtung eines Kommanditisten besteht im Wesentlichen in der Zahlung einer Einlage. Soweit diese bereits durch den Schenker eingezahlt ist und der Kommanditanteil an die Kinder übertragen wird, resultieren aus der Beteiligung ausschließlich Rechte. Dazu gehören beispielsweise die Gewinnausschüttung oder das Stimmrecht auf Gesellschafterversammlungen. Der Gesellschaftervertrag sollte bei dieser Konstellation genau geprüft werden, da etwaige Verpflichtungen die Übertragung an minderjährige Kinder ausschließen. Auch nachträgliche Änderungen am Gesellschaftsvertrag können unter Umständen durch das Familiengericht abgelehnt werden.

Soweit Objekte aus dem Alleineigentum auf eine Personengesellschaft übertragen werden sollen, fällt Grunderwerbsteuer nur zu dem Anteil an, zu dem andere Personen an dem Grundvermögen beteiligt werden (§ 5 GrEStG). Außerdem gibt es eine Steuerbefreiung für Verwandte in gerader Linie (§ 3 Nr. 6 GrEStG). Notargebühren und Kosten des Grundbuchamtes bleiben natürlich bestehen.

Beispiel

Vater A und Mutter B wollen das Mehrfamilienhaus im Wert von 1 Mio. Euro, das sie bisher je zur Hälfte besitzen, auf die Familien-KG übertragen. An der Familien-KG sind A und B zu je 20 Prozent und die Kinder C, D und E ebenfalls zu je 20 Prozent beteiligt. Da A und B nach wie vor mit je 20 Prozent am Grundvermögen beteiligt sind, fällt auf diesen Anteil keine Grunderwerbsteuer an. Für die Beteiligung der Kinder C, D und E greift eine Steuerbefreiung, die für Verwandte in gerader Linie gilt. Die Immobilie kann somit grunderwerbsteuerfrei auf die Familien-KG übertragen werden.

Vor allem bei Projekten mit verschiedenen Kapitalgebern, sogenannten Co-Investoren, bietet es sich an, eine GmbH & Co. KG zu gründen. Der Grund liegt am leichten Umgang mit den eingesammelten Investorengeldern in Verbindung mit der Haftungsbeschränkung. Vorgänge wie die Auszahlung von Gewinnen, Gesellschafterwechsel und sogar die Auflösung der Gesellschaft können im Rahmen einer Gesellschafterversammlung beschlossen werden. Daher ist diese Rechtsform auch für kurzfristige oder einmalige Projekte praktikabel. Nur für die Gründung der Komplementär-GmbH muss zwingend ein Notar eingeschaltet werden. Zudem können Anteile an einer Personengesellschaft unter bestimmten Voraussetzungen im Rahmen eines »Share Deals« grunderwerbsteuerfrei übertragen werden. Mehr dazu folgt im Abschnitt »Holding«.

Learnings

Im Ergebnis eignen sich Objekte, welche aufgrund ihrer Investment-Eigenschaften im Privatvermögen gehalten werden sollten, auch für eine Personengesellschaft. Durch diesen Rahmen kann das individuelle steuerliche Ergebnis gegebenenfalls noch einmal optimiert werden. Bei Interesse bietet es sich an, gemeinsam mit dem Steuerberater eine Vergleichsrechnung der verschiedenen Rechtsformen zu eröffnen und auf diese Weise Potenziale für dein Portfolio sowie die eigenen familiären Gegebenheiten zu identifizieren.

Vermögensverwaltende GmbH

Eine vermögensverwaltende GmbH ist eine Kapitalgesellschaft, die notariell gegründet werden muss. Du benötigst eine Satzung, einen Gesellschaftsvertrag und eine Auflistung der beteiligten Gesellschafter, sofern es mehrere sind. Außerdem musst du eine Stammeinlage für die Kapitalgesellschaft leisten, bevor der Notar die Gesellschaft beim Handelsregister anmelden darf. Für kleine Kapitalgesellschaften gibt es aus dem Gesetz heraus Vorlagen zur Gründung, die online* abrufbar sind.

Die Stammeinlage einer UG beträgt mindestens 1 Euro. Bei einer GmbH handelt es sich um mindestens 25.000 Euro, welche zum Zeitpunkt der Gründung zunächst nur zur Hälfte eingezahlt werden müssen.

Eine vermögensverwaltende Kapitalgesellschaft kann per Gesetz nur Einkünfte aus Gewerbebetrieb erzielen. Sie ist somit grundsätzlich gewerbesteuerpflichtig. Die Gewerbesteuerlast kann allerdings auf Antrag um den Betrag gemindert werden, welcher auf die Verwaltung und Nutzung des eigenen Grundbesitzes entfällt (§ 9 Nr. 1 S.2 ff GewStG). Die genauen Voraussetzungen hat die höchstrichterliche Rechtsprechung definiert. Dabei lauern einige steuerliche Fallen, sodass wir dir bei Interesse an einer vermögensverwaltenden Kapitalgesellschaft dringend dazu raten, das Modell mit deinem Steuerberater aufzusetzen. Voraussetzung für die erweiterte Gewerbesteuerkürzung ist, dass ausschließlich eigener Grundbesitz verwaltet und genutzt wird. Das geht soweit, dass ein unterjähriger Verkauf des letzten Objektes in der Gesellschaft schädlich im Sinne dieser Befreiungsvorschrift ist. Solange die Gesellschaft nicht vollständig aufgelöst werden soll, empfiehlt es sich also, immer ein letztes Back-up-Objekt zu behalten. Probleme kann es darüber hinaus geben, wenn du auf einem deiner Objekte eine Solaranlage betreibst. Denn die Einkünfte aus dem damit produzierten Strom zählen zu den originären gewerblichen Einkünften. Durch das Gesetz zur Stärkung des Fondsstandorts Deutschland (Fondsstandortgesetz – FOG) wurden überraschend einige Erleichterungen für die erweiterte Gewerbesteuerkürzung eingeführt. Das geschah vor allem, um Anreize für den Ausbau der Stromerzeugung aus erneuerbaren Energien und den Betrieb von Ladestationen für Elektrofahrzeuge zu schaffen. So dürfen Einnahmen aus eben diesen Tätigkeiten, die 10 Prozent der Einnahmen aus der Vermietung des Grundbesitzes nicht übersteigen, gewerbesteuerfrei erzielt werden. Zudem beendete das Gesetz die Unsicherheit darüber, ob Einbauküchen mitvermietet werden dürfen, ohne die erweiterte Gewerbesteuerkürzung zu gefährden. Auch dazu enthält das FOG eine Regelung.

* https://dejure.org/gesetze/GmbHG/Anlage.html

Die Gewerbesteuerkürzung greift, wenn die Einnahmen aus der Küchenvermietung nicht mehr als 5 Prozent der Einnahmen aus der Vermietung des Grundbesitzes ausmachen und aus dem unmittelbaren Vertragsverhältnis mit dem Mieter stammen. Zuletzt ist es wichtig, dass die Grenze zum gewerblichen Grundstückshandel nicht überschritten werden darf. Während das gelegentliche Umschichten von Vermögen unter den Begriff der Vermögensverwaltung fällt, handelt es sich beim gewerblichen Grundstückshandel um eine originär gewerbliche Tätigkeit.

Neben der Verwaltung des Grundbesitzes erlaubt, aber nicht begünstigt, ist die Verwaltung und Nutzung eigenen Kapitalvermögens sowie die Beteiligung an rein grundstücksverwaltenden Personengesellschaften.

Kapitalgesellschaften sind per Gesetz buchführungspflichtig. Im Gegensatz zur einfachen Überschussermittlung durch Zusammenstellung der Zu- und Abflüsse bei einem Privatinvestor muss hier also jeder Jahresabschluss in Form einer Bilanz aufgestellt werden (§ 140 AO i. V. m. § 238, § 1 Abs. 1 und § 6 Abs. 1 HGB). Erträge und Aufwendungen wirken sich nicht zum Zeitpunkt der Zahlung aus, sondern in dem Zeitraum, zu dem sie wirtschaftlich gehören. Außerdem gilt für Kapitalgesellschaften die Vermögenszuwachstheorie. Ein steuerfreier Verkauf eines Objekts nach zehn Jahren Haltedauer kommt somit nicht mehr in Betracht. Vielmehr werden die aufgebauten stillen Reserven mit dem linearen Steuersatz einer Kapitalgesellschaft besteuert. Du veräußerst somit vom durch die AfA geminderten Buchwert und nicht von dem um die Anschaffungskosten verminderten Veräußerungspreis. Dies kann nur durch eine 6b-Rücklage umgangen werden, ein steuerliches Instrument, das du im nächsten Kapitel kennenlernst.

Beispiel

Eine Wohnung wird zu einem Kaufpreis von 100.000 Euro zuzüglich 3,5 Prozent Grunderwerbsteuer und 2 Prozent Notarkosten erworben. Der Gebäudeanteil beträgt 80 Prozent und wird mit 2 Prozent p. a. abgeschrieben. Das Objekt wird nun für 200.000 Euro verkauft:

VERGLEICHSRECHNUNG	VVGMBH	PRIVAT
Verkaufspreis	200.000 €	200.000 €
- Buchwert	105.500 €	105.500 €
+ in Anspruch genommene AfA	8.440 €	8.440 €
Steuerpflichtiger Veräußerungsgewinn	102.940 €	102.940 €
Steuerbelastung	**16.290 €**	**43.235 €**

Steuerliche Situation einer vermögensverwaltenden GmbH im Vergleich zu einer Privatperson bei einer Veräußerung nach fünf Jahren.

VERGLEICHSRECHNUNG	VVGMBH	PRIVAT
Verkaufspreis	200.000 €	200.000 €
- Buchwert	105.500 €	105.500 €
+ in Anspruch genommene AfA	16.880 €	16.880 €
Steuerpflichtiger Veräußerungsgewinn	111.380 €	0 €
Steuerbelastung	**17.626 €**	**0 €**

Steuerliche Situation einer vermögensverwaltenden GmbH im Vergleich zu einer Privatperson bei einer Veräußerung nach zehn Jahren.

Du siehst, es gibt wesentliche Unterschiede zu einem Investment im Privatvermögen. Sowohl die Gründung als auch die jährliche Gewinnermittlung sind aufwendiger und werden in der Regel durch Steuerberater begleitet. Dies erzeugt einmalige sowie laufende Kosten, die abhängig von deiner Anlagestrategie berücksichtigt werden müssen.

Kommen wir zum großen Vorteil einer vermögensverwaltenden Kapitalgesellschaft: Er liegt darin, dass es nur einen Steuersatz in Höhe von 15 Prozent zuzüglich Solidaritätszuschlag (insgesamt also 15,825 Prozent) gibt (§ 23 Abs. 1 KStG). Du erreichst somit eine deutlich geringere Steuerbelastung auf Gewinne, und es verbleibt im Ergebnis mehr Liquidität in der Gesellschaft. Du erkennst allerdings auch leicht, dass es bei steuerlichen Verlusten besser ist, diese auf privater Ebene zu tragen. Denn auch diese unterliegen bei einer vermögensverwaltenden Kapitalgesellschaft nur dem linearen Steuertarif von 15,825 Prozent. Den Unterschied der laufenden

Besteuerung eines Privatinvestors im Vergleich zu einer vermögensverwaltenden Kapitalgesellschaft siehst du in folgender Beispielrechnung:

BETRÄGE IN EURO	PRIVATINVESTOR	KAPITALGESELLSCHAFT
Einnahmen	60.000 €	60.000 €
Betriebskosten	-12.000 €	-12.000 €
AfA	-20.000 €	-20.000 €
Zinsen	-20.000 €	-20.000 €
Steuerlicher Überschuss	**8.000 €**	**8.000 €**
Steuerlast	-3.360 €	-1.266 €
Tilgung	-20.000 €	-20.000 €
Liquidität	**4.640 €**	**6.734 €**

Laufende Besteuerung im Vergleich – steuerliche Gewinne

BETRÄGE IN EURO	PRIVATINVESTOR	KAPITALGESELLSCHAFT
Einnahmen	60.000 €	60.000 €
Betriebskosten	-12.000 €	-12.000 €
AfA	-40.000 €	-40.000 €
Zinsen	-20.000 €	-20.000 €
Steuerlicher Verlust	**-12.000 €**	**-12.000 €**
Steuererstattung	5.040 €	1.899 €
Tilgung	-20.000 €	-20.000 €
Liquidität	**13.040 €**	**9.899 €**

Laufende Besteuerung im Vergleich – steuerliche Verluste

Vielleicht wundert es dich, dass die Liquidität positiv ist, obwohl ein steuerlicher Verlust entstanden ist. Dies ist in diesem Beispiel darauf zurückzuführen, dass die AfA deutlich höher ist. Sie führt im Gegensatz zur Tilgung zu keinem Liquiditätsabfluss, ist aber in die steuerliche Betrachtung einzubeziehen.

So viel zur Besteuerung in der Gesellschaft. Doch musst du dir zudem Gedanken machen, ob Erträge thesauriert oder ausgeschüttet werden sollen. Möchtest du von deinen Mietobjekten leben, musst du Vermögen aus der

Unternehmenssphäre in dein Privatvermögen überführen. Die »Dividende« aus deiner eigenen Kapitalgesellschaft ist entweder mit Kapitalertragsteuer inklusive Soli in Höhe von 26,375 Prozent oder gemäß Teileinkünfteverfahren mit 60 Prozent deines persönlichen Steuersatzes zu versteuern.

Thesaurierst du hingegen die Überschüsse, belässt sie also in der Gesellschaft, so bleibt es bei einer effektiven Steuerbelastung von 15,825 Prozent. Dann kannst du deinen Gewinn zur Finanzierung weiterer Objekte nutzen. Auf diese Art ist ein steuerbegünstigter Vermögensaufbau möglich. Der spätere Übergang in das Privatvermögen darf allerdings nicht vergessen werden. Dass es auch hier Möglichkeiten gibt, das Vermögen später einmal steuergünstig aus einer Kapitalgesellschaft ins Privatvermögen zu transferieren, erfährst du im Kapitel »Die besten Steuerstrategien für Immobilieninvestoren«.

Learnings

- ❒ Learning 1: Immobilienanlagen hältst du besser im Privatvermögen, wenn du steuerlich laufende Verluste geltend machst und die Investition langfristig ein großes Wertsteigerungspotenzial verspricht. Der Vorteil des steuerfreien Veräußerungsgewinnes wiegt so schwer, dass er die etwas höhere Steuerbelastung in der Haltephase gegenüber einer Kapitalgesellschaft in der Regel übersteigt.
- ❒ Learning 2: Durch den Besteuerungsvorteil der laufenden Gewinne kann sich die Gründung einer vermögensverwaltenden GmbH allerdings bei hohen Mietrenditen und Investitionen in Regionen mit größerem Anlegerrisiko schnell amortisieren. Dies findest du vor allem bei Mehrfamilienhäusern in schlechteren Wohnlagen. Bei Investitionssummen über 500.000 Euro kann sich der Kostennachteil somit erübrigen.
- ❒ Learning 3: Reinvestierst du regelmäßig die Erträge der Mietobjekte, beträgt die steuerliche Belastung in der Aufbauphase weniger als 15,825 Prozent, was für fast alle Steuerzahler attraktiv ist, unabhängig von ihrem Einkommen. Denn der Eingangssteuersatz liegt

bei 14 Prozent, also nur wenig darunter. Der größte Vorteil aus dem Steuersatzgefälle ergibt sich natürlich im Spitzensteuersatz.

Steuerfreie Rücklagen (u. a. 6b-Rücklage)

Steuerfreie Rücklagen können für deine Kapitalgesellschaft interessant sein. Im Privatvermögen spielen sie hingegen keinerlei Rolle. Falls du Immobilien ausschließlich im Privatvermögen hältst, ist dieser Abschnitt für dich irrelevant.

Zunächst ist es wichtig, Rückstellungen von Rücklagen zu unterscheiden. Rückstellungen sind echte, aber der Höhe nach ungewisse Verbindlichkeiten. Sie ziehen in bilanzierenden Unternehmen einen zukünftigen Aufwand rechnerisch vor. Als Beispiele dienen die Rückstellung für Garantieverpflichtungen im Einzelhandel oder die Rückstellung für aufbewahrungspflichtige Buchführungsunterlagen.

Bei Rücklagen handelt es sich hingegen um eine Art der Gewinnverwendung (Eigenkapital). In der Regel stammen Rücklagen aus versteuerten Gewinnen, doch lässt das Steuerrecht in Einzelfällen die Bildung steuerfreier Rücklagen zu. Durch Bildung einer steuerfreien Rücklage kannst du die Besteuerung von stillen Reserven bei Veräußerungsvorgängen vermeiden.

Bei den sogenannten stillen Reserven handelt es sich um den Unterschied zwischen dem eigentlichen Wert deiner Immobilie und den abgeschriebenen Anschaffungskosten, sprich dem Buchwert. Der wahre Wert ist fast immer höher – wird aber in der Bilanz nicht ausgewiesen. Dort steht nur der Buchwert. Weil dieser Wertunterschied zunächst nirgends auftaucht, spricht man von »stillen« Reserven. Kommt es aber beispielsweise zu einem Verkauf des Objekts oder zu einem Wertersatz durch eine Versicherung, wird die stille Reserve »aufgedeckt«, wie man sagt. Dann wäre sie normalerweise steuerpflichtig. Als kluger Investor kannst du aber mithilfe der 6b-Rücklage eine Steuerstundung für eine fast unbegrenzte Laufzeit erreichen. Damit kommt diese Rücklage, klug genutzt, einer direkten Steuerersparnis gleich.

Möglich ist die Bildung einer steuerfreien Rücklage **für eine Ersatzbeschaffung:** Die Besteuerung von stillen Reserven kann bei Ersatzbeschaffung vermieden werden, wenn ein unbewegliches Wirtschaftsgut aus einem Gewerbebetrieb aufgrund höherer Gewalt oder einem behördlichen Eingriff ausscheidet (R 6.6 Abs. 1 EStR). Hier kommt es in der Regel zu einer Entschädigung durch deine Versicherungsgesellschaft, welche sich am aktuellen Immobilienwert orientiert. Da der Buchwert in der Regel geringer ist als der Entschädigungswert, werden stille Reserven aufgedeckt. Damit du diese ungewollte Aufdeckung der stillen Reserven nicht versteuern musst, kannst du ein funktionsgleiches Ersatzwirtschaftsgut anschaffen und die stillen Reserven bis dahin in einer Rücklage binden. Der Betrag wird später von den Anschaffungskosten des neuen Wirtschaftsgutes abgezogen.

Beispiel

In deinem gewerblichen Grundstückshandel hast du ein Gebäude, das mit einem Buchwert von 100.000 Euro in der Bilanz steht. Der tatsächliche Wert des Gebäudeanteils beträgt aber 200.000 Euro. Am 12. Mai 2022 schlägt der Blitz ein, und das Gebäude brennt vollständig nieder. Die Versicherung entschädigt dich mit 200.000 Euro. Eigentlich müsstest du jetzt 100.000 Euro versteuern (Wert 200.000 Euro – Buchwert 100.000 Euro).

Du beschließt, auf dem Grundstück ein neues Gebäude für 1.000.000 Euro zu errichten. Der Generalunternehmer geht von einer Fertigstellung im Kalenderjahr 2025 aus. Du kannst die aufgedeckten stillen Reserven in Höhe von 100.000 Euro nun per Rücklage in den Bilanzen von 2022 bis 2024 binden. Im Jahr 2025 wird die Rücklage aufgelöst, indem die tatsächlichen Anschaffungskosten des neuen Gebäudes um 100.000 Euro reduziert werden. Dieser Betrag bildet dann die Grundlage der zukünftigen AfA.

Im vorliegenden Fall kannst du also zukünftig jährlich 18.000 Euro AfA geltend machen ((1.000.000 Euro Herstellungskosten – 100.000 Euro Rücklage) x 2 Prozent).

Kommen wir nun zur **steuerfreien Rücklage gemäß § 6b EStG** (sogenannte **6b-Rücklage**): Die größten Potenziale im Bereich des Betriebsvermögens entfaltet die 6b-Rücklage. Es ist möglich, Immobilien nach einer Haltefrist von sechs Jahren gewinnbringend zu veräußern, ohne einen Cent Steuern zu zahlen. Voraussetzung dafür ist, dass die veräußerte Immobilie mindestens sechs Jahre zum inländischen Betriebsvermögen (Anlagevermögen) gehört hat und die neue Immobilie ebenfalls zum inländischen Betriebsvermögen gehören wird. Es ist irrelevant, ob das Immobilien-Portfolio aus Eigentumswohnungen oder Mehrfamilienhäusern besteht. Um die stillen Reserven zu übertragen, muss innerhalb von vier Jahren nach Veräußerung eine neue Immobilie gekauft werden. Du kannst die Besteuerung der stillen Reserven demnach nur verhindern, soweit du dein Immobilien-Portfolio weiter aufbaust. So sind in den vergangenen Jahrzehnten etliche Bauträger gewachsen, ohne Steuern zu zahlen. Deshalb bevorraten sich Bauträger auch häufig mit Grundstücken und lassen diese zunächst ohne Bautätigkeit liegen. Sie schaffen es damit, die sechsjährige Frist der 6b-Rücklage einzuhalten.

Wird ein Gebäude neu errichtet, beträgt der Investitionszeitraum sogar sechs Jahre ab dem Jahr der Veräußerung. Die stillen Reserven können solange per Rücklage in der Bilanz gebunden werden. Bei Ablauf der Frist ohne Übertragung der Rücklage erfolgt eine gewinnerhöhende Auflösung. Der Gewinn wird dann sogar für jedes Jahr verzinst, in dem die Rücklage zu Unrecht für Steuerfreiheit gesorgt hat. Dies solltest du auf jeden Fall vermeiden.

Beispiel

Du hast als Geschäftsführer der B-GmbH im Januar 2018 eine Immobilie für 100.000 Euro gekauft. Sie wird bis zur Veräußerung abgeschrieben. Aus Vereinfachungsgründen bildet der Kaufpreis die Bemessungsgrundlage für die AfA (100.000 Euro x 2 Prozent = 2.000 Euro pro Jahr). Im Januar 2025 hat sich die Marktlage so gut entwickelt, dass du dich dazu entschließt, den Gewinn mitzunehmen. Du veräußerst die Immobilie für 200.000 Euro. Die B-GmbH will das Geld reinvestieren, doch hat sich bisher nicht die richtige Kaufgelegenheit ergeben. Die B-GmbH bildet demnach zunächst eine Rücklage in Höhe der stillen Reserve von 114.000 Euro (200.000 Euro – 100.000 Euro Anschaffungskosten + 14.000 Euro AfA). Sie hat nun bis ins Jahr 2029 Zeit, den Betrag in ein neues Objekt zu investieren. Es fällt somit zunächst keine Steuer an. Wenn sich nun im Jahr 2029 ein neues Objekt für 200.000 Euro anbietet, wird die Rücklage aufgelöst und mindert die Anschaffungskosten sowie die daraus folgende AfA des neuen Objekts.

VERÄUSSERUNG 2025	MIT 6B RÜCKLAGE	OHNE 6B RÜCKLAGE
Restbuchwert	90.000 €	90.000 €
Veräußerungspreis	200.000 €	200.000 €
Stille Reserve	110.000 €	110.000 €
Rücklage	110.000 €	0,00 €
Gewinn	0,00 €	110.000 €
Steuer (15,825 %)	**0,00 €**	**17.407 €**
ANSCHAFFUNG NEU		
Anschaffungskosten	200.000 €	200.000 €
Rücklage	110.000 €	0,00 €
Buchwert	90.000 €	200.000 €
Afa 2 %	1.800 €	4.000 €

Steuerliche Auswirkung der 6b-Rücklage im obigen Beispiel

Im Ergebnis hat dir die Rücklagenbildung eine Steuerersparnis in Höhe von 17.407 Euro bei der Veräußerung eingebracht. Mit diesem Geld kannst du weiterarbeiten. Die AfA bei dem neu angeschafften Objekt ist aufgrund der Übertragung der 6b-Rücklage natürlich geringer. Aus dieser Differenz ergibt sich pro Jahr eine um 348 Euro geringere Steuererstattung.

Holding

Wie du bereits gelernt hast, dient eine vermögensverwaltende Kapitalgesellschaft vor allem der Steueroptimierung bei hohen Mietrenditen. Da es sich hierbei gleichzeitig um Geschäfte mit etwas größerem Anlegerrisiko handelt, hast du die Möglichkeit, dir eine eigene Versicherungsgesellschaft aufzubauen. Dazu kann eine Holding-Struktur dienen.

Bei einer Holding-Struktur handelt es sich um eine vermögensverwaltende Kapitalgesellschaft, die als alleinige Gesellschafterin an anderen Kapitalgesellschaften beteiligt ist. Im vorliegenden Beispielfall gibt es eine Muttergesellschaft, eine vermögensverwaltende Immobiliengesellschaft, eine gewerbliche Immobiliengesellschaft und eine Betriebsgesellschaft, in der sich Beteiligungen an einem Solarpark befinden.

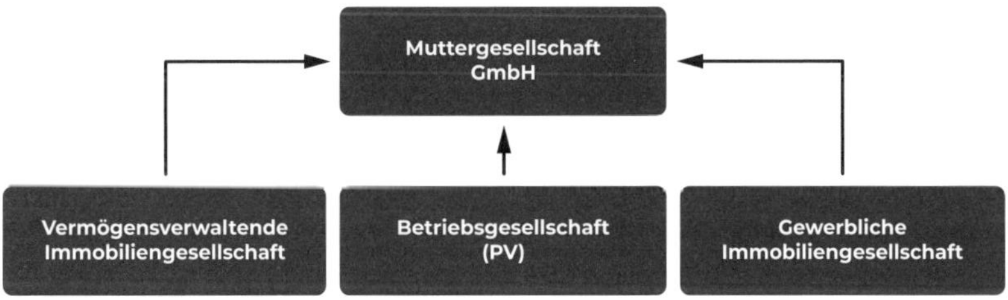

Holding-Struktur im obigen Beispielfall

Gewinne, die aus den Tochtergesellschaften stammen, werden gemäß der jeweiligen Gesellschafterbeschlüsse vollständig ausgeschüttet, sodass der Ertrag der Muttergesellschaft zur Verfügung steht. In dieser Gesellschaft werden keine sonderlich großen Risiken eingegangen. Die Gesellschaft kann beispielsweise in Aktien investieren, hält die Anteile an den Tochtergesellschaften und kann bei neuen Projekten Darlehen an diese vergeben. Aus der Konstellation folgt ein abgesichertes Vermögen in der Muttergesellschaft. Jede Tochtergesellschaft haftet im Ergebnis mit ihrer Stammeinlage, welche bei einer GmbH regelmäßig 25.000 Euro beträgt. Sollte eine Gesellschaft je in Schieflage geraten, wird sie liquidiert und ihre Geschäftstätigkeit endet.

Oft hören wir den Einwand, dass es enorme Kosten mit sich bringt, eine Holding zu etablieren. Für den Privatinvestor würde sich das nicht rentieren. Diese pauschale Aussage kann allerdings so nicht stehen bleiben. Soweit deine Immobilienstrategie das Investieren mit einer vermögensverwaltenden Kapitalgesellschaft sinnvoll erscheinen lässt, kann eine Holding gleich mitgegründet werden. Die Kosten für das Konstrukt betragen einmalig wie bei jeder anderen Kapitalgesellschaft circa 1.000 bis 2.000 Euro. Dazu kommen die laufenden Bilanzierungskosten. Da in dieser Gesellschaft in der Regel kaum Buchungen anfallen, sind die Kosten allerdings zu vernachlässigen.

Alternativ besteht die Möglichkeit, privat gehaltene Anteile an einer Kapitalgesellschaft zu einem späteren Zeitpunkt in eine Holding zu überführen. Dieser Vorgang nennt sich Anteilstausch (§21 UmwStG). So kannst du dir auch zu einem späteren Zeitpunkt noch die Vorteile einer Holdingkonstruktion zunutze machen. Leider sind die Anteile im Anschluss an den Tausch für sieben Jahre gesperrt. Bei vorherigem Verkauf müsstest du die Überführung anteilig nachversteuern.

Die Ausschüttungen an die Muttergesellschaft werden effektiv mit circa 1,5 Prozent besteuert (§ 8b Abs. 1 i. V. m. Abs.5 KStG). Die Körperschaftsteuer wird auf 5 Prozent der ausgeschütteten Erträge bemessen (5 Prozent der Erträge * 15 Prozent Körperschaftsteuer = circa 0,7 Prozent). Hinzu kommt die Gewerbesteuer, welche abhängig vom Gewerbesteuerhebesatz noch einmal etwa 0,7 Prozent ausmacht. Die Holding-Struktur wird als Anreiz für Investitionen somit nicht nur vom Gesetzgeber toleriert, sondern gezielt gefördert, um Investitionen für Unternehmen zu vereinfachen und ihre Bereitschaft dazu zu erhöhen. Unter den Experten spricht man auch von dem sogenannten Konzernprivileg.

Beispiel für eine Holding-Struktur

Bei der Holding-Struktur wird also der größte Vorteil einer Kapitalgesellschaft, der Zinseszins-Effekt auf die gesparten Steuern durch die Thesaurierung von Erträgen, mit der Absicherung des aufgebauten Vermögens kombiniert. Sollte sich nun tatsächlich einmal ein Objekt oder eine Geschäftsidee nicht so entwickeln wie erwartet und erwünscht, greift dies das über Jahre aufgebaute Vermögen nicht an.

Learnings

Eine Holding-Struktur zu errichten, erscheint sinnvoll, sobald du über die Gründung einer immobilienverwaltenden Kapitalgesellschaft nachdenkst. Die Strukturkosten für ein solches Konstrukt fallen nicht weiter ins Gewicht. Vor allem besteht die Möglichkeit, mit den 25.000 Euro Stammeinlage der Muttergesellschaft die eigene Tochtergesellschaft zu gründen. Es muss sich also nicht einmal der Eigenkapitaleinsatz verdoppeln. Die Absicherung ist enorm, und die Geschäftsführung der verschiedenen Tochtergesellschaften kann zentral über die Muttergesellschaft vorgenommen werden. Von ihr wird das benötigte Geld dann natürlich per Geschäftsführergehalt, Dividende oder als Darlehen für neue Projekte im Privatvermögen an dich ausgezahlt.

Asset Deal versus Share Deal

Ein weiterer Vorteil der Holding-Struktur ist die Möglichkeit, statt einzelner Vermögenswerte wie Immobilien die ganze Gesellschaft mit den darin enthaltenen Vermögenswerten zu veräußern. Beim Verkauf einzelner Immobilien werden stille Reserven aufgedeckt, welche mit mindestens 15,825 Prozent besteuert werden. Im Zweifel resultiert daraus eine Gesellschaft ohne Wirtschaftsgüter, die weiterhin bilanzierungspflichtig ist, Kosten produziert und abgewickelt werden muss. Anders ist dies bei einem Verkauf der ganzen Gesellschaft oder von Teilen davon durch die Holding als alleinige Gesellschafterin. Hier werden nur 5 Prozent des Veräußerungsgewinns besteuert (§ 8b Abs. 2 i. V. m. Abs. 3 KStG). Du kannst rein theoretisch einen Tag nach Erwerb der Gesellschaft die Anteile weiterverkaufen und zahlst dabei so gut wie keine Steuern.

Beispiel

Die Muttergesellschaft veräußert die gewerbliche Immobiliengesellschaft mit einem Veräußerungsgewinn von 250.000 Euro. Bei der Muttergesellschaft sind somit 5 Prozent davon, also insgesamt 12.500 Euro mit 15,825 Prozent zu versteuern. Die Steuerbelastung beträgt 1.978 Euro.
Alternative: Die gewerbliche Immobiliengesellschaft veräußert ihre Immobilien für 400.000 Euro. Der Buchwert in der Bilanz zum Zeitpunkt der Veräußerung betrug 150.000 Euro. Der Gewinn in Höhe von 250.000 Euro unterliegt mit 15,825 Prozent der Steuer, sodass eine Steuerbelastung von 39.562,50 Euro daraus resultiert.
Effektiv hast du durch den Share Deal in diesem Fall 37.584,50 Euro gegenüber dem Asset Deal gespart.

Nachdem du in deiner fortschreitenden Karriere als Immobilieninvestor ausgewählte Objekte in Mutter- und Tochtergesellschaften strukturiert hast, stellt sich die Frage, wie du dein Portfolio weiter optimieren kannst.

Hier setzt der grunderwerbsteuerliche »Share Deal« an. Es geht im Wesentlichen um die Vermeidung von Grunderwerbsteuer durch den An- und Verkauf sowie die Strukturierung von Immobilien in Unternehmensform. Die Grunderwerbsteuer stellt gerade bei großen Transaktionen einen wesentlichen Anteil der Erwerbsnebenkosten dar.

Der Asset Deal beschreibt den vollständigen Übergang von Eigentum an einer Immobilie vom Veräußerer auf den Erwerber. Bei diesem Vorgang fällt Grunderwerbsteuer gemäß § 1 Abs. 1 Nr. 1 Grunderwerbsteuergesetz (GrEStG) an.

Der Share Deal hingegen ist eine Anteilsveräußerung an einem Unternehmen. Der Gesellschaftsanteil an der immobilienbesitzenden Gesellschaft geht über. Der eigentliche Eigentümer der Immobilie bleibt die Gesellschaft selbst.

Bei Personengesellschaften fällt Grunderwerbsteuer gemäß § 1 Abs. 2a ff. GrEStG nicht an, soweit maximal 89,9 Prozent der Gesellschaftsanteile in einem Vorgang unmittelbar oder mittelbar übertragen werden. Die restlichen 10,1 Prozent der Gesellschaftsanteile können nach Ablauf einer Haltefrist von zehn Jahren grunderwerbsteuerfrei hinzuerworben werden.

Die Befreiung von der Grunderwerbsteuer innerhalb der oben genannten Grenzen wurde in das Grunderwerbsteuergesetz aufgenommen, um Umstrukturierungen innerhalb großer Firmenkomplexe ohne Steuerbelastung zu ermöglichen und somit unter anderem Arbeitsplätze zu erhalten. Nicht selten stellt die gesparte Grunderwerbsteuer aber auch das Tüpfelchen auf dem i bei großen Immobiliendeals dar – etwa von Vonovia und anderen Immobiliengesellschaften. Auch du kannst die gleichen Gesetze für deine Immobilien-Übertragungen nutzen!

Bei Kapitalgesellschaften fällt Grunderwerbsteuer gemäß § 1 Abs. 3a GrEStG nicht an, soweit ein Rechtsträger maximal 89,9 Prozent der Gesellschaftsanteile unmittelbar oder mittelbar besitzt. Die restlichen 10,1 Prozent der Gesellschaftsanteile müssen in diesem Fall in der Hand eines anderen Rechtsträgers verbleiben, beispielsweise in der Hand einer Stiftung, der Ehefrau oder der Kinder. Die immobilienverwaltende Kapitalgesellschaft kann somit wirtschaftlich nicht in einer Hand gehalten werden, ohne Grunderwerbsteuer auszulösen.

An den Grunderwerbsteuersätzen in der folgenden Tabelle siehst du bereits, wie groß das Optimierungspotenzial durch einen Share Deal ist und dass dies stark von der Lage deiner Objekte abhängig ist.

BUNDESLAND	STEUERSATZ	ERSPARNIS BEI 1 MIO. EURO
Baden-Württemberg	5,0 Prozent	50.000 Euro
Bayern	3,5 Prozent	35.000 Euro
Berlin	6,0 Prozent	60.000 Euro
Brandenburg	6,5 Prozent	65.000 Euro
Bremen	5,0 Prozent	50.000 Euro
Hamburg	5,5 Prozent	55.000 Euro
Hessen	6,0 Prozent	60.000 Euro
Mecklenburg-Vorpommern	6,0 Prozent	60.000 Euro
Niedersachsen	5,0 Prozent	50.000 Euro
Nordrhein-Westfalen	6,5 Prozent	65.000 Euro
Rheinland-Pfalz	5,0 Prozent	50.000 Euro
Saarland	6,5 Prozent	65.000 Euro
Sachsen	5,5 Prozent	55.000 Euro
Sachsen-Anhalt	5,0 Prozent	50.000 Euro
Schleswig-Holstein	6,5 Prozent	65.000 Euro
Thüringen	5,00 Prozent	50.000Euro

Grunderwerbsteuersätze der einzelnen Bundesländer und potenzielle Ersparnis bei einem Immobilienwert von 1 Mio. Euro

Zu den Herausforderungen, im Rahmen eines Share Deals zu kaufen oder zu verkaufen, gehört die Einschätzung der konkreten Haftungsrisiken. Da bei einem »Share Deal« der Gesellschaftsanteil veräußert wird, bestehen sämtliche unternehmensrechtliche Haftungsrisiken der Gesellschaft fort. Es ist somit äußerst wichtig, sämtliche Forderungen, Verbindlichkeiten und Vermögenswerte der zu übernehmenden Gesellschaft zu prüfen. In der Regel fallen die Prüfungs- und Rechtsberatungskosten bei Share Deals daher deutlich höher aus. Hierin liegt ein wichtiger Unterschied zum Asset Deal, bei dem ausschließlich die Immobilie den Eigentümer wechselt und der Käufer gemäß Kaufvertrag nicht für sämtliche Altverbindlichkeiten haftet.

Weiter muss die eigene Strategie zum Objekt passen. Es ist darauf zu achten, dass jede Tochtergesellschaft nur Objekte enthält, welche gemeinsam veräußert werden können und sollen. Andernfalls ist es möglich, dass aufgrund interner Umstrukturierungs-Maßnahmen weitere Grunderwerbsteuer-Tatbestände ausgelöst werden. Als Käufer für solche Investment-Pakete kommen natürlich auch nur große Gesellschaften in Betracht, deren Suchprofil das eigene Portfolio erst einmal erfüllen muss. Daher ist es wichtig, erst die Käufer kennenzulernen und dann das passende Portfolio aufzubauen. Das Investment im Share Deal sollte daher immer aus Perspektive des Exits betrachtet werden. Hier stellt die Holding als Investmentvehikel in der Regel die beste Wahl dar, denn man hat zum einen die Haftungsbeschränkung, während die Steuerlast gleichzeitig auf etwa 1,5 Prozent des Veräußerungsgewinnes gedeckelt ist.

Learnings

- ❒ Learning 1: Der »Share Deal« ist ein interessantes Konstrukt, um Grunderwerbsteuer zu sparen. Je höher der Grunderwerbssteuersatz, desto größer die Ersparnis.
- ❒ Learning 2: Die Ersparnis der Grunderwerbsteuer muss die Opportunitätskosten einer privaten Investition übersteigen. Dazu gehören vor allem die Prüfungskosten, Haftungsrisiken und die fehlenden Abschreibungsmöglichkeiten eines Gesellschaftsanteils.
- ❒ Learning 3: Die Vorteile kristallisieren sich insbesondere dann heraus, wenn bereits ein Holding-Konstrukt besteht und sich aufgrund des bestehenden Portfolios die Strukturkosten bereits rechnen.
- ❒ Learning 4: In der Öffentlichkeit werden immer wieder Share Deals großer Immobiliengesellschaften bekannt. In der Regel handelt es sich um ein Volumen im zweistelligen Millionenbereich. Es ist davon auszugehen, dass sich der administrative Aufwand erst in diesem Bereich amortisiert. Zudem ist eine extrem gute Vernetzung mit diesen Gesellschaften nötig, um passende Immobilien-Portfolios zusammenzustellen.

Stiftung

Stiftungen sind juristische Personen, die mithilfe »gestifteten« Vermögens jeden legalen Zweck verfolgen können. Das rechtliche Eigentum des ursprünglichen Stifters am Stiftungsvermögen geht auf Dauer in den Vermögensstock der Stiftung über. Das hat den Nachteil, dass der Stifter nicht mehr über das Stiftungsvermögen verfügen kann. Zugleich hat die Stiftung den Vorteil, dass das Vermögen bei anfechtungsfester Übertragung beispielsweise auch im Rahmen einer Insolvenz des Stifters nicht angegriffen werden kann.

Das Stiftungsvermögen muss mindestens so groß sein, dass die Erfüllung des Stiftungszweckes aus den Erträgen dauerhaft gewährleistet werden kann. Die Erträge sollen dem Stiftungszweck dienen.

Je nach Zweck beträgt das Mindestkapital in der Regel 100.000 Euro, um überhaupt mit den Erträgen wirtschaften zu können. Sobald das Stiftungskapital eingezahlt und die Satzung festgeschrieben ist, folgt die Anerkennung durch die Stiftungsbehörde im jeweiligen Bundesland.

Für die Gründung fallen nur geringe Kosten an. Die Stiftungsbehörde muss vergütet werden, und ein Rechtsanwalt sollte die Satzung überprüfen.

In der Satzung wird der Stiftungszweck festgelegt. Jede Stiftung benötigt eine Satzung. An dieser Stelle unterscheidet man die gemeinnützige von der privaten Stiftung. Es kann beispielsweise der gemeinnützige Zweck verfolgt werden, Menschen weiterzubilden und Krankheiten zu bekämpfen, oder der private Zweck, denn Destinatären (Empfängern von Zahlungen aus der Stiftung) Bildung und Reisen zu ermöglichen und die Stifterfamilie sozial abzusichern.

Eine Stiftung kann sämtliche Einkunftsarten erzielen, außer Einkünften aus nicht selbstständiger Arbeit. So kann beispielsweise Vermögen verwaltet, aber auch ein Gewerbebetrieb ausgeübt werden. Die Organisation ist einer Kapitalgesellschaft ähnlich. Die Stiftung wird nach außen von einem Vorstand vertreten. Es ist möglich, dass der Stifter Mitglied des Vorstandes ist oder den Alleinvorstand stellt und somit das Vermögen langfristig verwaltet. Zur Vergütung kann in die Satzung etwa folgender Passus aufgenommen werden: »Der Stiftungsbeirat entscheidet durch jährlichen Beschluss über die Höhe der Vorstandsvergütung.« Bezüge werden allerdings zunächst praktisch nicht auszuzahlen sein. Sie sollten sich auch später im Rahmen halten, da die Erträge im Wesentlichen für den Stiftungszweck eingesetzt werden müssen. Zu beachten ist in diesem Zusammenhang wieder einmal die Umsatzsteuer. Die Tätigkeit als Vorstandsmitglied ist grundsätzlich eine umsatzsteuerbare Leistung. Die Pflicht, Umsatzsteuer abzuführen, kann allerdings bis 22.000 Euro Umsatz durch die Kleinunternehmerregelung umgangen werden. Denn nach § 19 UstG ermöglicht der Gesetzgeber bis zu einer bestimmten Umsatzhöchstgrenze eine Befreiung von der Umsatzsteuer. Diese Grenze kann allerdings versehentlich durch weitere Umsätze wie die Stellplatzvermietung oder das Betreiben einer Fotovoltaikanlage überschritten werden, und es besteht doch die Pflicht, Umsatzsteuer ans Finanzamt abzuführen. Dies solltest du mit deinem Steuerberater abstimmen.

Beispiel

Bei einer Familienstiftung, die mit ihrem Kapital von 1.000.000 Euro eine Verzinsung von 5 Prozent erreichen kann, entsteht ein Ertrag in Höhe von 50.000 Euro. Nach Abzug der Körperschaftsteuer bleiben 42.500 Euro übrig. Dieser Betrag steht nun zur Verfügung, um ihn auf den Stiftungszweck und den tatsächlichen Umfang der Vorstandstätigkeit aufzuteilen. Werden also beispielsweise 100 Stunden im Jahr für die Verwaltung eingesetzt, so können diese Stunden mit einem für die Art der Tätigkeit angemessenen Stundenlohn multipliziert werden (beispielsweise mit 50 Euro), und man erhält eine Tätigkeitsvergütung von 5.000 Euro.

Familienstiftungen: Im Rahmen der Vermögensverwaltung kommen vor allem privatnützige Stiftungen in Betracht. Sie dienen ausschließlich oder überwiegend dem Wohl der Mitglieder einer oder mehrerer bestimmter Familien. Bei der Stiftungsgründung entsteht in dem Zeitpunkt der Zuführung des Vermögens Schenkungsteuer (§ 7 Abs. 1 Nr. 8 Erbschaft- und Schenkungsteuergesetz ErbStG). Immobilien, die zu Wohnzwecken vermietet sind, werden mit 90 Prozent ihres Wertes berücksichtigt (vgl. § 3c ErbStG). Die Besteuerung richtet sich nach dem Verhältnis von Stifter und dem entferntest Berechtigten (§ 15 Abs. 2 Satz 1 ErbStG). Grunderwerbsteuer fällt nach § 3 Nr. 2 GrEStG nicht an. Die Vermögensübertragung in die Stiftung unterscheidet sich damit nicht sonderlich von der Übertragung des Privatvermögens unter natürlichen Personen.

Beispiel

Tim entschließt sich, eine Familienstiftung ins Leben zu rufen. Er bringt dazu sein Mietwohngrundstück mit acht Parteien ein. Nach dem Ertragswertverfahren beträgt der Wert des Grundstücks 1.000.000 Euro. Weil vermietete Immobilien in der Erbschaft- und Schenkungsteuer mit einem Abschlag von 10 Prozent bewertet werden (§ 13c ErbStG) verbleibt ein steuerlicher Wert von 900.000 Euro. Von diesem Betrag wird der persönliche Freibetrag gemäß § 16 Abs. 1 Nr. 2 ErbStG (400.000 Euro) abgezogen, da es sich bei den entferntest Berechtigten um Tims Söhne handelt. Die Stiftungsgründung fällt aus eben diesem Grund in die Steuerklasse I. Der Steuersatz beträgt gemäß § 19 Abs. 1 ErbStG 15 Prozent. Im Ergebnis: (900.000 - 400.000) x 15 Prozent = 75.000 Euro Steuerlast im Zeitpunkt der Vermögensübertragung in die Stiftung.

Soweit Begünstigte über die Generation der Kinder hinaus aufgenommen werden sollen, schmilzt der Freibetrag zum entferntesten Berechtigten auf 200.000 Euro ab (§ 16 Abs. 1 Nr. 3 ErbStG).

Die Stiftung wird durch die »Erbersatzsteuer« der Übertragung privaten Vermögens über mehrere Generationen gleichgestellt. Diese Steuer fällt alle 30 Jahre an (§ 15 Abs. 2 Satz 3 ErbStG). Es wird fiktiv der Freibetrag von zwei Kindern und ein entsprechender Steuersatz angewendet, wodurch erst ab einem Vermögensstock von mehr als 800.000 Euro (§ 16 Abs. 1 Nr. 2 ErbStG) Erbersatzsteuer anfällt.

Führt man das obige Beispiel fort und wächst das Stiftungsvermögen im Lauf von 30 Jahren auf 2.000.000 Euro an, so sind steuerlich nach dem Bewertungsabschlag für vermietete Immobilien 1.800.000 Euro maßgeblich. Gem. § 15 Abs. 2 Satz 3 ErbStG ist der doppelte Freibetrag im Sinne des § 16 Abs. 1 Nr. 2 ErbStG abzuziehen. Das entspricht 800.000 Euro, womit noch 1.000.000 Euro an steuerpflichtigem Vermögen übrig bleiben. Zur Ermittlung des Steuersatzes ist das hälftige steuerpflichtige Vermögen maßgeblich (hier: 500.000 Euro). Der Steuersatz beträgt gemäß § 19 Abs. 1 ErbStG 15 Prozent, die Erbersatzsteuer nach 30 Jahren demnach 150.000 Euro.

Zur laufenden Besteuerung: Ertragsteuerlich ist eine vermögensverwaltende Familienstiftung ein Steuersubjekt im Sinne des Körperschaftsteuergesetzes (§ 1 Abs. 1 Nr. 4 KStG). Die Gewinnermittlung erfolgt nach den allgemeinen Grenzen der Buchführungspflicht (§§ 238, 241a HGB). Bei reiner Vermögensverwaltung ist somit eine einfache Einnahmenüberschussrechnung möglich, was deutlich geringere Kosten nach sich zieht als eine Bilanzierung.

Es gibt einen Steuerfreibetrag in Höhe von 5.000 Euro (§ 24 Abs. 1 S. 1 KStG) für die Körperschaftsteuer. Die effektive Steuerbelastung beträgt somit 15 Prozent vom darüber hinausgehenden Einkommen. Ertragssteuerlich ähnelt die Familienstiftung im Ergebnis einer vermögensverwaltenden Kapitalgesellschaft.

Da eine Stiftung auch Einkünfte aus Vermietung und Verpachtung erzielen kann und nicht per Gesetz auf gewerbliche Einkünfte beschränkt ist, besteht die Möglichkeit, Grundvermögen nach zehn Jahren Spekulationsfrist steuerfrei zu veräußern. Zudem fällt keine Gewerbesteuer an, soweit ausschließlich das Stiftungsvermögen verwaltet wird. Zuwendungsempfänger der Stiftung müssen ihre Erträge mit der Abgeltungsteuer von 25 Prozent versteuern (§ 20 Abs. 1 Nr. 9 EStG i. V. m.

§ 32d Abs. 1 EStG). Die folgende Tabelle zeigt nun einen Vergleich der steuerlichen Situation und Liquidität für die verschiedenen Möglichkeiten, die eigenen Immobilieninvestments zu strukturieren.

BETRÄGE IN EURO	PRIVAT-INVESTOR	KAPITAL-GESELLSCHAFT	STIFTUNG
Einnahmen	60.000	60.000	60.000
Betriebskosten	-12.000	-12.000	-12.000
AfA	-20.000	-20.000	-20.000
Zinsen	-20.000	-20.000	-20.000
Tilgung	-20.000	-20.000	-20.000
Steuer	-3.360	-1.266	-474,75
Steuerlicher Überschuss	8.000	8.000	8.000
Liquidität	**4.640**	**6.734**	**7.525,25**

Vergleich der steuerlichen Situation und Liquidität bei verschiedenen Rechtsformen

Learnings

Ertragsteuerlich gleicht die Stiftung einer Kapitalgesellschaft. Es besteht aber zugleich die Möglichkeit, steuerfreie Veräußerungsgewinne zu erzielen. Die Stiftung kombiniert somit das Beste aus zwei Welten. Gerade im Zusammenhang mit der Vermögensübertragung auf nachfolgende Generationen kann eine Stiftung der geeignete Weg sein, um seine Ideen als Investor weiterzugeben und das eigene Lebenswerk zu erhalten.

Genossenschaft

Die Genossenschaftsverbände sehen immobilienverwaltende Familiengenossenschaften kritisch, da diese gegen die Grundsätze des Genossenschaftsrechts handeln. Der Sinn und Zweck einer Genossenschaft besteht in der Förderung ihrer Mitglieder (§ 1 GenG). Im Ursprung haben sich mehrere Parteien zusammengeschlossen, um eine größere Marktmacht zu erhalten. Erkennbar ist dies zum Beispiel an Einkaufsgenossenschaften wie der EDEKA oder den städtischen Wohnungsbau-Genossenschaften, bei denen jeder Mieter eigene Genossenschaftsanteile hält und an der Genossenschaft partizipiert.

Das Genossenschaftsrecht fordert explizit, dass mindestens 90 Prozent der Einnahmen von den eigenen Mitgliedern erwirtschaftet werden (§ 5 Nr. 10 KStG). Nur so kann der größte Vorteil einer Genossenschaft erlangt werden, die Steuerbefreiung für Vermietungseinkünfte. Dies wurde bei vielen Familiengenossenschaften dadurch gelöst, dass Mieter als investierende Mitglieder ohne Stimmrecht aufgenommen wurden. Durch eine Gesetzesänderung greift die Steuerbefreiung nicht mehr für Genossenschaften, die nur an investierende Mitglieder ohne Mitgliedschaftsrechte vermieten (§ 5 Nr. 10 Satz 5 KStG). Die Genossenschaft wird somit wie eine normale Kapitalgesellschaft behandelt. Sie wird mit Körperschaftsteuer belastet oder sogar aufgelöst, wenn sich ihr Daseinszweck nicht deckt mit dem gesetzlich geregelten Zweck einer Genossenschaft. In bestimmten Konstellationen kann eine Genossenschaft für Immobilieninvestoren jedoch trotzdem interessant sein. Setzt man diese als Holding ein, welche den Zweck der Tochtergesellschaften fördert, können sich bei großen Immobilienvermögen steuerliche Vorteile ergeben. Tätigkeitsfelder der Genossenschaft können dabei beispielsweise die Verwaltung oder der Hausmeisterdienst für mehrere Tochtergesellschaften sein.

Finanzierung

Die Finanzierung ist ein entscheidender Faktor auf dem Weg zu einem profitablen Investment. Um dich für die richtige Finanzierung entscheiden zu können, musst du dir im Vorfeld Gedanken über deine strategischen Ziele machen. Zudem solltest du dich über mögliche Darlehensstrukturen und Kreditrichtlinien informieren. Deine Aufgabe als Investor besteht darin, das notwendige Know-how aufzubauen und die Kontrolle im gesamten Finanzierungprozess zu behalten. Denn am Ende trägst du die volle Verantwortung für dein Handeln. Nichts ist schlimmer, als Jahrzehnte lang ein unlukratives laufendes Darlehen von mehreren 100.000 Euro am Hals zu haben.

Dabei spielt die steuerliche Betrachtung bei der Finanzierung eine herausragende Rolle. Sollzinsen sind sofort und in voller Höhe steuerlich abzugsfähig. Anders als Kosten wie Grunderwerbsteuer und Notarkosten müssen sie nicht via AfA auf 40 oder 50 Jahre verteilt werden. Deswegen ist es ratsam, ein Darlehen möglichst wenig oder am besten gar nicht zu tilgen. Denn Tilgung ist unwiderruflich verlorene Liquidität bis zum Verkauf oder bis zur Umschuldung. Wenn du das Darlehen ganz zurückgeführt hast, entsteht in der Regel ein hoher steuerlicher Gewinn. Statt der Zinsen zahlst du dann einfach mehr Steuern. Wenn du mit einer vermögensverwaltenden GmbH finanzierst, kann sich hingegen eine hohe Tilgung oder ein Volltilger-Darlehen lohnen, das in zehn oder 15 Jahren ganz zurückgeführt wird. Denn die hohen Mietüberschüsse, denen kaum Werbungskosten gegenüberstehen, werden nur mit 15,825 Prozent besteuert.

Aber ist die Höhe der Sollzinsen schon deshalb egal, weil die Zinsen steuerlich absetzbar sind? – Natürlich nicht. Du musst hier mit der Bank knallhart über die Konditionen verhandeln. Denn wie du weißt, bekommst du von jedem absetzbaren Euro maximal 42 Cent zurück. 58 Cent gehen dir verloren. Die Aussage, »Ich kann das steuerlich absetzen«, soll dich nicht dazu animieren, Geld zu verschwenden.

Kommen wir zurück zur Tilgung. Leider müssen wir Darlehen tilgen. Denn das Risiko der Bank, dass das Darlehen nicht planmäßig zurückgeführt wird, ist ohne Tilgung immens. Zugegebenermaßen schützt die Tilgung auch unerfahrene Investoren, die zu teuer einkaufen und keine ausreichende Rückstellung bilden. Die Gefahr ist besonders groß, wenn jemand im Begriff ist, mit wenig Eigen- und viel Fremdkapital unkluge Investments zu tätigen in der Hoffnung, auf diese Weise die Gewinne aufs eingesetzte Eigenkapital »hebeln« zu können.

Wie fatal ein solcher Hebel sich auswirken kann, zeigt das Beispiel von Aktien-Investments am Anfang des vorigen Jahrhunderts: Der Börsencrash von 1929, auch Black Friday genannt, war schlichtweg verheerend. Das lag vor allem daran, dass die Aktienkäufe auf Kredit getätigt wurden. Durch den Kursrutsch hatten die Investoren Nachschussverpflichtungen, denen sie nicht nachkommen konnten. Um das nötige Geld aufzubringen, wurden die Aktien von den Banken zwangsweise verkauft. Dadurch fielen die Kurse noch weiter, und die nächste Verkaufswelle setzte sich in Gang.

Eine solche Situation wird uns wahrscheinlich auf dem deutschen Immobilienmarkt nicht erwarten. Denn bei Immobiliendarlehen, die in Deutschland an Verbraucher ausgereicht werden, kann eine Bank den Kreditvertrag nur unter wenigen Voraussetzungen von heute auf morgen kündigen. Zudem investieren »die Deutschen« konservativ mit einer Zinsbindung von zehn Jahren oder mehr.

Darlehensverträge können dir auch bei der Gestaltung helfen. Eine große Hilfe sind Verkäuferfinanzierungen oder Verträge zwischen der eigenen GmbH sowie Familienmitgliedern, Stiftung und Freunden. Hier bestimmst du den Zins und die Rückführung. Allerdings müssen die Konditionen einem Fremdvergleich standhalten, also so geschlossen sein, als wäre ein Fremder (bzw. eine Bank) der Darlehensgeber. Bei 1.458 Banken in Deutschland wirst du in der Regel ein passendes Vergleichsangebot finden.

Steigen wir nun in die wichtigsten Grundlagen zur Finanzierung ein, um die Basis für die späteren Strategieüberlegungen zu schaffen.

Echte Abschnittsfinanzierung

Bei der echten Abschnittsfinanzierung endet das Darlehen zu einem bestimmten Zeitpunkt, und die Restschuld muss zu diesem Zeitpunkt abgelöst werden. Solche Darlehen werden auch endfällige Darlehen genannt. Die echte Abschnittsfinanzierung wird oft als Tilgungsaussetzungs-Modell angeboten, und parallel wird üblicherweise ein Bausparvertrag abgeschlossen.

Für Banken hat der Abschluss einer echten Abschnittsfinanzierung inklusive Bausparvertrag einen finanziellen Vorteil. Denn der Berater bekommt zusätzlich zur Vermittlung des Darlehens eine Vergütung in Höhe von 1 Prozent der Bausparsumme. Die Bausparsumme hat in der Regel die gleiche Höhe wie das Darlehen. Bei einem Darlehen von 250.000 Euro sind das zusätzlich 2.500 Euro Abschlussprovision für den Bausparvertrag.

Ein Argument, das für Bausparverträge spricht, beleuchten wir näher in dem Abschnitt, in dem es um das Thema »Haushaltsrechnung auf Risikobasis« geht.

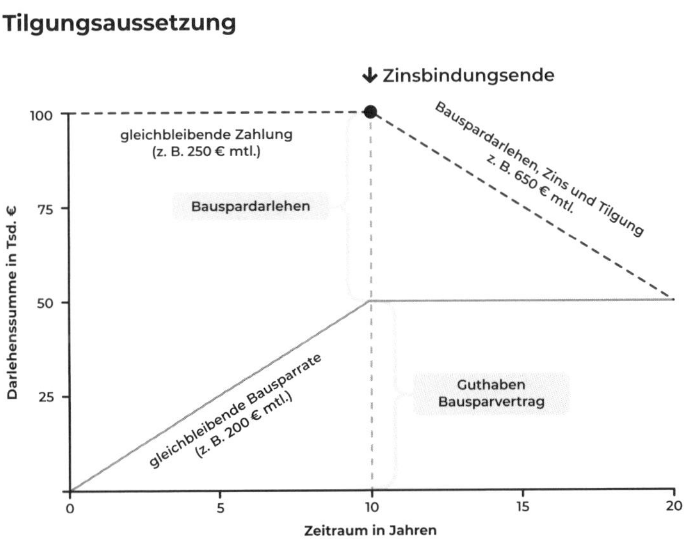

Funktionsweise eines endfälligen Darlehens in Verbindung mit einem Bausparvertrag

Achtung: Endfällige Darlehen, zum Beispiel in Verbindung mit einem Bausparvertrag, enden zu einem konkreten Termin und müssen dann vollständig zurückgeführt werden. Eine Ausnahme gilt nur, wenn Bauspardarlehen und Vorfinanzierung vom selben Institut sind. In diesem Fall ist keine Kreditprüfung für die Anschlussfinanzierung notwendig. Konkret würde das heißen: Wer sowohl das Bauspardarlehen als auch die Vorfinanzierung über die Deutsche Bank abgeschlossen hat, muss sich keiner erneuten Kreditprüfung unterziehen.

Anders wäre es, die Vorfinanzierung über die Deutsche Bank und das Bauspardarlehen über die Schwäbisch Hall abzuschließen. Hier würde die Schwäbisch Hall bei Zuteilung des Bauspardarlehens eine Kreditprüfung durchführen.

Würdest du ein endfälliges Darlehen in Höhe des Kaufpreises ohne Tilgung mit 15 Jahren Zinsbindung angeboten bekommen, wäre das die »eierlegende Wollmilchsau«. Denn der Haken ist der Bausparvertrag, der parallel dazu abgeschlossen werden muss.

Es gibt aber keine Regel ohne Ausnahme. Denn bei der gewerblichen Immobilienfinanzierung ist diese Darlehensform oft anzutreffen. Hier wird kein Bausparvertrag abgeschlossen, und trotzdem werden für das Darlehen nur Zinsen gezahlt – ohne Tilgungsanteil. Allerdings ist die Laufzeit in der Regel nur 5 Jahre, da die Zielsetzung besteht, die Immobilie kurzfristig weiterzuverkaufen. Aufgrund des hohen Risikos für die Bank müssen im Gegenzug aber 20 bis 30 Prozent an Eigenkapital eingebracht werden.

Unechte Abschnittsfinanzierung

Warum spricht man von unechter Abschnittsfinanzierung? – Oft verwechseln Investoren Zinsbindung und Laufzeit. Die Zinsbindung beträgt beispielsweise zehn Jahre und die Laufzeit 20 Jahre. Das Darlehen endet somit nicht nach Ende der Zinsbindung, sondern wird variabel bis zum Ende der Laufzeit weitergeführt. Hier ist dann folgender Passus in den Verträgen zu finden:

Die Sollzinsänderung wird am Tag der Überprüfung der Referenzzinssatzänderung wirksam. Die Bank wird den Darlehensnehmer in regelmäßigen Abständen von **12** Monaten, beginnend am **31.12.2028**, über die Anpassung und den neuen Referenzzinssatz zum Zeitpunkt der Zinsanpassung unterrichten. Bei einer Sollzinsfestschreibung können Änderungen frühestens mit deren Ablauf erfolgen.

Sofern keine neue Sollzinsvereinbarung getroffen wird, wird als Einstiegszinssatz für den veränderlichen Sollzins **der Durchschnittssatz des EURIBOR-Dreimonatsgeldes, der für den vorausgehenden Monat in den Monatsberichten der Deutschen Bundesbank veröffentlicht ist**, zuzüglich **3,000000** Prozentpunkten vereinbart.

Typischer Passus in Darlehensverträgen zur Zinshöhe nach Ende der Zinsbindungsfrist

Der große Vorteil besteht darin, dass zum Ende der Zinsbindung die Bank auch ohne erneute Bonitätsprüfung ein Angebot mit Zinsbindung unterbreiten kann.

Zinsbindung versus variable Finanzierung

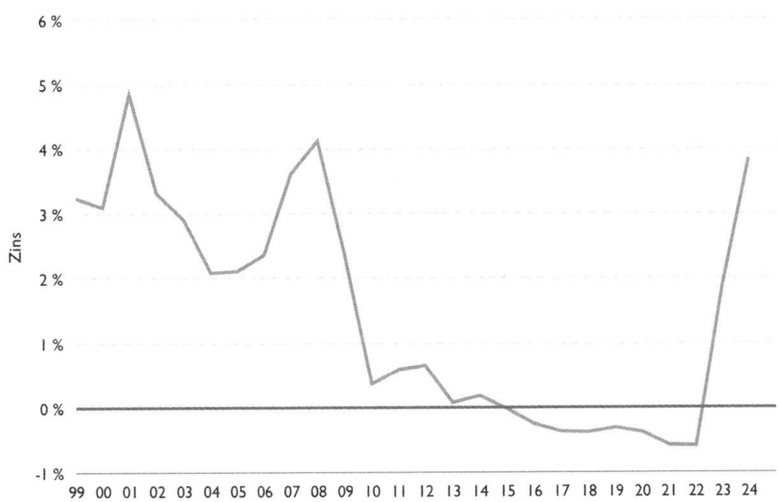

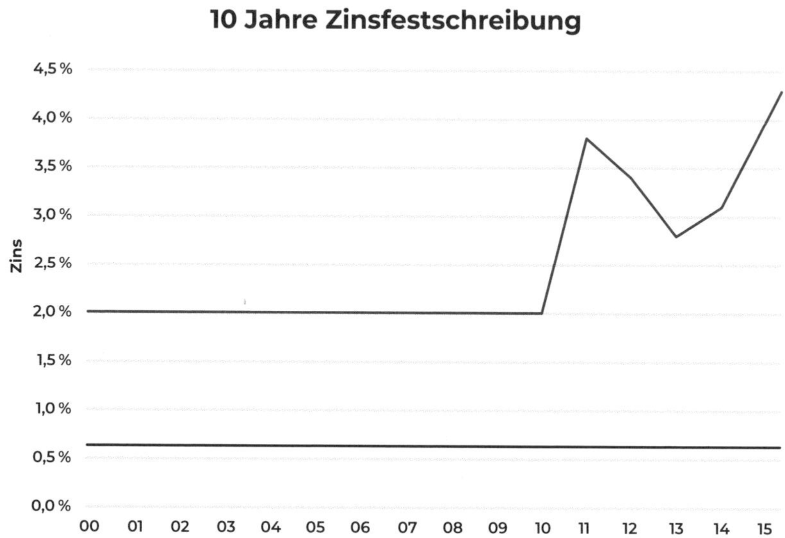

Vergleich Sollzinsen bei Bindung an den Drei-Monats-Euribor und bei zehnjähriger Zinsbindung mit anschließendem variablem Zinssatz

Die Bank wird generell bestrebt sein, dir eine Zinsbindung über zehn Jahre zu verkaufen. Denn innerhalb einer Zinsfestschreibung von zehn Jahren kann das Darlehen nur außerordentlich gekündigt werden, also beispielsweise nach einem Verkauf der beliehenen Immobilie. Zusätzlich musst du der Bank den Schaden ausgleichen, der ihr durch die entgangenen Zinsen entsteht – sie verlangt dafür die sogenannte Vorfälligkeitsentschädigung. So hat die Bank über volle zehn Jahre planbare Einnahmen. Die Zinsbindung verschafft aber auch dir Planungssicherheit über diesen Zeitraum. Sie bietet sich beispielsweise für eine klassische Buy-&-Hold-Strategie mit anschließender steuerfreier Veräußerung nach zehn Jahren an.

Die variable Finanzierung bietet dir volle Flexibilität; allerdings wird sie in der Regel nicht proaktiv von Banken angeboten. Du kannst unter Einhaltung der Kündigungsfrist von drei Monaten jederzeit umschulden oder dein Objekt verkaufen. Dein Vorteil ist der Nachteil der Bank. Deswegen wundern sich Investoren oftmals, wenn sie bemerken, dass ihnen ein Darlehen mit variablen Zinsen gar nicht erst angeboten wird oder dass sie nur Abwehrangebote mit deutlich überhöhten Zinsen erhalten. Sollte eine langjährige Kundenbeziehung bestehen, ein hohes Finanzierungsvolumen angefragt werden oder eine Bearbeitungsgebühr gezahlt werden, wird eine Kreditgenehmigung wahrscheinlicher.

Bei der variablen Finanzierung orientiert sich der Zinssatz in der Regel am 3-Monats-Euribor (Euro Interbank Offered Rate), also dem Zinssatz, für den sich europäische Banken gegenseitig Geld für drei Monate leihen. Aktuell melden 19 Banken bis 10:45 Uhr Brüsselzeit ihre Angebotszinssätze, zu denen sie sich kurzfristig verschulden würden. Auf den 3-Monats-Euribor wird üblicherweise bei Darlehen mit variablem Zinssatz je nach Objekt, Vorhaben und Bonität ein Aufschlag von 0,5 bis 3 Prozent erhoben.

Cap oder Swap

Variable Darlehen können durch ein Zins-Cap abgesichert werden. Das ist ein Derivat (Finanzinstrument), das den Anstieg des variablen Zinssatzes über eine zuvor definierte Grenze verhindert. Im Privatkundenbereich wird diese Absicherung immer weniger angeboten, obwohl sie viele Vorteile hat. Investoren mit einer GmbH landen meistens bei der Geschäftskundenbetreuung. Dort können sie auf solche Instrumente zugreifen. Auch der Swap (Austausch) ist ein sehr interessantes Instrument. Beim Swap kann der Darlehensnehmer den variablen Vertrag gegen einen festverzinslichen Vertrag austauschen. Sein Tauschpartner will dafür natürlich auch eine Vergütung haben.

Beispielsweise zahlst du eine einmalige Cap-Prämie in Höhe von 5 Prozent des Darlehensbetrages für einen Zins-Cap bei 3,5 Prozent für zehn Jahre. Somit hast du volle Flexibilität bei gleichzeitiger Planungssicherheit. Denn eine ordentliche Kündigung mit einer Frist von drei Monaten ist jederzeit ohne Vorfälligkeitsentschädigung möglich. Allerdings geht die Cap-Prämie in diesem Moment verloren. Aber für eine Kapitalbeschaffung oder Modernisierung ist dies das ideale Instrument.

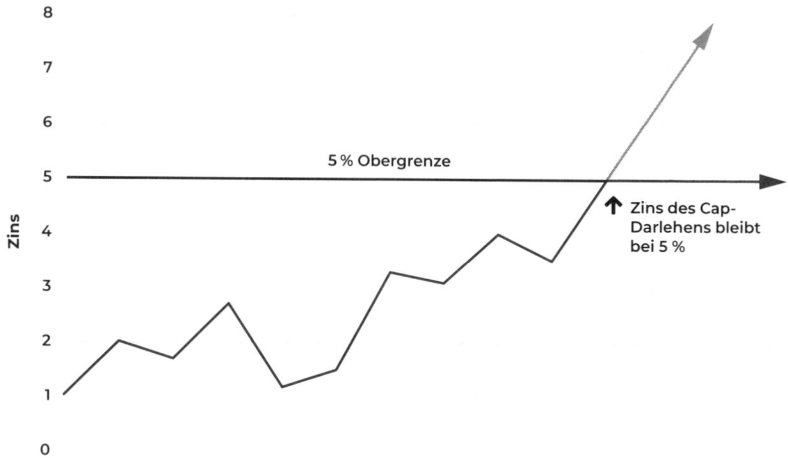

Wie ein variables Darlehen mit Zins-Cap funktioniert

Mitfinanzierung der Modernisierungskosten

Es ist bei Investoren sehr beliebt, Modernisierungskosten beim Kauf mitzufinanzieren. Das hat mehrere Gründe:

Werterhöhende Maßnahmen werden in der Regel bis zu einem Umfang von 20 Prozent des Kaufpreises problemlos mitfinanziert. Darüber hinaus kann das ganze Projekt als Sanierungsprojekt eingestuft werden. Hier sind dann Planungen vom Architekten einzureichen.

Von den Modernisierungskosten zu unterscheiden sind jedoch die Renovierungskosten wie das Malern oder Verlegen von Teppichboden. Renovierungskosten sind für die Bank nicht werthaltig. Die Kosten dafür müssen in der Regel aus dem Eigenkapital getragen werden. Ähnlich sieht es mit dem Kauf von Mobiliar wie Küchen aus. Auch hier wird Eigenkapital benötigt, und Investoren sollten beim Kaufvertrag genau prüfen, ob eine vorhandene und mit übernommene Küche im Kaufpreis ausgewiesen werden soll. Zusätzlich ist bei umfangreichen Modernisierungen unbedingt darauf zu achten, was im Angebot oder auf der Rechnung steht. Schlimmstenfalls kommt es bei der Auszahlung zu Problemen, wenn Mobiliar oder Renovierung aufgeführt werden. Einige Banken zahlen das Geld bei Modernisierungs-Maßnahmen bis

25.000 Euro ohne entsprechenden Nachweis (Rechnung oder Angebot) aus. Wichtig ist, das Geld wirklich für eine Modernisierung zu verwenden. Eine Zweckentfremdung kann unter Umständen dazu führen, dass das Darlehen gekündigt werden kann (wegen vorsätzlicher Falschangaben). Die Bank reicht die Mittel nämlich nur unter der Bedingung aus, dass der Objektwert (Beleihungswert) durch die Modernisierung steigt. Wie du das für dich massiv nutzt, erfährst du im Kapitel über die Steuerstrategien im Abschnitt »Entwickeln & Halten«.

Bewertung und Kapitaldienstfähigkeit

In diesem Buch gehen wir nicht auf das Thema Objektbewertung und Beleihungswertermittlung durch die Bank ein. Hier können wir dich aber auf unseren Finanzierungsguide verweisen, der dir bei immlab.de/downloads kostenlos zur Verfügung steht.

Es ist enorm wichtig, dass du grundlegend weißt, wie der sogenannte Beleihungswert ermittelt wird. Denn er ist die Grundlage für die Kreditentscheidung. Der Beleihungswert ist der sichere Preis der Immobilie, der auch unter Marktschwankungen jederzeit erzielt werden kann, zum Beispiel durch einen Verkauf oder eine Zwangsversteigerung. Hiervon wird dann üblicherweise noch ein Sicherheitsabschlag vorgenommen. Der Rest ist der sogenannte ungedeckte Personalkredit und das Risiko der Bank. Vom Beleihungswert dürfen die Banken je nach Kreditrichtlinie des Instituts zwischen 90 und 160 Prozent finanzieren; das ist der sogenannte Beleihungsauslauf.

Es gibt aber auch noch den Realkreditbereich oder auch 1A-Bereich. Ein Darlehen in der entsprechenden Höhe wird von Banken als risikolos angesehen. Denn dieser Bereich beträgt nur 60 Prozent vom Beleihungswert und kann jederzeit beim Ausfall des Kreditnehmers durch einen Verkauf der Immobilie kompensiert werden. Zwischen 60 Prozent und 80 Prozent des Beleihungswerts spricht man von 1B-Darlehen, bei über 80 Prozent von 1C-Darlehen. Hier geht die Bank ein höheres Risiko ein, weil der Verkauf der Immobilie nicht mehr in jedem Fall die offene Kreditschuld deckt. Die Bank bucht das Darlehen in die verschiedenen

Bereiche ein und bepreist diese nach 1A bis 1C, aber der Endkunde bekommt in der Regel nur die Mischkalkulation mit einem gemittelten Zinssatz zu sehen. Du kannst aber auch bei der Bank nachfragen, ob sie dir das echte Splitting in 1A bis 1C anbietet. Also drei Verträge statt einen. Sinnvoll wäre es den 1C-Bereich schneller zu tilgen als den 1A-Anteil, da hier die Zinsen wesentlich höher sind.

BELEIHUNGSWERT				
Splitting – 1. bis 3. Rang		**Darlehensbetrag**	**Konditionen**	**Beleihungsauslauf**
Kaufpreis	120.000 €	120.000 €	2,98 %	126 %
Marktwert	105.000 €			
Beleihungswert	95.000 €			100 %
1-C, dritter Rang, ungedeckter Personalkredit über 80 % vom BLW	76.000 €	44.000 €	3,5 %	
1-B, zweiter Rang, gedeckter Personalkredit von 60–80 % vom BLW	57.000 € – 76.000 €	19.000 €	2,9 %	
1-A, erster Rang, Realkredit > 60 % vom BLW	57.000 €	57.000 €	2,6 %	

Beispiel für eine Kreditkalkulation vonseiten der Bank

Wenn du zu teuer einkaufst, weicht der Beleihungswert erheblich vom Kaufpreis ab und der Blanko-Anteil (1C-Bereich) ist besonders hoch. Somit ist das Risiko der Bank höher, und das kann zu Schwierigkeiten führen.

Kommen wir zur Objektrentabilität, die auch Kapitaldienstfähigkeit genannt wird: Die Bank hat die Möglichkeit, das Objekt durch eine Versteigerung bei Gericht zu veräußern (Zwangsversteigerung). Allerdings kann die Bank das Objekt stattdessen auch in die Zwangsverwaltung nehmen. In diesem gerichtlichen Verfahren werden dann die Mieten an sie als Gläubiger abgeführt. Und hier kommt die Objektrentabilität ins Spiel. Wenn das Objekt nach Bewirtschaftung und Mietausfallwagnis genügend Erträge erwirtschaftet, um Zins und Tilgung zu bedienen, ist die Kapitaldienstfähigkeit gegeben.

OBJEKTRENTABILITÄT	
Kaltmietertrag	**8.000 €**
- Verwaltungskosten	800,00 €
- Mietausfallwagnis (5%)	400,00 €
-Instandhaltung	800,00 €
Kapitaldienstfähigkeit	**6.000 €**
-Annuität	**10.000 €**
Überschuss/Fehlbetrag	**-4.000 €**

4% Mietrendite, 200.000 € Kaufpreis, 200.000 € Darlehenssumme, 2% Tilgung und 3% Zins

Beispiel für die Ermittlung der Kapitaldienstfähigkeit durch die kreditgebende Bank

Bei den aktuellen Kaufpreisen in guten Lagen ist es kaum vorstellbar, dass eine Bank eine Immobilie in die Zwangsverwaltung nimmt, anstatt sie gleich zu verkaufen; insbesondere dann nicht, wenn du den Kaufpreis finanzierst. Denn die Mieteinnahmen aus dem Objekt allein reichen nicht aus, um die Kosten zu decken. Wenn der Kredit ausfällt, müsste also die Bank den Zuschuss leisten, den du aus deinem laufenden Einkommen eingebracht hast. Bei guter Bonität lässt sich die Bank auf das Geschäft ein. Bei einer GmbH, die gerade gegründet wird, wird es da schon schwieriger. Allerdings kauft man mit einer GmbH in der Regel mittlere bis schlechtere Lagen mit mehr als 6 Prozent Mietrendite. Hier sollte die Rentabilität gegeben sein, es sei denn die Restnutzungsdauer ist zu kurz oder die Tilgung zu hoch. Wenn es für die Bank nicht passen sollte, kann nur durch den Einsatz von Eigenkapital die Rentabilität hergestellt werden.

Haushaltsrechnung auf Ist-Basis

Die Bank erstellt auf Basis deiner Selbstauskunft und der Immobilien-Aufstellung zu Einnahmen und Ausgaben eine Haushaltsrechnung.

Hier siehst du eine Haushaltsrechnung, bei der ein Investor mit drei bestehenden Objekten ein neues Finanzierungsobjekt anfragt. Jede der drei Banken berechnet den gleichen Sachverhalt anders.

BANK 1	
Einnahmen	
Unselbstständiges Nettoeinkommen	3.404,00 €
Kindergeld	192,00 €
Mieteinnahmen Bestandsobjekt	875,54 €
Mieteinnahmen Finanzierungsobjekt	532,95 €
Summe Einnahmen	**5.004,49 €**
Ausgaben	
Lebenshaltungskosten	1.341,46 €
Mietausgaben	900,00 €
Raten weiterer Immobiliendarlehen	2.310,67 €
Rate aktueller Darlehen	876,22 €
Summe Ausgaben	**5.428,36 €**
Überschuss/Fehlbetrag	
Fehlbetrag	**-423,86 €**

BANK 2	
Einnahmen	
Unselbstständiges Nettoeinkommen	3.404,00 €
Kindergeld	192,00 €
Mieteinnahmen Bestandsobjekt	1.030,05 €
Mieteinnahmen Finanzierungsobjekt	627,00 €
Summe Einnahmen	**5.253,05 €**
Ausgaben	
Lebenshaltungskosten	1.280,00 €
Mietausgaben	900,00 €
Raten weiterer Immobiliendarlehen	1.552,38 €
Rate aktueller Darlehen	712,61 €
Bewirtschaftungskosten	331,41 €
Summe Ausgaben	**4.776,40 €**
Überschuss/Fehlbetrag	
Fehlbetrag	**476,65 €**

BANK 3	
Einnahmen	
Unselbstständiges Nettoeinkommen	3.404,00 €
Kindergeld	192,00 €
Mieteinnahmen Bestandsobjekt	1.030,05 €
Mieteinnahmen Finanzierungsobjekt	627,00 €
Summe Einnahmen	**5.253,05 €**
Ausgaben	
Lebenshaltungskosten	1.635,00 €
Mietausgaben	900,00 €
Raten weiterer Immobiliendarlehen	1.552,38 €
Rate aktueller Darlehen	730,37 €
Bewirtschaftungskosten	248,56 €
Summe Ausgaben	**5.066,31 €**
Überschuss/Fehlbetrag	
Fehlbetrag	**186,74 €**

Haushaltsrechnung dreier Banken für dasselbe Objekt

Oben stehen die Einnahmen, in diesem Beispiel der Lohn (Einnahmen aus nicht selbstständiger Arbeit) und die Einnahmen aus Vermietung und Verpachtung. Danach kommen die Kosten. Dazu gehören Lebenshaltungskosten (je nach Kreditinstitut unterschiedliche Pauschalen), Mietausgaben und weitere Verpflichtungen (beispielsweise Unterhalt und Ratenkredite). Du kannst erkennen, dass unterschiedliche Banken bei den Mieteinnahmen unterschiedliche Höhen ansetzen, bei Bank 1 sind es konkret nur 80 Prozent der Kaltmiete. Wie sieht es bei den Kosten aus? Die Banken rechnen unter Umständen mit einem höheren Kapitaldienst für Immobilienkredite und nicht mit dem tatsächlichen.

In unserem Beispiel schlägt Bank 1 mit 2.310,67 Euro Kapitaldienst für die bestehenden Immobilienkredite zu Buche. Bank 2 und 3 rechnen hingegen mit der tatsächlichen Ratenhöhe von 1552,10 Euro. Der Kapitaldienst ergibt sich aus Zins und Tilgung. Bank 1 darf dich nicht finanzieren, da die Finanzierung wirtschaftlich nicht tragbar ist (-423,86 Euro). Bei Bank 2 und 3 wäre zum Zeitpunkt der Kreditgenehmigung noch ein Überschuss vorhanden. Der Mindestüberschuss sollte etwa bei 200 Euro liegen.

Bei Ratenkrediten darf es an der planmäßigen Rückführung keine erheblichen Zweifel geben. Bei Immobiliendarlehen ist die Messlatte weitaus höher. Hier muss die Rückführung wahrscheinlich sein. Dazu muss sich die Bank verschiedene Lebensphasen anschauen. Diesem Thema widmen wir uns an anderer Stelle.

Um langfristig die Haushaltsrechnung aufzubessern, sollten die Mieten permanent gesteigert werden, da nur 80 Prozent in der Haushaltsrechnung angerechnet werden oder Bewirtschaftungskosten (1 bis 3 Euro pro qm und Monat) veranschlagt werden. Einige Banken rechnen unter Umständen mit höheren Belastungen aus dem Darlehen. Die sich daraus ergebenden Schwierigkeiten werden an folgendem Beispiel deutlich.

Beispiel

Ein Objekt mit einem Kaufpreis von 100.000 Euro, einer Mietrendite von 3 Prozent und einer Annuität (Zins und Tilgung) von 4 Prozent belastet dich monatlich mit circa -133 Euro (100.000 Euro x 3 Prozent Mietrendite - 20 Prozent) - (100.000 Euro x 4 Prozent Darlehensrate). Würdest du das Portfolio mit vergleichbaren Wohnungen skalieren wollen, wären es bei zehn Wohnungen schon circa -1.330 Euro im Monat. Wenn nun noch Lebenshaltungskosten und Mietausgaben auf der Ausgabenseite hinzugefügt werden, ist eine Unterdeckung vorprogrammiert.

Damit Objekte keine Lücke in der Haushaltsrechnung hinterlassen, sollten sie beim aktuellen Zinsniveau etwa 5 Prozent Mietrendite erwirtschaften. Wir wissen, das ist ambitioniert, aber deswegen ist die Entwicklung deiner Investments so wichtig. Wir lassen dich damit nicht allein. Im Kapitel »Die besten Steuerstrategien für Immobilieninvestoren« erfährst du, welche Möglichkeiten du zur Ertragssteigerung hast.

Besonders negative Folgen für die Finanzierbarkeit haben teure Neubau- oder Denkmalsanierungen, bei denen so gut wie kein Eigenkapital eingebracht wurde. Denn hier sind Mietrenditen in der Regel noch niedriger, und bei der Wiedervermietung kann die ohnehin im Verhältnis zum Kaufpreis schon geringe Miete noch weiter sinken. Aufgefangen werden können diese niedrigen Mieten nur mit deinem übrigen Einkommen. Allerdings ist dieser Puffer irgendwann auch aufgebraucht.

Nicht nur für die Bank besteht bei einer signifikanten Unterdeckung ein enormes Risiko. Wenn das Haupteinkommen ausfällt aufgrund von Berufsunfähigkeit oder Arbeitslosigkeit, kann dir die Insolvenz drohen. Hier siehst du die Haushaltsrechnung auf Ist-Basis, erstellt mit unserem Excel-Tool.

IMMLAB **HAUSHALTSRECHNUNG**

HAUSHALTSRECHNUNG UND PERSONENDATEN

Personenbezogene Einnahmen	
Vorname, Name	Max Muster
Geburtsdatum	17.06.87
Geburtsort	Musterstadt
Familienstand	ledig
Anschrift	Musterstraße 4
Beschäftigt seit (Datum)	Juli 2021
Arbeitgeber	Muster AG
Beruf	Big Manager
Arbeitgeber in Deutschland ansässig?	Ja
Währung Einkommen	EUR
Anzahl der Gehälter (im Jahr)	13
Probezeit bis	September 2021
Rentenbeginn	September 2058
Gesetzliche Rente in €	€ 2.000,00
Private Rente	€ 150,00
Anzahl Kinder	1
Weitere Personen	

VERMÖGENSÜBERSICHT

Vermögen	
Tagesgelder	€ 17.000,00
Bausparguthaben	€ 5.500,00
Depot (aktueller Stand)	
Rückkaufswerte	
Immobilienvermögen	€ 200.000,00
sonstiges Vermögen	
Summe	€ 222.500,00

Schulden	
Ratenkredite	€ 6.000,00
Immobilienkredite	€ 156.463,89
Dispo (Rahmen)	
Bürgschaften	
sonstige Verbindlichkeiten	
Summe	€ 162.463,89

EINNAHMEN	
Einkommen Netto (monatlich)	**2.800 €**
Mieteinnahmen	640,00 €
Kindergeld	219,00 €
sonstige Einnahmen	
Summe	**3.892,33 €**

AUSGABEN	
Mietausgaben	900,00 €
Lebenshaltungskosten	1.450,00 €
Immobilienkredite	615,00 €
Unterhalt	

Ratenkredite	
sonstige Ausgaben	
Summe	**2.965,00 €**
Überschuss/Fehlbetrag	**927,33 €**
RISIKOBETRACHTUNG	
Einnahmen	3.892,33 €
Ausgaben	3.247,85 €
Summe	**644,49 €**

Haushaltsrechnung auf Ist-Basis – ein Beispiel

Wie wir vorhin gesehen haben, kommen wir auf Ist-Basis bei Bank 3 durch die Haushaltsrechnung. Aber wie sieht es in anderen Lebensphasen aus? Die Antwort findest du im nächsten Abschnitt.

Haushaltsrechnung auf Risiko-Basis

Was passiert nach der Zinsbindung mit dem Zins? Banken sind spätestens nach Einführung der Wohnimmobilienkreditrichtlinie im Jahr 2016 dazu verpflichtet, eine Risikobetrachtung durchzuführen. Für jedes bestehende Immobiliendarlehen muss ein Zins nach Ende der Zinsbindung festgelegt werden. Dieser wird dann auf die Restschuld nach Zinsbindung zuzüglich des anfänglichen Tilgungssatzes fällig. Einige Banken rechnen mit 6 Prozent Zins zuzüglich der anfänglichen Tilgung. Jede Bank legt hier ihre eigenen Richtlinien fest. Es gibt Banken, die komfortabel mit 3,5 Prozent oder in der Spitze mit 8 Prozent rechnen. Hier kommt das Thema Bankenreihenfolge ist Spiel. Denn sinnvoll ist es, am Anfang die Banken zu nutzen, die am Ende der Zinsbindung mit 8 Prozent auf die Restschuld rechnen. Danach nimmt man Banken mit 5 oder 3,5 Prozent Annuität auf die Restschuld. Einige Banken geben sich auch mit der Aussage zufrieden, dass das Objekt nach der Zinsbindung verkauft wird. Da sich die Kreditrichtlinien laufend ändern, können wir hier keine konkreten Beispiele nennen. Wir laden dich aber herzlich zum Finanzierungs-Online-Workshop ein. Hier nennen wir dir die jeweils aktuellen Kriterien vieler Banken.

Die Belastung am Ende der Zinsbindung muss sich in der Haushaltsrechnung als tragbar erweisen. Zusätzlich werden in der Regel keine Mietsteigerungen unterstellt, und von den Mieteinnahmen wird ein Abschlag von circa 20 Prozent vorgenommen oder es werden bestimmte Bewirtschaftungskosten pro qm veranschlagt.

Das ist die Achillesferse vieler Investoren und einer der Hauptgründe, warum sie langfristig nicht als kreditwürdig gelten. Denn oft treffen in den Portfolios nach der Zinsbindung zu wenig Mieteinnahmen auf zu hohe Restschulden. Cashflow-Objekte sind hier natürlich klar im Vorteil. Bei 8 Prozent Mietrendite und 20 Prozent Tilgung innerhalb von zehn Jahren Zinsbindung ist die Haushaltsrechnung auf Risikobasis bezogen auf das Objekt ausgeglichen. Gerade Buy-&-Hold-Investoren, die in guten Lagen kaufen, trifft die Betrachtung genau ins Mark.

BEISPIEL	A	B	C	D
Kreditbetrag	150.000,00€	150.000,00€	150.000,00€	150.000,00€
Zinsbindung	10 Jahre	10 Jahre	15 Jahre	0 Jahre
Zinssatz nominal	2,65 %	2,65 %	2,65 %	2,65 %
Zinssatz effektiv	2,74 %	2,74 %	2,74 %	2,74 %
Tilgungssatz	2,00 %	4,00 %	4,00 %	2,00 %
Rate	586,25 €	836,25 €	836,25 €	586,25 €
ca. Restschuld	115.621,45 €	81.242,83 €	37.785,33 €	150.000,00€
8 % Restschuld	770,81 €	541,62 €	251,90 €	1.000,00 €
Mieteinnahmen	600,00 €	600,00 €	600,00 €	600,00 €
80 % Mieteinnahmen	480,00 €	480,00 €	480,00 €	480,00 €
Summe	**-290,81 €**	**-61,62 €**	**228,10 €**	**-520,00 €**

Haushaltsrechnung auf Risikobasis – ein Beispiel

In unserem Beispiel ist das Investment im Fall A, B und D nach der Zinsbindung Cashflow-negativ. Im Fall D beträgt die Unterdeckung bei der variablen Finanzierung 520 Euro pro Monat. Der negative Cashflow muss in der Bankenbetrachtung entsprechend mit anderen Einnahmen ausgeglichen werden, beispielsweise mit dem Gehalt (unselbstständiges Einkommen). Du solltest genau berechnen, ob das Gehalt ausreicht, da auch Lebenshaltungskosten, Ratenkredite oder Mietausgaben davon bestritten werden müssen. Wenn du nun ein Portfolio mit 15 Wohnungen aufbauen willst und wie im Fall A jedes Objekt 290,81 Euro im Monat Cashflow-negativ ist, summiert sich das auf -4.362,15 Euro. Im Fall C wäre die Belastung heute höher, aber durch die lange Zinsbindung und die höhere Tilgung ist das Objekt sogar mit 228,10 Euro Cashflow-positiv. Bei 15 Objekten kämen deiner Haushaltsrechnung 3.421,50 Euro an positivem Cashflow zugute.

Die Zinsbindung und Tilgung sollte in Abstimmung mit der Stressannuität erfolgen, und Mieteinnahmen sollten laufend gesteigert werden. In unserem kostenlosen Finanzierungs-Tool kannst du schon im Voraus schauen, wie sich die gewünschte Zinsbindung und Tilgung auf die »Stressannuität« auswirkt.

Darlehensbetrag	Darlehensbeginn	Darlehensende	Zinsbindung [3]	Zinssatz p.a.	Tilgungssatz p.a.
€ 180.000,00	01.01.16	01.07.50	10	1,30 %	2,30 %
€ 250.000,00	03.07.19	01.04.46	15	1,60 %	3,00 %
€ 120.000,00	05.11.20	01.06.46	20	2,00 %	3,00 %

			RISIKOBETRACHTUNG (nur für interne Zwecke)		
Rate mtl.	Restschuld Heute	Restschuld [4]	Kaltmiete [5]	Annuität [6]	Ergebnis
€ 540,00	€ 156.779,61	€ 135.814,02	€ 640,00	€ 905,43	-€ 265,43
€ 958,33	€ 235.412,19	€ 122.947,21	€ 480,00	€ 819,65	-€ 339,65
€ 500,00	€ 117.889,47	€ 31.560,95	€ 360,00	€ 210,41	€ 149,59

Das Finanzierungs-Tool von immlab

Wie kannst du das Zinsrisiko verringern? Wir sind wirklich keine Fans von Bausparverträgen. Allerdings können sie bei der Absicherung der Stressannuität hilfreich sein. Eine Möglichkeit wäre, die Restschuld nach der Zinsbindung durch einen Bausparvertrag abzusichern. Denn in diesem Moment kann die Bank die Rate aus dem Bauspardarlehen nehmen und veranschlagt keine Stressannuität.

Beispiel

- ❒ Ursprüngliches Darlehen: 100.000 Euro
- ❒ Restschuld nach zehn Jahren Zinsbindung: 75.000 Euro
- ❒ Bausparsumme: 75.000 Euro
- ❒ Provision für den Vermittler: 750 Euro
- ❒ Bausparguthaben zum Zuteilungstermin in zehn Jahren (circa 30 Prozent der Bausparsumme): 22.500 Euro zusätzliche Ansparrate bis zum Zuteilungstermin: 187,50 Euro
- ❒ Bauspardarlehen: 52.500 Euro
- ❒ Zins und Tilgung mit 5 Prozent Annuität: 218,75 Euro im Monat (52.500 x 0,05/12)

In der Risikobetrachtung am Ende der Zinsbindung würde die 8er-Annuität auf die Restschuld 500 Euro im Monat betragen (75.000 Euro x 0,08/12). Allerdings muss der Bausparvertrag zusätzlich bespart werden, und deshalb ist diese Variante besser gestellt. Eine höhere Tilgung im Annuitätendarlehen könnte hier den Nachteil ausgleichen. Der Vorteil gegenüber der Stressannuität beläuft sich mit Bausparvertrag in diesem Beispiel auf 281,25 Euro im Monat (500 Euro - 218,75 Euro).

Ein weiterer Vorteil eines Bauspardarlehens ist, dass es jederzeit ohne Vorfälligkeitsentschädigung getilgt werden kann. Der große Nachteil ist die schnelle Rückführung mit Tilgungssätzen von mehr als 4 Prozent. Das angesparte Guthaben verzinst sich kaum. Oft bieten Banken einen Zinsrabatt auf das Hauptdarlehen an, wenn parallel ein Bausparvertrag abgeschlossen wird. Hier muss man genau nachrechnen, ob sich eine solche Kopplung lohnt.

Wertpapierdepots anstatt von Bausparverträgen werden kaum akzeptiert. Falls doch, dann ist das nur mit eingeschränkter Fondsauswahl möglich, und aufgrund der Schwankungen wird eine überproportionale Sparrate verlangt. Falls du diese Variante wählst, ist es wichtig, dass du switchen und shiften kannst. Denn der Fondssparplan ist genau wie der Bausparvertrag abgetreten, und du hast nur noch eingeschränkten Zugriff. Beim Switch wechselst du nur die laufenden Sparraten zum neuen Fonds. Beim Shiften wird das bestehende Fondsvermögen auf den anderen Fonds übertragen. Lange Zinsbindungen von in der Regel mehr als zehn Jahren eignen sich sehr gut für Fondssparpläne anstatt für eine direkte Tilgung. Allerdings hängt die Machbarkeit immer von der Fondsauswahl bei der Bank ab.

Vor dem 1. Januar 2005 wurden endfällige Darlehen oft mit einer Kapitallebensversicherung kombiniert. Allerdings wurde die Steuerfreiheit der Fälligkeitsleistung bei Neuabschlüssen ab diesem Zeitpunkt gesetzlich gestrichen. Dazu kommen die ohnehin niedrigen Zinsen, die Kapitallebensversicherungen mittlerweile abwerfen. Daher ist die Kombination aus endfälligem Darlehen und Kapitallebensversicherung mittlerweile bedeutungslos geworden. Bausparverträge haben mittlerweile die Lebensversicherung ersetzt.

Wenn die Rate in der Ansparphase aus dem Vorausdarlehen und die Sparrate des Bausparvertrages identisch sind mit der Darlehensrate des anschließenden Bauspardarlehens, spricht man von einem Konstantdarlehen. Die Rate ist über die gesamte Laufzeit ohne Zinsänderungsrisiko konstant.

Erfahrungsgemäß ist das klassische Annuitätendarlehen in den meisten Fällen die bessere Variante.

Beispiel

Das Darlehen beläuft sich auf 100.000 Euro, der Zins auf 3 Prozent, und das Vorausdarlehen wird nicht getilgt. Zur Vereinfachung gehen wir davon aus, dass der Bausparvertrag eine Verzinsung von 0 Prozent aufweist und dass keine Abschlussprovision fällig wird. Die Laufzeit des Darlehens beträgt 25 Jahre und 11 Monate. So sieht die Konstruktion im Vergleich zu einem Annuitätendarlehen, das mit 2 Prozent getilgt wird, über den Betrachtungszeitraum von fünf Jahren aus:

Annuitätendarlehen

JAHR	RESTSCHULD	ZINSZAHLUNG
1	100.000,00 €	2.972,28 €
2	97.972,24 €	2.910,60 €
3	95.882,80 €	2.847,05 €
4	93.729,81 €	2.781,54 €
5	91.511,31 €	2.714,1 €
Summe		**14.225,57 €**

Festdarlehen gegen Bausparvertrag

JAHR	RESTSCHULD	ZINSZAHLUNG
1	100.000,00 €	3.000,00 €
2	100.000,00 €	3.000,00 €
3	100.000,00 €	3.000,00 €
4	100.000,00 €	3.000,00 €
5	100.000,00 €	3.000,00 €
Summe		**15.000 €**

Darlehensverlauf über fünf Jahre im Vergleich

Das große Problem beim Zinszahlungsdarlehen besteht darin, dass der Zins immer auf die vollen 100.000 Euro berechnet wird. Dagegen fällt der Zins bei einem Annuitätendarlehen nur auf die Restschuld an, ein Vorteil, der sich mit zunehmender Tilgung vergrößert. Günstig ist das auch gerade im Hinblick auf die Vorfälligkeitsentschädigung, die mit laufender Tilgung geringer ausfällt, da die entgangenen Zinseinnahmen der Bank geringer ausfallen.

Vorsicht beim Rentenrisiko

Nicht nur das Zinsrisiko am Ende der Zinsbindung wird berechnet, sondern zusätzlich wird geprüft, ob sich die Belastung aus dem Darlehen während der Rente trägt. Diese Betrachtung wird nur durchgeführt, wenn das Darlehen nicht schon vor Rentenbeginn getilgt wird. Du musst die Renteninformation und private Vorsorgeverträge einreichen. Es wird nicht die volle gesetzliche Rente angerechnet, denn es müssen Steuern und Krankenversicherungsbeiträge berücksichtigt werden. Das solltest du auch beachten für deine eigene Ruhestandsplanung. Aber auch die privaten Renten werden zum Teil je nach Art voll versteuert, und bei der betrieblichen Altersvorsorge fallen zusätzlich Krankenversicherungsbeiträge im Alter an. In der Regel setzen die Banken 60 bis 80 Prozent der Rente an. Im Anschluss wird die Tragfähigkeit geprüft. Falls die Tragfähigkeit nicht gegeben ist, kann eine höhere Tilgung vereinbart werden, um das Darlehen bereits vor Rentenbeginn zurückzuführen. Einige Banken lassen sich auch auf deine Bestätigung ein, dass du das Objekt vor der Rente veräußern willst.

Die optimale Tilgung

Tilgung ist unwiderruflich verlorene Liquidität bis zum Verkauf oder bis zur Umschuldung.

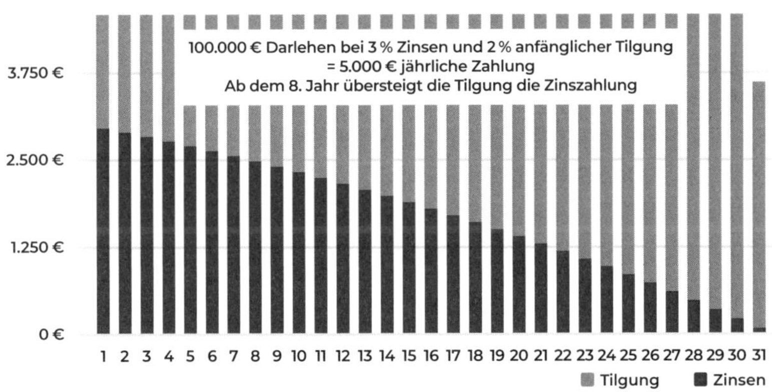

Tilgungsverlauf bei einem Annuitätendarlehen

Wie in der obigen Abbildung zu sehen, verschiebt sich in der Annuität (eine Annuität ist eine gleichbleibende Kreditrate, hier 5.000 Euro pro Jahr, die sich aus Zinsanteil und Tilgungsanteil zusammensetzt) der Zinsanteil zugunsten der Tilgung. Deswegen spricht man von einer »anfänglichen Tilgung von beispielsweise 2 Prozent« oder von »2 Prozent Tilgung zuzüglich ersparter Zinsen«. Am Ende der Zinsbindung liegt der Tilgungsanteil deutlich höher als am Anfang. Durch einen zu hohen Tilgungssatz kann jedoch eine Liquiditätsfalle entstehen, weil nur der Zinsanteil der Annuität als Werbungskosten steuerlich absetzbar ist, nicht aber die Tilgung. Mit zunehmender Tilgung verringert sich der Zinsanteil, und eine Steuerlast baut sich auf. Das Problem kann sich vergrößern, wenn das Darlehen in kurzer Zeit komplett zurückgeführt wird, um Schuldenfreiheit zu erlangen. Anstatt Zinsen zu zahlen, zahlst du dann einen großen Teil der Überschüsse an das Finanzamt, und zwar in Form von Einkommensteuer. Nur eine vermögensverwaltende GmbH eignet sich in der Regel für die Volltilgerstrategie in weniger als 20 Jahren.

Bei der Tilgung gilt also: so viel wie nötig und so wenig wie möglich. Die Bank wird bei Kaufpreisfinanzierungen versuchen, ihr Risiko zu minimieren und ihrerseits eine höhere Tilgung verlangen. Bei vielen Banken muss das Darlehen innerhalb der Restnutzungsdauer oder auch vor Rentenbeginn zurückgeführt werden, was ebenfalls zu einer erhöhten Tilgung führen kann. In der Regel vereinbaren wir je nach Objekt eine anfängliche Tilgungsrate zwischen 1 bis maximal 4 Prozent pro Jahr. Bei der Wahl der Tilgung kommt es auf viele Faktoren an, und es muss immer eine individuelle Prüfung stattfinden, weswegen du diesen Wert nicht einfach übernehmen kannst.

Die optimale Zinsbindung

Du hast im Bereich Grundwissen schon den Unterschied zwischen echter und unechter Abschnittsfinanzierung kennengelernt. Investoren sollten die unechte Abschnittsfinanzierung bevorzugen, denn hier läuft der Vertrag erst mit der letzten Tilgungsrate aus, auch wenn die Zinsbindung früher endet (anschließend gilt bis zur kompletten Tilgung ein variabler

Zins). Bei der Wahl der Zinsbindungsfrist gibt es keinen pauschalen Wert. Die Dauer der Festschreibung ist abhängig vom Objekt und der Strategie.

Variable Finanzierung

Variable Finanzierungen eignen sich vor allem für Objekte, die weitergedreht werden sollen oder zu einem noch nicht bekannten Datum umfangreich saniert oder modernisiert werden sollen.

In der Regel hast du im Vergleich zur fünf- oder zehnjährigen Zinsfestschreibung einen höheren Zins und musst Bearbeitungsgebühren zahlen. Der Grund hierfür ist die fehlende Planungssicherheit der Bank. Dafür bietet dir das Darlehen volle Flexibilität. Sollte sich der kurzfristige Zins (Euribor) nach oben bewegen, steigen deine Finanzierungskosten. Allerdings kannst du jederzeit das Darlehen festschreiben lassen, wenn die Zinsen langfristig steigen. Nicht alle Banken bieten variable Darlehen an Privatkunden an. Einige erstellen Abwehrangebote mit überhöhten Zinsen oder üppigen Bearbeitungsgebühren.

Wir haben in puncto variable Darlehen gute Erfahrungen mit Volks- und Raiffeisenbanken gemacht. Probleme können bei der Bank vor allem bei Berechnung des Zinsrisikos entstehen. Dieses haben wir uns bei der Haushaltsrechnung auf Risiko-Basis schon angeschaut. Hier ist die GmbH klar im Vorteil. Sie ist kein Verbraucher, und deswegen muss zwar die Kapitaldienstfähigkeit heute gegeben sein, dafür fällt allerdings in der Regel die Stressannuität weg.

Fünf Jahre – die perfekte Zinsbindungsfrist

Günstig einzukaufen und später umzuschulden oder zu modernisieren, das ist mit einer fünfjährigen Zinsbindung möglich. Mehr dazu erfährst du im nächsten Kapitel bei den Strategien.

In der Regel bekommst du bei einer fünfjährigen Zinsbindung schlechtere Konditionen als bei der zehnjährigen Zinsbindung. Da wir im vergangenen Jahrzehnt fallende Zinsen gesehen haben, warst du mit dieser

Strategie gegenüber einer längeren Zinsbindung aber dennoch klar im Vorteil. Denn durch eine Umschuldung konntest du früher vom gefallenen Zinsniveau profitieren. Allerdings haben wir seit dem Jahr 2022 auch beobachtet, wie schnell Zinsen steigen können.

Die fünfjährige Zinsbindung macht es möglich, außerhalb der ersten drei Jahre im fünften Jahr eine Umschuldung vorzunehmen und zusätzlich umfangreiche Modernisierungskosten mitzufinanzieren. Du bist dann außerhalb der 15-Prozent-Grenze für den anschaffungsnahen Aufwand. Das wäre bei einer Zinsbindung von zehn Jahren im fünften Jahr nur unter Zahlung einer Vorfälligkeitsentschädigung möglich oder alternativ bei einer nachrangigen Besicherung.

Auch ohne umfangreiche Modernisierungen hat diese Variante Vorteile, weil sie es einem Investor erlaubt, auch umzuschulden und sich zusätzliche Liquidität zu beschaffen. Denn die Bank muss sich bei der Bewertung nicht an den ursprünglichen Kaufpreis halten. Ist der Immobilienwert gestiegen, kann mit einer Nachbeleihung neue Liquidität geschaffen werden, die du in neue Deals, Modernisierungen oder Rücklagen investieren kannst. Mehr dazu erfährst du im Kapitel »Steuerstrategien für Immobilieninvestoren«.

Jedoch besteht auch durchaus die Gefahr, dass die nächste Bank das Objekt schlechter bewertet. Allerdings wurde schon laufend getilgt, was dir zugute kommt. Zusätzlich kann das Zinsniveau steigen, und das führt zu erheblich höheren Kosten. Bei der Kapitalbeschaffung über die Restschuld des bestehenden Darlehens hinaus sollte der Steuerberater einbezogen werden. Hier kommt es auf die Verwendung der zusätzlichen Darlehensmittel unter steuerlichen Gesichtspunkten an. Auch bei der fünfjährigen Zinsbindung kann es zu Problemen bei der Berechnung des Zinsrisikos kommen.

Zehn Jahre Zinsbindung und mehr

Diese Variante eignet sich für den Start, für Buy-&-Hold Strategien, für Neubauten und Denkmalsanierungen.

Eine lange Sollzinsbindung bietet für dich und die Bank Planungssicherheit. Je länger die Zinsbindung, umso höher ist in der Regel der

Zinsaufschlag (ab zehn Jahren Zinsbindung). Um die Vorteile einer langen Zinsfestschreibung zu verstehen, schauen wir uns die Kündigungsmöglichkeiten von Immobiliendarlehen an. Anders als bei normalen Ratenkrediten, bei denen sich die maximale Vorfälligkeitsentschädigung auf 1 Prozent der Restschuld bemisst, musst du der Bank bei Immobiliendarlehen innerhalb einer zehnjährigen Zinsbindung den gesamten Schaden ersetzen. Du tauschst Planungssicherheit gegen Flexibilität ein. Berufsunfähigkeit, Arbeitslosigkeit oder gravierende Probleme mit einem Objekt, die einen Notverkauf notwendig machen, werden zusätzlich durch die Vorfälligkeitsentschädigung belastet.

Die ordentliche Kündigung ist bei einer Zinsbindung von zehn Jahren aufwärts nur unter folgenden Gesichtspunkten möglich:

- einmalig, mit einer Frist von einem Monat zum Ende der Zinsbindung
- jederzeit mit einer Frist von sechs Monaten, zehn Jahre nach Vollauszahlung
- jederzeit mit einer Frist von drei Monaten nach der Zinsbindung ohne Prolongation (variables Darlehen/unechte Abschnittsfinanzierung)

Beispiel

Der Darlehensvertrag mit 15 Jahren Zinsbindung wurde am 17. Juni 2022 abgeschlossen. Die Vollauszahlung ist am 30. November 2022 mit der Kaufpreisfälligkeit erfolgt. Wenn die Zinsbindung am 30. Juni 2037 endet, kannst du unter Einhaltung einer einmonatigen Frist kündigen. Das Darlehen wurde am 30. November 2022 voll ausgezahlt, somit kannst du unter Einhaltung einer sechsmonatigen Frist zum 30. Mai 2033 kündigen.

Achtung: Bei Neubau und Denkmalsanierung wird das Darlehen nach Baufortschritt ausgezahlt. Dem Bauträger wird nicht der volle Kaufpreis überwiesen, sondern er wird scheibchenweise bezahlt für den Rohbau, den

Innenausbau und andere Arbeiten (Auszahlung nach Makler- und Bauträgerverordnung MAbV). Die letzte Tranche (Sicherheitseinbehalt von circa 5 Prozent) wird meist erst zwei bis drei Jahre nach Fertigstellung gezahlt. Wird diese Zahlung aus dem Darlehen geleistet, ist die Darlehenssumme erst zwei bis drei Jahre später voll ausgezahlt, und die Kündigungsmöglichkeiten verschieben sich dementsprechend analog zur Bauzeit nach hinten.

Der große Vorteil einer Zinsbindung von mehr als zehn Jahren liegt auf der Hand. Bei einer 15-jährigen Zinsbindung und einer umgehenden Auszahlung besteht nach zehn Jahren die jederzeitige Kündigungsmöglichkeit mit der sechsmonatigen Frist bei gleichzeitiger Planungssicherheit.

Zusätzlich kann die Tilgung etwas niedriger gewählt werden, denn die Restschuld ist nach einer 15-jährigen Zinsbindung wesentlich niedriger als bei einer zehn- oder fünfjährigen Zinsbindung.

Ein weiterer interessanter Punkt ist die Inflation, die uns einen zusätzlichen Gewinn bescheren kann. In besonderen Fällen übersteigt auch die Inflation den Zinssatz, wie es zuletzt im Jahr 2022 und 2023 mit Inflationsraten von über 10 Prozent der Fall war. Wer Anfang 2022 ein Darlehen abgeschlossen hat, erhielt noch Zinssätze von unter 3 Prozent.

Das Geld entwertet sich also schneller als der Zins, den wir dafür zahlen. Das liegt natürlich an der Geldpolitik der Europäischen Zentralbank, die mit wachsamem Auge verfolgt werden muss. Kommt es hier zu einer Reaktion zum Beispiel durch Drosselung der Staatsanleihenkäufe oder Anhebung des Einlageszinses kann es heftige Reaktionen auch am Immobilienmarkt geben.

Verkäuferfinanzierung und weitere Optionen

Die Verkäuferfinanzierung wird selten genutzt, obwohl sie viele Vorteile hat. Der Verkäufer gibt dem Käufer ein Darlehen, entweder über den gesamten Kaufpreis oder nur einen Teilbetrag.

Nehmen wir an, der Kaufpreis von einer Wohnung beträgt 200.000 Euro exklusive Kaufnebenkosten. Der Verkäufer gibt ein Darlehen über 20 Prozent (40.000 Euro). Die Bank würde nur 80 Prozent (160.000 Euro) finanzieren müssen. Dadurch bekommst du bessere

Konditionen. Der zweite Vorteil besteht darin, dass die Verkäuferfinanzierung nicht getilgt wird und somit gerade am Anfang mehr Liquidität zur Verfügung steht.

Darlehensbetrag	Darlehensbeginn	Darlehensende	Zinsbindung [3]	Zinssatz p.a.	Tilgungssatz p.a.	Rate mtl.	Restschuld Heute	Restschuld [4]
€ 200.000,00	01.01.22	01.11.49	15	2,50 %	2,50 %	€ 833,33	€ 200.000,00	€ 109.115,21
€ 160.000,00	01.01.22	01.06.53	15	1,50 %	2,50 %	€ 533,33	€ 160.000,00	€ 92.760,86
€ 40.000,00	01.01.22		10	3,50 %	0,00 %	€ 116,67	€ 40.000,00	€ 40.000,00

Verkäuferfinanzierung – Beispiel

In dem Beispiel würde die Variante mit der Verkäuferfinanzierung eine Rate von 116,67 Euro + 533,33 Euro = 650 Euro im Monat betragen. Im Vergleich zur Variante mit der vollen Bankenfinanzierung beliefe sich die Monatsrate auf 833,33 Euro. Natürlich ist die Restschuld bei der Bankenvariante mit 109.115,21 Euro geringer als die Restschuld mit der Verkäuferfinanzierung in Höhe von 132.760,86 Euro (92.760,86 Euro + 40.000 Euro). Deswegen stellt sich die Frage, welcher Vorteil überwiegt. Wenn die Immobilie Cashflow-negativ ist, ist wahrscheinlich die Verkäuferfinanzierung sinnvoller. Sollte das Objekt hohe Erträge aufweisen, kann es trotzdem Sinn machen weniger zurückzuführen, da die Zinsen hoch bleiben und bei den Mieteinnahmen in Abzug gebracht werden. Mit der Liquidität kann dann weitergearbeitet werden. Es gibt für die Verkäuferfinanzierung verschiedene Anwendungsbereiche.

Unbekannte Verkäufer

Das sind Verkäufer, die ihre Risiken minimieren wollen und deswegen Immobilienbestände abverkaufen. Sie haben aber gleichzeitig ein Anlageproblem. Sie beziehen mit dem Darlehen Einkünfte aus Kapitalvermögen, und es steht ihnen sogar ein Freibetrag von 801 Euro (Ledige) beziehungsweise 1.602 Euro (zusammen veranlagte Ehepaare) zur Verfügung. Bei einem Zinssatz von 3,5 Prozent könnten Verheiratete ein Darlehen in Höhe von 45.771,43 Euro geben, ohne auf die Zinseinnahmen auch nur einen Cent Steuern zu zahlen.

Darlehen unter Verwandten

Es ist beispielsweise möglich, die Immobilie an ein eigenes Kind zu verkaufen und ihm dafür gleichzeitig ein Darlehen in Höhe des Verkaufspreises zu geben. Der Vorteil besteht darin, dass bei der Transaktion ausschließlich Notarkosten anfallen und keine Grunderwerbsteuer (bei Verkauf in gerader Linie) oder Maklercourtage. Wenn das Kind studiert und keine weiteren Einkünfte bezieht, kann es Mieteinnahmen abzüglich Kosten in Höhe des Freibetrages von circa 10.000 Euro beziehen, ohne dass irgendwelche Steuern dafür anfallen. Würde das Kind von den Eltern aus versteuertem Geld finanziert werden, müssten 17.000 Euro brutto erarbeitet werden. Die Eltern zahlen lediglich 26,375 Prozent Kapitalertragsteuer auf die Zinseinnahmen und müssen auf den Mietüberschuss nicht ihren Grenzsteuersatz von 42 Prozent abführen. Gleichzeitig wirken sich die Zinsen beim Kind steuermindernd aus.

Diese Vorteile gelten nicht nur bei dem Verkauf der Immobilie an Angehörige, sondern auch bei der Bereitstellung von Kapital. Natürlich geht das nur, wenn mit dem Kapital Einkünfte aus Vermietung und Verpachtung erzielt werden sollen und die Immobilie nicht etwa selbst genutzt wird. Oft erleben wir, dass Geld für Investments in Immobilien als Darlehen an Angehörige überwiesen wird. Nehmen wir an, diese haben ebenfalls einen Grenzsteuersatz von 42 Prozent. Unter bestimmten Voraussetzungen können sie die Zinsen steuerlich berücksichtigen und bekommen auf jeden Cent 42 Prozent zurück. Die Darlehensgeber haben Einnahmen aus Kapitalvermögen und müssen 26,375 Prozent Kapitalertragsteuer zahlen, sofern sie den Freibetrag überschreiten.

Beispiel

Die Eltern vergeben ein Darlehen über 200.000 Euro, der Zinssatz beläuft sich auf 3 Prozent, die Laufzeit beträgt zehn Jahre; das Darlehen ist endfällig. Die Zinszahlung können nun zu 42 Prozent abgesetzt werden. Daraus ergibt sich eine Erstattung von 2.520 Euro p.a. (6.000 Euro Zinsen x 42 Prozent). Die Darlehensgeber müssen jedoch auf 6.000 Euro 26,375 Prozent Kapitalertragsteuer zahlen, abzüglich des Freibetrags. Das entspricht einer Steuerbelastung von 582,50 Euro ((6.000 x 26,375 Prozent) -1.000 Euro).

Worauf solltest du achten? – Wichtig ist, dass Darlehensgeber und Darlehensnehmer die Konditionen in einem Darlehensvertrag schriftlich festhalten. Zu empfehlen sind jährliche Zinszahlungen. Die Tilgung kann am Ende der Laufzeit erfolgen (endfälliges Darlehen). Das schont vor allem die Liquidität. Es besteht auch die Möglichkeit, die Rückzahlung mitsamt Zinsen am Ende der Laufzeit vorzunehmen. Dies sollte aber detailliert mit dem Steuerberater besprochen werden.

Parallel dazu sollten zwei bis drei Banken angefragt werden, die ein Vergleichsangebot unterbreiten. Denn das Finanzamt wird prüfen, ob die Konditionen einem Fremdvergleich standhalten. Wenn das Darlehen unbesichert ist, können die Konditionen durchaus höher angesetzt werden als bei einem Immobiliardarlehen, das über eine Grundschuld abgesichert wird.

Fazit zur Verkäuferfinanzierung

Der Gestaltungsspielraum ist immens. Denn Laufzeit, Zins und Tilgung kannst du einvernehmlich mit dem Verkäufer oder deinen Verwandten abklären. Die Übertragung funktioniert an Verwandte besonders gut bei einem lastenfreien Objekt. Sind noch Darlehen offen, muss mit der Bank eine Lösung erarbeitet werden, wie die Forderung besichert werden soll. Denn in der Regel können Kinder unter 18 Jahren keine Darlehensnehmer werden. Studenten oder Auszubildenden fehlt in der Regel die Bonität.

GmbH oder Stiftung als Darlehensnehmer oder -geber

Es kann verschiedene Gründe geben, der GmbH ein Darlehen zu geben. Oft wird das Darlehen gegeben, um mehr Eigenkapital in den Deal einfließen zu lassen. Damit einhergehend kann der Verzicht der persönlichen Haftung durch die Bank erfolgen. Für die Darlehensaufnahme braucht man dann in der Regel keine Beschlüsse. Anders sieht es bei einer Kapitalerhöhung aus. Steuerlich gesehen ergeben sich daraus keinerlei Vorteile. Denn die Zinsen müssen genau wie die Entnahmen mit der Abgeltungsteuer versteuert werden.

Andersherum kann sich durchaus ein Vorteil ergeben. Wenn die GmbH dir ein Darlehen gibt und du das Geld zur Erzielung von Einkünften aus Vermietung und Verpachtung einsetzt. Du kannst die Zinsen absetzen, und die GmbH muss diese, je nach Gewerbesteuerhebesatz in deiner Gemeinde, nur mit circa 30 Prozent versteuern. Die erweiterte Gewerbesteuerkürzung bei der GmbH gilt nicht für Zinseinnahmen.

Die Stiftung kann diesen Vorteil noch maximieren. Sie ist nicht gewerbesteuerpflichtig und zahlt auf die Zinserträge nur 15,825 Prozent Steuern. Gibt dir die Stiftung ein Darlehen, kannst du die Zinsen absetzen (42 Prozent) und die Stiftung versteuert diese nur mit 15,825 Prozent. Natürlich ist hier auch wieder auf die Fremdüblichkeit zu achten.

Holding oder Stiftung gibt einer operativen GmbH ein Darlehen

Ist es ratsam, dass eine Holding der operativen GmbH ein Darlehen gibt? – Ja, das kann aus Haftungsgründen sinnvoll sein. Du arbeitest ausschließlich über Darlehen, und alle Gewinne landen in der Holding. Sollte es zum Insolvenzfall kommen, hat die Holding genau wie die anderen Gläubiger Ansprüche an die GmbH. Steuerlich würden sich daraus aber keine Vorteile ergeben. Hier würde wieder die Stiftung ins Spiel kommen. Sie kann einer gewerblichen GmbH (Fix & Flip) ein Darlehen gewähren. Die gewerbliche GmbH hat einen Steuersatz von circa

30 Prozent, und die Stiftung muss die Zinsen nur zu 15,825 Prozent versteuern.

Grundsätzliches zur GmbH-Kreditprüfung

Gerade die vermögensverwaltende GmbH oder eine gewerbliche GmbH hat große steuerliche Vorteile. Allerdings sollte man schon im Voraus mit den Banken vor Ort sprechen. Denn für die GmbH muss ein Rating (eine Überprüfung der Ausfallwahrscheinlichkeit) erstellt werden. Das machen Analysten bei der Bank, die in der Regel sehr gut ausgelastet sind. Drei Gehaltsabrechnungen zu prüfen, ist wesentlich einfacher als die Prüfung einer Bilanz. Deswegen sollte schon vor dem ersten Kauf ein Rating erstellt werden. Dies kann bis zu zwei Monate dauern. Das Rating wird nicht besonders gut ausfallen. Denn erstens kann die Bank auf keinen bestehenden Zahlungsverkehr zurückgreifen (Konto Score), und zweitens besitzt die neu gegründete Gesellschaft noch kein nennenswertes Vermögen. Das sind auch die wesentlichen Gründe, warum die Bank eine Bürgschaft von dir verlangt. Aber sei hier aufmerksam. Denn eine Bürgschaft über das gesamte Darlehen ist in der Regel nicht notwendig.

Dazu ein kurzes Beispiel

- 250.000 Euro Kaufpreis
- 180.000 Euro Darlehen ohne Bürgschaft
- 70.000 Euro Darlehen mit Bürgschaft

Warum sollte man die Darlehen aufteilen? – Mit der Tilgung des Darlehens über 70.000 Euro muss die Bürgschaft zurückgegeben werden. Würde man die Bürgschaft über 70.000 Euro für nur ein Darlehen geben, würde die Bank vor Rückgabe der Bürgschaft in der Regel noch einmal den Beleihungswert prüfen. Es könnte sein, dass die Rückgabe verwehrt würde.

Warum sollte man unbedingt mit mehreren Banken zusammenarbeiten? Deine Projekte werden mit der Zeit umfangreicher. Das bedeutet bei einem Bankenwechsel für die neue Bank viel Zeit für die Einarbeitung. Auf der anderen Seite haben wir wieder das Problem mit dem Rating. Würde die Geschäftsbeziehung allerdings schon einige Jahre störungsfrei funktionieren, hätte das natürlich positive Auswirkungen. Deswegen haben wir immer eine Sparkasse, eine Volksbank und zwei private Banken an Bord und verteilen die Projekte von Anfang an auf mehrere Kreditgeber.

Das wird natürlich schwierig, wenn du deutschlandweit auf Einkaufstour gehst. Regionale Banken wie Sparkassen und Volksbanken müssen immer wieder neu angefragt werden. Denn entweder muss das Objekt im Geschäftsgebiet liegen oder der Kunde muss dort wohnen. Erfahrungsgemäß ist es gerade im Hinblick auf eine Kaufpreisfinanzierung wichtiger, dass das Objekt im Geschäftsgebiet liegt. Mit einem Eigenkapitalanteil zwischen 20 und 30 Prozent ist die Situation deutlich entspannter.

Darlehensvertrag – das sollte vereinbart werden

Es gibt vier wichtige Punkte, die – sofern sie von der Bank angeboten werden – immer in unseren Verträgen zu finden sind. Auch in der Beratung achten wir darauf, dass Investoren möglichst vorteilhafte Optionen in den Darlehensvertrag integrieren.

Option zum Tilgungssatzwechsel

Durch diese Option hast du das Recht, den Tilgungssatz während der Zinsbindung zweimal kostenlos zu wechseln. Der Korridor beträgt in der Regel zwischen 2 und 10 Prozent. Warum kann das für dich interessant sein? Du kannst mit einer höheren Tilgung einsteigen, um deine Stressannuität zu verbessern. Später kannst du durch die Herabsetzung der Tilgung den Cashflow erhöhen.

Bei kommenden Finanzierungsanfragen nimmt die Bank den ursprünglich vereinbarten Tilgungssatz (z. B. 4 Prozent) und nicht den niedrigsten Tilgungssatz (z. B. 2 Prozent), den du durch diese Option aber nutzen kannst. Deswegen ist bei Immobilieninvestments strategisches Vorgehen auch aus Finanzierungssicht wichtig, denn das Timing muss bei einer Reduzierung des Tilgungssatzes stimmen. Erst zum Zeitpunkt des Tilgungssatzwechsels ist bei einer neuen Kreditanfrage der neue Tilgungssatz anzusetzen. Banken setzen meistens die Untergrenze für den Tilgungssatz so an, dass das Darlehen noch während der Restnutzungsdauer des Objekts zurückgeführt werden kann.

Optionales Sondertilgungsrecht

Investoren wollen in der Regel keine Sondertilgungen vollziehen, da dies schädlich für die Eigenkapitalrendite ist. Die Eigenkapitalrendite ist umso niedriger, je mehr Eigenkapital eingesetzt wird. Eigennutzer sehen das anders, da sie die Zinsen nicht steuermindernd ansetzen können und ein Eigenheim schlussendlich ein Luxusgegenstand und kein Investment ist.

Warum brauchen wir ein Sondertilgungsrecht? Ähnlich wie bei der Option zum Tilgungssatzwechsel hilft uns diese Möglichkeit bei einem Verkauf innerhalb einer zehnjährigen Zinsbindung. Solltest du außerordentlich kündigen, musst du der Bank den Schaden bis zum Ablauf der zehnjährigen Zinsbindung zahlen. Allerdings musst du so gestellt werden, als hättest du alle vereinbarten Möglichkeiten zur Sondertilgung für dich genutzt. Der Zins muss nur auf die Restschuld gezahlt werden, und eine Sondertilgung würde diese über die Zeit erheblich mindern. Deswegen vereinbaren wir ein Sondertilgungsrecht von 10 Prozent, um im Falle eines Verkaufs innerhalb der Zinsbindung eine möglichst geringe Vorfälligkeitsentschädigung zahlen zu müssen. Was macht das konkret aus?

Beispiel

Du hast ein Darlehen über 200.000 Euro mit einem Zins von 1,9 Prozent, einer Tilgung von 2 Prozent und einer zehnjährigen Zinsbindung abgeschlossen. Die Zinsbindung läuft in neun Jahren ab, und du kündigst das Darlehen, weil du die betreffende Immobilie verkaufst. Die Restschuld beträgt zum Kündigungsdatum 195.625,26 Euro. Ohne Sondertilgungsoption würde die Vorfälligkeitsentschädigung 33.718,99 Euro betragen. Mit einem Sondertilgungsrecht von 10 Prozent würde die Restschuld lediglich 15.488,69 Euro betragen. (Abhängig vom vorherrschenden Zinsniveau).

Die Banken bieten entweder die Option zum Tilgungssatzwechsel oder eine Sondertilgung von 10 Prozent an, aber meistens nicht beides, da in diesem Fall die Vorfälligkeitsentschädigung so gut wie zu vernachlässigen wäre. Da du die Tilgung bei der Option zum Tilgungssatzwechsel auch nach unten anpassen kannst, würden wir diese aus heutiger Sicht der Sondertilgungsoption vorziehen.

Tilgungsfreie Anlaufzeit

Für Investoren ist Eigenkapital in der Regel der begrenzende Faktor, aber natürlich gibt es auch hier Ausnahmen. Um deine Liquiditätsreserve zu schonen und frisches Eigenkapital für neue Deals zu haben, ist die tilgungsfreie Anlaufzeit ein hervorragendes Instrument. Gerade im Hinblick auf Sanierungsstrategien, bei denen Leerstandszeiten von mehreren Monaten entstehen, ist es hilfreich, wenn keine Liquidität durch Tilgung abfließt. Banken können bis zu zehn Jahre tilgungsfreie Zeit anbieten; einige Banken bieten diese Option jedoch außerhalb der KfW-Förderkredite gar nicht an. Was bringt eine tilgungsfreie Anlaufzeit, und welche Konsequenzen ergeben sich aus der Nutzung?

Beispiel

Du hat ein Angebot zum Kaufpreis von 100.000 Euro. Durch deine geschickte Verhandlung schaffst du es, dass der Verkäufer die Kosten für den Makler und die Beurkundung des Kaufvertrages übernimmt. Du trägst allein die Grunderwerbsteuer in Höhe von 3,5 Prozent (in Bayern – andere Bundesländer haben höhere Steuersätze) und die Kosten für die Bestellung der Grundschuld. Diese belaufen sich auf circa 0,5 Prozent vom Kaufpreis, den du komplett finanzierst. Um den Deal perfekt zu machen, fragst du bei der Bank an, ob sie auch die Kaufnebenkosten in Höhe von 4 Prozent vom Kaufpreis mitfinanzieren kann. Die Bank will, dass du diese Kosten aus Eigenkapital bestreitest. Allerdings schaffst du es, eine tilgungsfreie Anlaufzeit von 24 Monaten zu verhandeln. Das Darlehen wird mit einer anfänglichen Tilgungsrate von 2 Prozent jährlich getilgt. Du sparst dir pro Jahr 2.000 Euro Tilgung und bekommst somit zeitverzögert die Kaufnebenkosten mitfinanziert. Allerdings erhöht sich der Tilgungssatz minimal für die restliche Laufzeit). Bei einer Laufzeit von 30 Jahren würde die fehlende Tilgung auf 28 Jahre verteilt werden.

Bei sehr langen tilgungsfreien Anlaufzeiten und kurzen Zinsbindungen kann es zu Problemen mit der Stressannuität kommen. Die Restschuld ist am Ende der Zinsbindung definitiv höher, und das Risiko der Bank ist in der tilgungsfreien Anlaufzeit (Blanko-Anteil) durch eine laufende Tilgung nicht gemindert worden.

Bereitstellungsfreie Zeit

Eine unspektakuläre, aber trotzdem wichtige Option ist die bereitstellungsfreie Zeit. Denn beim Kauf einer Immobilie ist es mit der Beurkundung alleine nicht getan. Es können Monate vergehen, bis der Kaufpreis gezahlt wird. Wenn du das Darlehen abgeschlossen hast, stellt dir die Bank das Geld bereit, du rufst es aber nicht sofort ab. In der bereitstellungsfreien Zeit musst du für die Bereitstellung keine Zinsen zahlen, danach verlangen Banken zwischen 1,8 Prozent und 3 Prozent p. a.. Das Problem ist, dass du in dieser Zeit keine Mieteinnahmen bekommst, da der Kaufpreis noch nicht geflossen ist. Deswegen ist es, je nach Zinsaufschlag, sinnvoll, eine bereitstellungsfreie Zeit von mindestens sechs Monaten zu vereinbaren, (meistens sechs Monate ohne Zinsaufschlag).

Wenn du Neubauten erwirbst, zahlst du nach Baufortschritt, und eine bereitstellungsfreie Zeit sollte mindestens zwölf Monate betragen. Zusätzlich müssen für bereits abgerufene Tranchen die Zinsen schon gezahlt werden. Wie viel Zinsen auflaufen, bevor die erste Miete fließt, siehst du unten.

Beispiel

Die folgende Tabelle zeigt den Verlauf eines Darlehens über 200.000 Euro mit einem Zinssatz von 3 Prozent und einem Bereitstellungszins von 3 Prozent, für das eine bereitstellungsfreie Zeit von fünf Monaten vereinbart wurde.

ABRUF MONAT	ABGERUFEN	NICHT ABGERUFEN	BAU-ZINSEN	BEREIT-STELLUNGS-ZINSEN
Abschluss				
1				
2				
3				
4	30 %	70 %	150,00 €	
5	30 %	70 %	150,00 €	
6	30 %	70 %	150,00 €	350,00 €
7	62 %	38 %	310,00 €	190,00 €
8	62 %	38 %	310,00 €	190,00 €
9	62 %	38 %	310,00 €	190,00 €
10	66 %	34 %	330,00 €	170,00 €

ABRUF MONAT	ABGERUFEN	NICHT ABGERUFEN	BAU-ZINSEN	BEREIT-STELLUNGS-ZINSEN
11	71 %	29 %	355,00 €	145,00 €
12	74 %	26 %	370,00 €	130,00 €
13	92 %	8 %	460,00 €	40,00 €
14	100 %	0 %	500,00 €	0,00 €
Gesamtkosten			**3.395,00 €**	**1.405,00 €**

Gesamtkosten für das Darlehen im Beispiel

Finanzierungsbestätigung

Darlehensverträge können nur mit einer Frist von 14 Tagen widerrufen werden. Danach kommst du bei Zinsfestschreibungen nicht mehr ohne Kosten aus dem Vertrag. Nehmen wir an, du unterschreibst den Darlehensvertrag vier Wochen vor Beurkundung und der Verkäufer springt kurz vor der Beurkundung ab. Du hast dann ein Darlehen, aber kein Objekt. Die Bank wird dir das Geld ohne die Sicherheiten nicht zur freien Verwendung auszahlen. Du zahlst dann eine Nichtabnahmeentschädigung (Berechnung ähnlich wie bei der Vorfälligkeitsentschädigung) oder du vollziehst einen Pfandtausch, also die Beleihung eines anderen Objektes für das vereinbarte Darlehen. Die Bank muss einem Pfandtausch jedoch nicht zustimmen, und das Verfahren ist in der Praxis durchaus umständlich. Besser, du kommst erst gar nicht in diese prekäre Situation. Sie lässt sich auch verhindern: mit einer Finanzierungsbestätigung. Diese lässt du dir von der Bank ausstellen, um den Kauf abwickeln zu können, ohne dafür gleich den unterschriebenen Darlehensvertrag vorlegen zu müssen. Achte darauf, dass die Finanzierungsbestätigung verbindlich ist und dass das Objekt (genaue Anschrift und Bezeichnung) sowie die Darlehenshöhe benannt sind. Formulierungen wie »wir können uns vorstellen« oder »vorbehaltlich einer positiven Objektprüfung« sind nicht verbindlich, und ohne verbindliche Bestätigung einer Bank solltest du den Kaufvertrag auch nicht beurkunden lassen.

Nachdem einer sicheren Abwicklung nichts mehr im Wege steht, kann ein Darlehensvertrag mit Sollzinsbindung unterschrieben werden. Ein möglicher Nachteil besteht bei der Finanzierungsbestätigung: Wenn du keinen Vertrag unterschrieben hast, können dir die endgültigen Konditionen nicht zugesichert werden. Das Zinsniveau ändert sich ständig, und Banken passen die Konditionen laufend an. Unser Tipp lautet, den zuständigen Sachbearbeiter bei der Bank zu bitten, dich bei anziehenden Zinsen zu informieren. Dann kannst du die Risiken abwägen und eine Entscheidung treffen.

Fazit zur Finanzierung

Die Themen »Steuer« und »Finanzierung« sind eng miteinander verwoben, und du hast dir nun die Grundlagen für die Strategien angeeignet. Die Finanzierung deiner Deals sollte für dich immer oberste Priorität haben. Denn es geht um Verträge, die mehrere Jahrzehnte laufen und um eine Summe von mehr als 100.000 Euro. Solltest du noch mehr Hunger auf Wissen und Erfahrungsaustausch haben, können wir dich zu unserem Zoom-Finanzierungs-Workshop einladen, den du auf unserer Internet-Seite findest (www.immlab.de). Mit diesem Code bekommst du einen einmaligen Community-Rabatt, einen Gutschein über 5 Prozent (Code-KKN5E6Q2). Wir freuen uns auf deine Anmeldung!

Die besten Steuerstrategien für Immobilieninvestoren

Es gibt verschiedene Möglichkeiten, als Immobilieninvestor (auch) steuerlich das Beste für sich herauszuholen. Hier ein Überblick über die wichtigsten Strategien.

Buy & Hold

Diese Strategie hört sich im ersten Moment nicht sehr spannend an. Das findet aber nur jemand, der noch nie eine Immobilie veräußert hat. Denn bei Immobilien ist die Veräußerung steuerfrei, falls sie länger als zehn Jahre (ab geschlossenem Kaufvertrag) im privaten Vermögen gehalten und erst nach dieser Frist veräußert werden.

Bei dieser Strategie hören wir oft die Aussage, die Hoffnung auf einen Veräußerungsgewinn sei ja nur reine Spekulation. Denn es werde auf steigende Kaufpreise abgestellt. Das ist korrekt. Aber in der gegenteiligen Strategie »Buy & Cash« stecken auch viele spekulative Annahmen. Beispielsweise das Leerstandsrisiko, das Risiko einer ungünstigen wirtschaftlichen Entwicklung der Region, die Unwägbarkeiten im Hinblick auf die Höhe der Finanzierungszinsen, die zukünftige Mietentwicklung oder der Instandhaltungsbedarf.

Bei der Buy-&-Hold-Strategie wird oft zum Faktor 25 und schlechter eingekauft. Dadurch entsteht ein leicht negatives steuerliches Ergebnis, und somit bekommst du in der Regel Steuerrückerstattungen. Allerdings bist du auch bei der Liquiditätsbetrachtung Cashflow-negativ. Nehmen wir als Beispiel folgendes Objekt:

Gib hier deine Objektdaten ein

Kaufpreis	100.000,00 €
Gebäudeanteil in %	80,00 %
Maklercourtage inkl. MwSt. in %	3,57 %
Notar- und Gerichtskosten in %	2,00 %
Grunderwerbssteuer in %	3,50 %

Baujahr	1900
Größe in qm	50,00
Kaltmiete pro Monat	350,00 €
persönlicher Steuersatz	42,00 %
Kosten Hausverwaltung pro Monat	25,00 €
nicht umlegbare Kosten (ohne Instandhaltung) pro Monat	25,00 €
Instandhaltungsrücklage pro Monat	25,00 €

Darlehenssumme	100.000,00 €
Zinsen p.a.	2,00 %
Tilgung p.a.	2,00 %
angenommene Wertsteigerung p.a.	3,00 %

Steuerliche Liquiditätsbetrachtung bei einem Buy-&-Hold-Beispiel

Hier siehst du die steuerliche und Liquiditätsbetrachtung bei einem Darlehen mit einem Tilgungssatz von 2 Prozent.

Steuerliche Betrachtung im ersten vollen Vermietungsjahr

Einnahmen		Ausgaben	
Kaltmiete	4.200,00 €	Abschreibung	2.181,40 €
		Hausverwaltung	300,00 €
		nicht umlegbare Kosten ohne Instandhaltung	300,00 €
		Zinsen	1.981,56 €
Gesamt	4.200,00 €	**Gesamt**	4.762,96 €
steuerliches Ergebnis	-562,96 €		
Steuerzahlung (-) / Rückerstattung (+)	236,45 €		

Cashflow / Liquidität im ersten vollen Vermietungsjahr

Einnahmen		Ausgaben	
Kaltmiete	4.200,00 €	Zins	1.981,56 €
		Tilgung	2.018,44 €
		Hausverwaltung	300,00 €
		nicht umlegbare Kosten ohne Instandhaltung	300,00 €
		Instandhaltung	300,00 €
Gesamt	**4.200,00 €**	**Gesamt**	**4.900,00 €**
Steuerzahlung (-) / Rückerstattung (+)	236,45 €		
Liquidität	-463,55 €		
Liquidität pro Monat	-38,63 €		

Steuerliche Betrachtung und Liquidität im Beispiel im ersten vollen Vermietungsjahr

Das Darlehen wird laufend getilgt, und nur deswegen sind wir in der ersten Berechnung Cashflow-negativ. Hier siehst du die Berechnung ohne Tilgung. In dieser Berechnung bist du mit 128 Euro im Monat Cashflow-positiv.

Cashflow / Liquidität im ersten vollen Vermietungsjahr

Einnahmen		Ausgaben	
Kaltmiete	4.200,00 €	Zins	2.000,00 €
		Tilgung	0,00 €
		Hausverwaltung	300,00 €
		nicht umlegbare Kosten ohne Instandhaltung	300,00 €
		Instandhaltung	300,00 €
Gesamt	4.200,00 €	**Gesamt**	2.900,00 €
Steuerzahlung (-) / Rückerstattung (+)	244,19 €		
Liquidität	1.544,19 €		
Liquidität pro Monat	128,68 €		

Liquidität im Beispiel im ersten vollen Vermietungsjahr – ohne Tilgung

Was bedeutet dieser Umstand? – Der Mieter stellt mit seiner Miete 128 Euro im Monat für deinen Vermögensaufbau zur Verfügung. Diesen Betrag nutzt du, um das Darlehen zu tilgen. Da sich die Bank mit einer so niedrigen Tilgung nicht zufriedengibt, musst du noch 38 Euro drauflegen. Daraus lernen wir, dass bei der Buy-&-Hold-Strategie die Unterdeckung maßgeblich von der Tilgung abhängt.

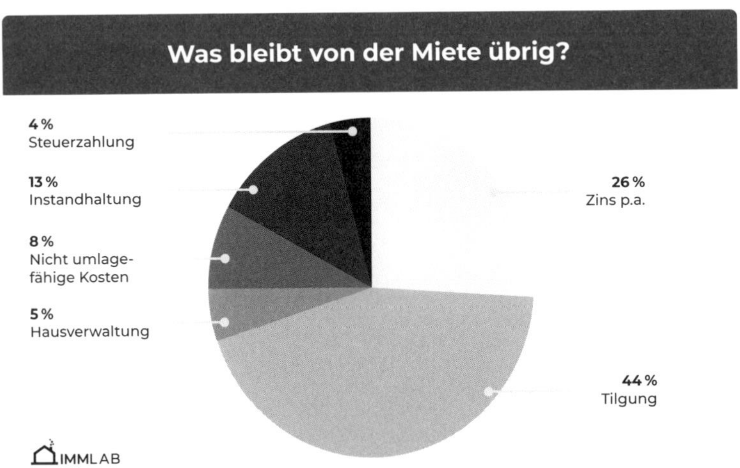

Auf welche Kosten sich der Mietzins verteilt

In dieser Abbildung siehst du, dass in der Regel der Großteil der Mieteinnahmen durch die Tilgung aufgezerrt wird. Tilgung ist Vermögensaufbau. In diesem Beispiel beträgt die Restschuld nach zehn Jahren 77.880 Euro, wie in der folgenden Tabelle zu sehen ist.

Objektkennzahlen

Kaufpreis pro qm	2.000,00 €
Bruttomietrendite ohne Kaufnebenkosten	4,20 %
Einkaufsfaktor ohne Kaufnebenkosten	23,81
Kaltmiete pro qm	7,00 €
eingesetztes Kapital zum Anschaffungszeitpunkt	9.070,00 €
Immobilienwert nach 10 Jahren	134.985,88 €
Restschuld nach 10 Jahren	77.880,06 €
kumulierter Ertrag nach 10 Jahren	57.105,82 €
Gewinn	43.400,27 €
Barwert	42.590,37 €
abzüglich eingesetztes Kapital	33.520,37 €
ROE in % nach 10 Jahren ohne Wertsteigerung	61,39 %
ROE nach 10 Jahren ohne Wertsteigerung p.a.	**4,90 %**
ROE in % nach 10 Jahren mit Wertsteigerung	316,66 %
ROE nach 10 Jahren mit Wertsteigerung p.a.	**15,34 %**

Restschuld im Beispiel nach zehn Jahren

Unter Finanzberatern spricht man auch von der Immobilienschere. Die Inflation oder gestiegene Nachfrage lässt die Preise bei gleichzeitiger Tilgung weiter steigen. Die Differenz kann nach einer Haltefrist von mehr als zehn Jahren steuerfrei vereinnahmt werden. Da sich der Tilgungsanteil in der Darlehensrate mit jeder Tilgung erhöht, wird der Effekt im Laufe der Zeit verstärkt.

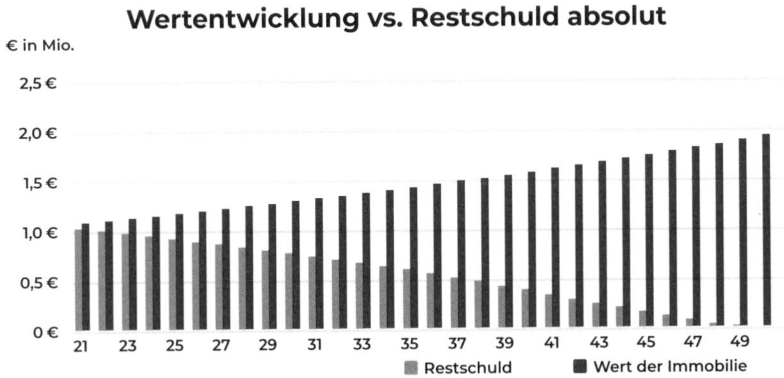

Wertentwicklung der Immobilie im Vergleich zur Restschuld, auch Immobilienschere genannt

In unserem Beispiel beträgt der Barwert abzüglich Eigenkapital 33.520 Euro. Da du den Gewinn erst in zehn Jahren erhältst, ist er gemessen in heutiger Kaufkraft natürlich weniger wert. Wir haben ihn mit 2 Prozent auf den heutigen Tag abgezinst. Zusätzlich wurden ebenfalls der Eigenkapitaleinsatz und die laufende Unterdeckung berücksichtigt. Was bringt dir die Immobilie also monatlich? 33.520 Euro Barwert geteilt durch 10 Jahre und 12 Monate, das sind 279,33 Euro pro Monat. Würdest du die Immobilie also nach zehn Jahren verkaufen, wäre das vergleichbar mit einer Cashflow-Immobilie, die ohne Berücksichtigung der Inflation und Kaufnebenkosten nach Steuern 279,33 Euro im Monat abwirft. Natürlich müsste man nun noch überlegen, ob die Cashflow-Immobilie im Wert gestiegen oder gefallen ist. Das bleibt hier unberücksichtigt.

Wenn wir nun nicht mehr von einer Immobilie mit einem Kaufpreis von 100.000 Euro ausgehen, sondern ein Immobilien-Portfolio mit einem Wert von 540.000 Euro oder 1.080.000 Euro ansetzen, sehen wir, welche Kraft hinter dieser Strategie steckt.

KAUFPREIS	1.080.000,00 €	540.000,00 €
Wertsteigerung	1.682.604,81 €	841.302,40 €
Restschuld	626.135,82 €	313.067,91 €
Gewinn	1.056.468,99 €	528.234,49 €
15 Jahre p. a.	70.431,27 €	35.215,63 €
p. m.	5.869,27 €	2.934,64 €

Wertsteigerung einer Immobilie, berechnet mit 3 % p. a. auf 15 Jahre (Beispiel)

In diesem Beispiel beträgt die Differenz zwischen der Wertsteigerung und der Restschuld 626.135 Euro beziehungsweise 313.067 Euro. Viele Investoren wollen irgendwann von ihren Immobilien leben. Hier besteht die Möglichkeit, den Bestand zu veräußern und das Geld für die Lebensführung zu verwenden. Wenn du den Gewinn auf 15 Jahre verteilen würdest, könntest du 5.869 Euro beziehungsweise 2.934 Euro monatlich verbrauchen. Der große Vorteil besteht darin, dass du mit dem Geld planen kannst. Denn nach der Veräußerung bestehen weniger Risiken. Wir schauen uns im nächsten Abschnitt an, was eine vergleichbare Buy-&-Cash-Strategie nach Steuern, Bewirtschaftung und weiteren Kosten erwirtschaften muss, um das gleiche Ziel zu erreichen. Allerdings müssen wir bei der Buy-&-Hold-Strategie ein Jahrzehnt warten, und viele Investoren sind nun mal ungeduldig.

Was gilt es zu beachten? – Der Zauber liegt im Einkauf, und deswegen ist es für die Buy-&-Hold-Strategie außerordentlich wichtig, an die geeigneten Objekte zu kommen. Neubauten eignen sich nicht, da sie ähnlich wie ein Neuwagen in kurzer Zeit viel an Wert verlieren. Dieser Verlust muss dann durch Wertsteigerungen ausgeglichen werden. Umgekehrt muss der Wert nicht exorbitant steigen, wenn wir bereits durch gute Verhandlung bei einem Bestandsobjekt einen günstigen Einkaufspreis erzielen.

Wodurch kann eine Wertsteigerung entstehen? – Die Wertsteigerung oder der Werterhalt ist bei dieser Strategie ein zentrales Element. Bei einer Wertsteigerung von 0 Prozent würde der Barwert lediglich 4.876 Euro betragen und nicht 33.520 Euro. Das kann zum Beispiel passieren, wenn du schon 20 Prozent zu teuer einkaufst und die Preise durch die Inflation gerade so steigen, dass du keinen Gewinn erzielst.

Objektkennzahlen

Kaufpreis pro qm	2.000,00 €
Bruttomietrendite ohne Kaufnebenkosten	4,20 %
Einkaufsfaktor ohne Kaufnebenkosten	23,81
Kaltmiete pro qm	7,00 €

eingesetztes Kapital zum Anschaffungszeitpunkt	9.070,00 €
Immobilienwert nach 10 Jahren	100.000,00 €
Restschuld nach 10 Jahren	77.880,06 €
kumulierter Ertrag nach 10 Jahren	22.119,94 €
Gewinn	8.414,39 €
Barwert	13.946,36 €
abzüglich eingesetztes Kapital	4.876,36 €

Barwert bei einer Wertsteigerung von 0 Prozent

Was hat die Kaufpreise 10 Jahre lang bis 2022 getrieben? – Wie schon oft angesprochen, ist die Inflation ein wichtiger Treiber, aber nicht der entscheidende. Natürlich steigen die Löhne im Baugewerbe schneller als die Inflation, auch durch gestiegene Materialkosten und die Vorschriften explodieren die Preise für einen Neubau. Aber der entscheidende Faktor ist die hohe Nachfrage nach Immobilien in Verbindung mit den niedrigen Zinsen.

Bis Anfang 2022 herrschte ein Anlagenotstand im Bereich der Zinsprodukte. Es ist beispiellos, dass Sparer aufgrund von Strafzinsen Geld verlieren, nur weil sie es auf ihren Bankkonten parken. Dann kam der große Wendepunkt, als die Inflation auf über 10 Prozent stieg, gefolgt von einer der schnellsten Zinserhöhungen durch die EZB. Als Reaktion darauf erlebte der Immobilienmarkt erhebliche Preiskorrekturen, insbesondere in bestimmten Lagen, die sich auf mehr als 30 Prozent beliefen. Gleichzeitig kam der Neubau weitgehend zum Erliegen, obwohl gleichzeitig eine hohe Zuwanderung stattfand. Dies führte zu regelrechten Explosionen der Mietpreise. Diese Entwicklung wird langfristig wieder zu höheren Preisen führen. Diese Entwicklung wird massiv verstärkt oder abgeschwächt durch Zinsanstiege oder -reduzierungen.

Um dafür so gut es geht gewappnet zu sein, solltest du als Investor-Darlehen mit längerer Zinsbindung abschließen und gleichzeitig hohe Sondertilgungsrechte vereinbaren. Durch die lange Zinsbindung ist die Restschuld geringer, und die Inflation arbeitet länger für dich. Sollte ein

Notverkauf kurzfristig anstehen, hilft das Sondertilgungsrecht, die Vorfälligkeitsentschädigung zu verringern.

Learnings

- ❒ Learning 1: Als Voraussetzung ist ein hohes laufendes Einkommen aufgrund von monatlicher Unterdeckung (Haushaltsrechnung) optimal. Zudem benötigst du ein gutes Management, um Mietsteigerungen und Modernisierungen zu realisieren.
- ❒ Learning 2: Als Objekte eignen sich vornehmlich Eigentumswohnungen in guten Lagen.
- ❒ Learning 3: Die optimale Zinsbindung beläuft sich auf 10 bis 15 Jahre. Das jeweilige Darlehen sollte eine Sondertilgungsoption in Höhe von 10 Prozent bieten.
- ❒ Learning 4: In der Haltephase erzielst du ein ausgeglichenes oder negatives steuerliches Ergebnis. Die Zielsetzung besteht in einem möglichst hohen Veräußerungspreis und in einer möglichst geringen Tilgung.
- ❒ Learning 5: Der größte Vorteil dieser Strategie ist die steuerfreie Veräußerung, sofern du die betreffenden Immobilien im Privatvermögen hältst.
- ❒ Learning 6: Risiken bestehen vor allem bei der Spekulation auf eine Wertsteigerung. Der niedrige Eigenkapitaleinsatz führt ebenfalls zu erhöhten Risiken. Zudem kann die Stressannuität zum Problem werden.
- ❒ Learning 7: Die Strategie ist geeignet für Einsteiger. Das Objekt wird gehalten im Privatvermögen, in Form einer Bruchteilsgemeinschaft durch eine Personengesellschaft oder Stiftung.
- ❒ Learning 8: Es gilt, bei dieser Strategie Inflation und Zinsniveau im Auge zu behalten.

Übrigens ist diese Strategie perfekt kombinierbar mit der Buy-&-Cash-Strategie, die im nächsten Abschnitt vorgestellt wird.

Buy & Cash

Buy & Cash ist das Pendant zu Buy & Hold. Das Ziel besteht darin, einen konstant hohen Cashflow zu bekommen. Mit dem sofortigen Cashflow kann weiter investiert werden. Das ist ein klarer Vorteil im Vergleich zur Buy-&-Hold-Strategie, bei der du erst nach zehn Jahren mit dem Verkauf frisches Kapital zum Investieren bekommst. Der große Nachteil ist, dass Mietüberschüsse versteuert werden müssen. Das kann abgemildert werden, indem du eine vermögensverwaltende GmbH gründest. Dann sinkt der Steuersatz auf moderate 15 Prozent Körperschaftsteuer, statt der bis zu 42 Prozent, die du als persönlichen Steuersatz entrichten müsstest, wenn du die Vermietung als Privatperson vornimmst. Wir legen folgendes Beispiel zugrunde:

Gib hier deine Objektdaten ein

Kaufpreis	100.000,00 €
Gebäudeanteil in %	80,00 %
Maklercourtage inkl. MwSt. in %	3,57 %
Notar- und Gerichtskosten in %	2,00 %
Grunderwerbssteuer in %	3,50 %

Baujahr	1900
Größe in qm	50,00
Kaltmiete pro Monat	700,00 €
persönlicher Steuersatz	42,00 %
Kosten Hausverwaltung pro Monat	25,00 €
nicht umlegbare Kosten (ohne Instandhaltung) pro Monat	25,00 €
Instandhaltungsrücklage pro Monat	25,00 €

Darlehenssumme	100.000,00 €
Zinsen p.a.	2,00 %
Tilgung p.a.	2,00 %
angenommene Wertsteigerung p.a.	-1,50 %

Basisdaten für ein Objekt, das im Rahmen der Buy-&-Cash-Strategie erworben wird

Wenn man die Mieteinnahmen mit 42 Prozent versteuern muss, fallen 1.527 Euro an Steuern an. Bei einer vermögensverwaltenden GmbH mit einem Steuersatz von 15 Prozent sind es nur 545,56 Euro, wie die folgenden beiden Aufstellungen zeigen.

Steuerliche Betrachtung im ersten vollen Vermietungsjahr

Einnahmen		Ausgaben	
Kaltmiete	8.400,00 €	Abschreibung	2.181,40 €
		Hausverwaltung	300,00 €
		nicht umlegbare Kosten ohne Instandhaltung	300,00 €
		Zinsen	1.981,56 €
Gesamt	8.400,00 €	Gesamt	4.762,96 €
steuerliches Ergebnis	3.637,04 €		
Steuerzahlung (-) / Rückerstattung (+)	-1.527,55 €		

Steuerliche Situation im ersten vollen Vermietungsjahr bei einer Immobilie im Privatvermögen

Steuerliche Betrachtung im ersten vollen Vermietungsjahr

Einnahmen		Ausgaben	
Kaltmiete	8.400,00 €	Abschreibung	2.181,40 €
		Hausverwaltung	300,00 €
		nicht umlegbare Kosten ohne Instandhaltung	300,00 €
		Zinsen	1.981,56 €
Gesamt	8.400,00 €	**Gesamt**	4.762,96 €
steuerliches Ergebnis	3.637,04 €		
Steuerzahlung (-) / Rückerstattung (+)	-545,56 €		

Steuerliche Situation im ersten vollen Vermietungsjahr bei einer Immobilie in einer vermögensverwaltenden GmbH

Das spiegelt sich auch im Barwert nieder, wie in der folgenden Tabelle zu sehen ist.

Objektkennzahlen

Kaufpreis pro qm	2.000,00 €
Bruttomietrendite ohne Kaufnebenkosten	8,40 %
Einkaufsfaktor ohne Kaufnebenkosten	11,90
Kaltmiete pro qm	14,00 €
eingesetztes Kapital zum Anschaffungszeitpunkt	9.070,00 €
Immobilienwert nach 10 Jahren	86.070,80 €
Restschuld nach 10 Jahren	77.880,06 €
kumulierter Ertrag nach 10 Jahren	27.915,19 €
Gewinn	18.845,19 €
Barwert	24.423,67 €
abzüglich eingesetztes Kapital	15.353,67 €
ROE in % nach 10 Jahren ohne Wertsteigerung	361,35 %
ROE nach 10 Jahren ohne Wertsteigerung p.a.	16,52 %
ROE in % nach 10 Jahren mit Wertsteigerung	207,77 %
ROE nach 10 Jahren mit Wertsteigerung p.a.	11,90 %

Ermittlung des Barwertes für die oben genannte Immobilie im Privatvermögen

Der Barwert beträgt bei einem Steuersatz von 42 Prozent nur 15.353 Euro.

Objektkennzahlen

Kaufpreis pro qm	2.000,00 €
Bruttomietrendite ohne Kaufnebenkosten	8,40 %
Einkaufsfaktor ohne Kaufnebenkosten	11,90
Kaltmiete pro qm	14,00 €
eingesetztes Kapital zum Anschaffungszeitpunkt	9.070,00 €
Immobilienwert nach 10 Jahren	86.070,80 €
Restschuld nach 10 Jahren	77.880,06 €
kumulierter Ertrag nach 10 Jahren	37.735,19 €
Gewinn	28.665,19 €
Barwert	33.244,56 €
abzüglich eingesetztes Kapital	24.174,56 €
ROE in % nach 10 Jahren ohne Wertsteigerung	469,62 %
ROE nach 10 Jahren ohne Wertsteigerung p.a.	19,00 %
ROE in % nach 10 Jahren mit Wertsteigerung	316,04 %
ROE nach 10 Jahren mit Wertsteigerung p.a.	15,32 %

Ermittlung des Barwertes für die oben genannte Immobilie in einer vermögensverwaltenden GmbH

Bei einem Steuersatz von 15 Prozent beträgt der Barwert 24.174 Euro.

Im Vergleich zur Buy-&-Hold-Strategie, die einen Barwert von 33.520 Euro hatte, ist die Cashflow-Strategie klar im Nachteil. Allerdings liegt das auch an den getroffenen Annahmen, wonach die Buy-&-Hold-Immobilie im Wert steigt und die Cashflow-Immobile um 1,5 Prozent p. a. im Wert sinkt. Ob das realistisch ist, muss jeder selbst entscheiden und seine eigenen Annahmen tätigen. Darüber hinaus steht dir bei der Buy-&-Hold-Strategie das Geld privat zur Verfügung. Bei der vermögensverwaltenden GmbH ist das Geld im Unternehmen gebunden. Wenn du es entnimmst, fällt ggf. nochmal Abgeltungsteuer an.

Bei der Buy-&-Hold-Strategie hatten wir uns ein Beispiel mit einem Kaufpreis von 540.000 Euro angeschaut. Nach Veräußerungen konntest du 15 Jahre lang 2.934 Euro monatlich verbrauchen. Hier siehst du ein Objekt, das nach Steuer nahezu das identische Ergebnis aufweist. Allerdings ist es dafür notwendig, ein Portfolio in Höhe von 3,9 Mio. aufzubauen. Insgesamt ist der Aufwand also viel höher und das Risiko enorm.

Vorteilhaft ist hierbei, dass du bereits nach dem ersten Jahr 34.000 Euro wieder investieren kannst. Bei dieser Betrachtung lassen wir die höheren Kaufnebenkosten außer Betracht, die auf 3,9 Millionen Euro anfallen würden.

Kaufpreis	3.900.000,00 €
Gebäudeanteil in %	80,00 %
Maklercourtage inkl. MwSt. in %	3,57 %
Notar- und Gerichtskosten in %	1,50 %
Grunderwerbssteuer in %	3,50 %

Baujahr	1900
Größe in qm	5000,00
Kaltmiete pro Monat	26.500,00 €
persönlicher Steuersatz	42,00 %
Kosten Hausverwaltung pro Monat	2.500,00 €
nicht umlegbare Kosten (ohne Instandhaltung) pro Monat	1.000,00 €
Instandhaltungsrücklage pro Monat	2.500,00 €

Darlehenssumme	3.900.000,00 €
Zinsen p.a.	1,50 %
Tilgung p.a.	2,50 %
angenommene Wertsteigerung p.a.	-1,50 %

Kaufpreis pro qm	780,00 €
Bruttomietrendite ohne Kaufnebenkosten	8,15 %
Einkaufsfaktor ohne Kaufnebenkosten	12,26
Kaltmiete pro qm	5,30 €

eingesetztes Kapital zum Anschaffungszeitpunkt	334.230,00 €
Immobilienwert nach 10 Jahren	3.356.761,11 €
Restschuld nach 10 Jahren	2.848.784,79 €
kumulierter Ertrag nach 10 Jahren	847.324,56 €
Gewinn	513.094,56 €
Barwert	720.718,28 €
abzüglich eingesetztes Kapital	386.488,28 €

ROE in % nach 10 Jahren ohne Wertsteigerung	316,05 %
ROE nach 10 Jahren ohne Wertsteigerung p.a.	**15,32 %**

ROE in % nach 10 Jahren mit Wertsteigerung	153,52 %
ROE nach 10 Jahren mit Wertsteigerung p.a.	**9,75 %**

Einnahmen		Ausgaben	
Kaltmiete	318.000,00 €	Abschreibung	84.684,60 €
		Hausverwaltung	30.000,00 €
		nicht umlegbare Kosten ohne Instandhaltung	12.000,00 €
		Zinsen	57.826,89 €
Gesamt	318.000,00 €	**Gesamt**	184.511,49 €
steuerliches Ergebnis	133.488,51 €		
Steuerzahlung (-) / Rückerstattung (+)	-56.065,18 €		

Cashflow / Liquidität im ersten vollen Vermietungsjahr

Einnahmen		Ausgaben	
Kaltmiete	318.000,00 €	Zins	57.826,89 €
		Tilgung	98.173,11 €
		Hausverwaltung	30.000,00 €
		nicht umlegbare Kosten ohne Instandhaltung	12.000,00 €
		Instandhaltung	30.000,00 €
Gesamt	**318.000,00 €**	**Gesamt**	**228.000,00 €**
Steuerzahlung (-) / Rückerstattung (+)	-56.065,18 €		
Liquidität	33.934,82 €		
Liquidität pro Monat	2.827,90 €		

Gesamtbetrachtung Buy-&-Cash-Strategie (Beispiel)

Das größte Risiko besteht immer dann, wenn der erwartete Cashflow ausbleibt. Das passiert in der Regel bei umfangreichen Sanierungs- beziehungsweise Modernisierungs-Maßnahmen oder Leerstand. Wir werden uns bei der Strategie »Buy, Cash & Fix« genau anschauen, wie eine Sanierungsstrategie bei Mehrfamilienhäusern funktioniert. Für die Buy-&-Cash-Strategie sollte das Baujahr nicht allzu weit zurückliegen, weil sonst der Zustand zu schlecht sein dürfte. Objekte aus einem Baujahr ab 2000 eignen sich hervorragend. Zudem sollte kein Reparaturstau bestehen. Aufgrund des späten Baujahres besteht eine lange Restnutzungsdauer (Baujahr + 80 Jahre) sodass der Ertragswert für die finanzierende Bank bei günstigem Einkauf passt.

Objekte mit 8,15 Prozent Mietrendite liegen nicht in großen deutschen Innenstädten. Deswegen sollte das Risiko eines Leerstands nicht unterschätzt werden. Eine Analyse, wie hoch der Leerstand vor Ort ausfällt, ist zwingend notwendig. Zusätzlich solltest du dir die Bevölkerungsprognose und die Neubautätigkeit anschauen. Das große Problem bei Leerstand besteht darin, dass gewisse Kosten auch bei einer leer stehenden Wohnung weiter geleistet werden müssen. Wenn die Bewirtschaftung im leeren Zustand 1 Euro/qm beträgt, ist das signifikant bei einem Kaltmieten-Niveau von unter 5 Euro/qm. Hier wird dann der Cashflow der vermieteten Einheiten aufgefressen, und zusätzlich besteht kaum eine Chance auf Wertsteigerung. Zudem solltest du dein Augenmerk darauf richten, ob auch die Makler und Hausverwalter vor Ort gute Arbeit leisten. In strukturschwachen Regionen kann das zum ganz großen Problem werden, wenn du nicht vor Ort wohnst. Für eine Neuvermietung aus München vier Stunden nach Kleinkleckersdorf zu fahren macht einfach keinen Spaß. Dann besitzt nicht du die Immobilie, sondern die Immobilie besitzt dich.

Die Finanzierung sollte eine kurze Zinsbindung aufweisen für den Fall, dass ungeplante Modernisierungen anstehen. Diese können bei Mehrfamilienhäusern schnell mehr als 100.000 Euro betragen. Mehr dazu erfährst im Abschnitt »Buy, Cash & Fix«. Zudem sollte geprüft werden, ob ein Swap- oder Cap-Darlehen von der finanzierenden Bank angeboten wird.

Ein Problem mit der Stressannuität wird es nicht geben. Die Mieteinnahmen betragen in unserem ersten Beispiel 700 Euro im Monat und die Restschuld nach zehn Jahren 77.880 Euro.

Berechnung Stressannuität

700 Euro monatliche Kaltmiete x 80 Prozent (Abschlag 20 Prozent)
= 560 Euro
77.880 Euro Restschuld x 8 Prozent (Stressannuität) / 12 Monate
= 519,20 Euro
Das Objekt bringt in der Haushaltsrechnung monatlich 40,80 Euro in der Risikobetrachtung (560 Euro Kaltmiete - 519,20 Euro Stressannuität).

Learnings

- ❒ Learning 1: Die optimale Zinsbindung liegt zwischen 3 und 5 Jahren. Am besten ist es, ein Swap- oder Cap-Darlehen einzusetzen.
- ❒ Learning 2: Die Voraussetzung für diese Strategie sind mindestens 10 Prozent Eigenkapital als strategische Reserve.
- ❒ Learning 3: Ohne gute Verwalter, Handwerker und Makler vor Ort ist diese Strategie kaum umzusetzen, wenn du nicht in der Region wohnst.
- ❒ Learning 4: Als Objekte eignen sich für diese Strategie vornehmlich Mehrfamilienhäuser. Die Bewertung durch die Bank erfolgt nach dem Ertragswertverfahren (dazu ist ab 400.000 Euro Engagement ein Gutachten notwendig). Mittlere bis schlechtere Lagen (bis maximal Faktor 15) sind zu bevorzugen.
- ❒ Learning 5: In der Haltephase liefert diese Strategie sofort ein steuerlich positives Ergebnis. Die Zielsetzung besteht in einem möglichst hohen Cashflow, sodass eine höhere Tilgung möglich ist. Am besten ist es, das Geld in der GmbH arbeiten zu lassen.
- ❒ Learning 6: Der größte Vorteil der Buy-&-Cash-Strategie ist die sofortige, hohe Liquidität.
- ❒ Learning 7: Die Schwierigkeiten dieser Strategie besteht darin, geeignete Standorte zu finden, notwendige Modernisierungs-Maßnahmen und Leerstandsrisiken richtig einzuschätzen. Außerdem bringt sie hohe Prüfkosten mit sich, da du in der Regel einen Gutachter mitnehmen solltest!
- ❒ Learning 8: Das Objekt wird von einer vermögensverwaltenden GmbH gehalten, weshalb sich die Strategie vorwiegend für fortgeschrittene Investoren eignet. Notwendig ist eine Einschätzung dazu, wann du das Geld konsumieren willst.
- ❒ Learning 9: Perfekt mit der Buy-&-Cash-Strategie kombinierbar ist die bereits im vorigen Abschnitt vorgestellte Buy-&-Hold-Strategie.

Übertragung von Immobilien in die GmbH

Sollte dir nun der Gedanke gekommen sein, anfängliche Verluste als Privatinvestor zu nutzen und später die entwickelten Immobilien in eine Kapitalgesellschaft zu überführen, musst du Folgendes beachten:

Zuerst gilt im Privatvermögen, wie du ja bereits weißt, die steuerfreie Veräußerung nach einer Haltefrist von zehn Jahren. Solltest du vor dieser Frist den Übergang in das Vermögen der Kapitalgesellschaft anstreben, musst du den Veräußerungsgewinn in vollem Umfang deinem persönlichen Steuersatz unterwerfen. Um den Verkauf ordentlich abzuwickeln, ist die erste Möglichkeit, das Objekt nach Auslauf der gewählten Zinsbindung mit Wertgutachten an die Gesellschaft zu veräußern. Auf diese Weise bestehen keine Zweifel an der Fremdüblichkeit. Zudem kann die Kapitalgesellschaft dann das Objekt vollständig fremdfinanzieren. Im Privatvermögen erhältst du einen steuerfreien Vermögensstock für weitere Investments oder für deinen eigenen Lebensunterhalt.

Leider fällt bei der Übertragung auf deine eigene vermögensverwaltende Kapitalgesellschaft erneut Grunderwerbsteuer an. Obwohl du zu 100 Prozent an der Kapitalgesellschaft beteiligt sein kannst und somit mittelbar nach wie vor Eigentümer der Immobilie bleibst, unterliegt die Übertragung des zivilrechtlichen Eigentums der Grunderwerbsteuer. Das liegt daran, dass eine Kapitalgesellschaft als juristische Person ein eigener Rechtsträger ist. Es gibt allerdings auch Alternativen zu dieser Vorgehensweise:

1. Soweit das Darlehen im Privatvermögen bereits zu einem großen Anteil getilgt ist, kann es sich anbieten, Objekte zu einem geringeren Wert als dem Verkehrswert an die eigene Kapitalgesellschaft zu veräußern. Wichtig ist, dass es sich hierbei nicht nur um einen symbolischen Wert handelt. Von einem nicht nur symbolischen Kaufpreis kann nach höchstrichterlicher Rechtsprechung bei mehr als 10 Prozent des Verkehrswertes ausgegangen werden. In diesem Fall sind nur diese 10 Prozent die Bemessungsgrundlage für die Grunderwerbsteuer, während die Immobilie mit dem Verkehrswert in die Bilanz der Kapitalgesellschaft übertragen wird. Das bedeutet, dass die AfA auf Grundlage des Verkehrs-

wertes ermittelt wird und nicht auf Grundlage der 10 Prozent. Steuerlich nennt man diesen Vorgang »verdeckte Einlage«. Im gleichen Zuge wird das steuerliche Einlagekonto des Gesellschafters um den Differenzbetrag erhöht. Dieser Betrag kann in den folgenden Jahren wieder an den Gesellschafter ausgeschüttet werden, ohne dass Kapitalertragsteuer anfällt. Dazu nutzen wir folgende Berechnung:

Eigenkapital laut Steuerbilanz
- gezeichnetes Kapital
- Bestand des steuerlichen Einlagekontos (falls positiv)
= ausschüttbarer Gewinn (Mindestansatz 0 Euro)
- Leistungen
= Verwendung des steuerlichen Einlagekontos, falls Differenz negativ

Eigenkapital laut Steuerbilanz	**1.000.000,00 €**
- gezeichnetes Kapital	25.000,00 €
- Bestand des steuerlichen Einlagekontos (falls positiv)	900.000,00 €
Ausschüttbarer Gewinn	**75.000,00 €**
- Leistungen	100.000,00 €
Verwendung des steuerlichen Einlagekontos	**25.000,00 €**

Beispielrechnung für eine verdeckte Einlage

Beispiel

Deine GmbH besitzt zum 31. Dezember des Vorjahres ein steuerliches Einlagekonto in Höhe von 900.000 Euro. Das Eigenkapital laut Steuerbilanz beträgt 1.000.000 Euro und das Nennkapital 25.000 Euro. Im Folgejahr wird eine Dividende in Höhe von 100.000 Euro beschlossen.

Es soll im Ergebnis immer erst der steuerpflichtige Gewinn ausgeschüttet werden und erst dann steuerfrei auf das steuerliche Einlagekonto zugegriffen werden. Wenn du bis zum Zeitpunkt der Immobilienübertragung die innerhalb der GmbH erzielten Gewinne thesauriert hast und sich erhebliche Gewinne in der Gesellschaft angesammelt haben, kann dies einer steuerfreien Auszahlung im Weg stehen. Soweit es sich um eine neu gegründete GmbH handelt, sollte diese Problematik aber nicht auftreten.

2. Wenn du deine Immobilien im Alleineigentum erworben hast, kannst du eine Personengesellschaft mit einer Gesellschafterbeteiligung von 100:0 gründen. Alternativ kannst du Anteile an deinen Immobilien an deinen Ehegatten respektive deine Ehegattin oder die Kinder verkaufen beziehungsweise verschenken. Dieser Kaufvorgang unterliegt aufgrund des Verwandtschaftsverhältnisses nicht der Grunderwerbsteuer. Das Ergebnis ist eine Personengesellschaft, die nach einer zehnjährigen Haltefrist bis zu 89,9 Prozent der Gesellschaftsanteile grunderwerbsteuerfrei an eine GmbH übertragen kann. Für die restlichen 10,1 Prozent beginnt die zehnjährige Haltefrist erneut. Du musst also einen langen Atem haben. Für die generationenübergreifende Vermögensplanung sind solche Zeiträume aber durchaus überschaubar.

3. Wenn du deine Immobilien bereits im Gesamthandseigentum einer Personengesellschaft erworben hast, kann die Anwendung des Umwandlungsteuerrechts für dich vorteilhaft sein. Aus den Rechtsformen OHG und KG kann ein steuerneutraler Rechtsformwechsel in eine Kapitalgesellschaft vorgenommen werden (§ 25 UmwStG i. V. m. §§ 20 – 23 UmwStG). Dieser Wechsel kann zu Buchwerten durchgeführt werden, sodass keine stillen Reserven aufgedeckt werden. Zu beachten ist allerdings eine siebenjährige Sperrfrist, in der die Anteile an der Kapitalgesellschaft nicht weiterveräußert werden dürfen (§ 22 Abs. 2 S. 1 UmwStG). Wird der Wechsel vorher vollzogen, werden die stillen Reserven anteilig aufgedeckt, und es entsteht ein Einbringungsgewinn.

Entwickeln & Halten

Die Strategie »Entwickeln & Halten« unterscheidet sich von einer reinen Buy-&-Hold-Strategie schon im Ankauf. Es werden vor allem Immobilien gekauft, bei denen die Miete weit unter der ortsüblichen Kaltmiete liegt. Es kommen auch Objekte mit Modernisierungsbedarf oder leer stehende Wohnungen infrage. Zusammenfassend kann man sagen, dass es hier vor allem um Objekte geht, bei denen das Potenzial noch nicht voll ausgeschöpft ist.

Natürlich verlangt diese Strategie mehr Fähigkeiten von dir. Du musst dich sehr gut mit den Mieterhöhungs-Möglichkeiten vor Ort auskennen.

Mieterhöhung zur ortsüblichen Kaltmiete

Das große Problem bei bestehenden Mietverhältnissen ist, dass es Einschränkungen bei der Mieterhöhung gibt. Zum einen existiert eine Kappungsgrenze, und zum anderen gibt es die Jahressperrfrist. Diese hindern dich daran, die Miete sofort auf das Niveau der ortsüblichen Miete anzuheben.

Die Kappungsgrenze besagt, dass du innerhalb von drei Jahren die Miete nur um 20 Prozent erhöhen darfst. In angespannten Wohnungsmärkten wird diese Grenze sogar auf 15 Prozent reduziert. Die Jahressperrfrist besagt, dass dem Mieter nach einer Mieterhöhung erst zwölf Monate später eine neue schriftliche Ankündigung zur Mietpreiserhöhung geschickt werden darf. Die Mieterhöhung tritt dann drei Monate später in Kraft.

Beispiel

Die Mieterhöhung erfolgt heute, ein neues Ankündigungsschreiben wird dem Mieter zwölf Monate später zugestellt. Das heißt, die neue Miete muss erst nach 15 Monaten gezahlt werden.

An folgendem Beispiel siehst du, wie schwer es ist, eine unterentwickelte Wohnung auf das Niveau der ortsüblichen Miete zu bringen.

Beispiel

Zugrunde liegt eine 80 qm große Wohnung mit einer Ist-Miete von 336 Euro monatlich. Das entspricht 4,20 Euro/qm. Die ortsübliche Miete beträgt 8,50/qm. Somit wäre die Miete bei 680 Euro monatlich. Wir kaufen heute für 2,5 Prozent Mietrendite ein, sprich für Faktor 40. Das entspricht einem Kaufpreis von 161.280 Euro oder 2.016 Euro/qm.

In unserm Beispiel handelt es sich um einen angespannten Wohnungsmarkt. Wir können somit nur alle drei Jahre die Miete um 15 Prozent erhöhen. Wenn wir das Maximum alle drei Jahre ausschöpfen wollen, müssen wir die Jahressperrfrist nicht beachten.

JAHR	ERHÖHUNG	MIETE	JAHRES-MIETE	FAKTOR (KP 161.280 €)	NEUER KAUF-PREIS (FAKTOR 39)
0		336,00 €	4032,00 €	40	
1	50,40 €	386,40 €	4636,80 €	35	
2					
3					
4	57,96 €	444,36 €	5332,32 €	30	
5					
6					
7	66,65 €	511,01 €	6123,17 €	26	183.965,04 €
8					
9					
10	76,65 €	587,67 €	7051,99 €	23	211.559,80 €
11					
12					
13	88,15 €	675,82 €	8109,79 €	20	243.293,77 €

Kalkulation zur Mieterhöhung

In unserm Beispiel würde es mehr als zehn Jahre dauern, bis die Ist-Miete auf das Niveau der ortsüblichen Kaltmiete anwachsen würde.

Alternativ gibt es die Möglichkeit, den Mieter aus der Wohnung herauszukaufen über eine sogenannte Umzugskostenpauschale. Der Vorteil liegt auf der Hand: Du kannst die Wohnung modernisieren und neu vermieten. In der Regel liegen die Neuvertragsmieten sogar über der ortsüblichen Kaltmiete. In unserm Beispiel könnte diese 750 Euro pro Monat betragen. Die Abstandszahlung in Höhe von 2.000 Euro ist in der Regel steuerlich absetzbar, denn es sollen weiterhin Einkünfte aus Vermietung und Verpachtung erzielt werden (BFH-Urteil vom 26. Januar 2011 - IX R 24/10). Wer genau aufpasst, erkennt aber ein neues Problem. Wenn wir über den Mietspiegel vermieten, dauert es in der Regel sehr lange, bis der Mietspiegel über der Neuvertragsmiete liegt. Hier kannst du einen Staffel- oder Index-Mietvertrag vereinbaren, damit du weiterhin von Steigerungen profitierst. Der Vorteil des Index-Mietvertrages besteht zudem darin, dass die zukünftige Erhöhung auch über der Mietpreisbremse liegen kann. Diese besagt, dass bei Neuvermietung maximal die ortsübliche Miete plus 10 Prozent verlangt werden darf. In unserem Beispiel 680 Euro pro Monat + 10 Prozent = 748 Euro pro Monat. Somit könnten wir in Städten mit Mietpreisbremse nur 748 Euro pro Monat verlangen. Wenn wir allerdings einen Index-Mietvertrag abschließen und die Inflation um 4 Prozent steigt, kann die Kaltmiete in Höhe von 748 Euro pro Monat um 4 Prozent erhöht werden auf 777,92 Euro. Bei einem Staffel-Mietvertrag musst du dich innerhalb der Mietpreisbremse bewegen. Die maximale erzielbare Kaltmiete ist für zukünftige Erhöhungen auf die ortsübliche Kaltmiete plus 10 Prozent begrenzt.

Die Mietpreisbremse reguliert übrigens nur eine Neuvermietung. Es ist durchaus möglich, sich einvernehmlich nach Vertragsabschluss auf eine höhere Miete zu einigen. Auch Modernisierungs-Mieterhöhungen können durchgeführt werden und sind von der Mietpreisbremse nicht betroffen. Denn diese regelt explizit nur die Neuvermietung. In den folgenden Tabellen siehst du, wie sich das Objekt nach Entwicklung rechnet.

Gib hier deine Objektdaten ein

Kaufpreis	161.280,00 €
Gebäudeanteil in %	80,00%
Maklercourtage inkl. MwSt. in %	3,57%
Notar- und Gerichtskosten in %	2,00%
Grunderwerbssteuer in %	3,50%
Baujahr	1900
Größe in qm	80,00
Kaltmiete pro Monat	675,00 €
persönlicher Steuersatz	42,00%
Kosten Hausverwaltung pro Monat	25,00 €
nicht umlegbare Kosten (ohne Instandhaltung) pro Monat	30,00 €
Instandhaltungsrücklage pro Monat	30,00 €
Darlehenssumme	161.280,00 €
Zinsen p.a.	2,00%
Tilgung p.a.	2,00%
angenommene Wertsteigerung p.a.	2,00%

Basisdaten für ein Objekt, mit dem die Strategie »Entwickeln & Halten« verfolgt wird

Steuerliche Betrachtung im ersten vollen Vermietungsjahr

Einnahmen		Ausgaben	
Kaltmiete	4.032,00 €	Abschreibung	3.518,16 €
		Hausverwaltung	300,00 €
		nicht umlegbare Kosten ohne Instandhaltung	360,00 €
		Zinsen	3.195,87 €
Gesamt	4.032,00 €	**Gesamt**	7.374,03 €
steuerliches Ergebnis	-3.342,03 €		
Steuerzahlung (-) / Rückerstattung (+)	1.403,65 €		

Cashflow / Liquidität im ersten vollen Vermietungsjahr

Einnahmen		Ausgaben	
Kaltmiete	4.032,00 €	Zins	3.195,87 €
		Tilgung	3.255,33 €
		Hausverwaltung	300,00 €
		nicht umlegbare Kosten ohne Instandhaltung	360,00 €
		Instandhaltung	360,00 €
Gesamt	4.032,00 €	**Gesamt**	7.471,20 €
Steuerzahlung (-) / Rückerstattung (+)	1.403,65 €		
Liquidität	-2.035,55 €		
Liquidität pro Monat	-169,63 €		

Steuerliche Betrachtung und Liquidität für ein Objekt, mit dem die Strategie »Entwickeln & Halten« verfolgt wird (vor der Entwicklung)

Nach der Entwicklung des Objekts mit einer letzten Mieterhöhung auf 675,82 Euro pro Monat stellt sich die Situation folgendermaßen dar:

Steuerliche Betrachtung im ersten vollen Vermietungsjahr

Einnahmen		Ausgaben	
Kaltmiete	8.100,00 €	Abschreibung	3.518,16 €
		Hausverwaltung	300,00 €
		nicht umlegbare Kosten ohne Instandhaltung	360,00 €
		Zinsen	3.195,87 €
Gesamt	8.100,00 €	**Gesamt**	7.374,03 €
steuerliches Ergebnis	725,97 €		
Steuerzahlung (-) / Rückerstattung (+)	-304,91 €		

Cashflow / Liquidität im ersten vollen Vermietungsjahr

Einnahmen		Ausgaben	
Kaltmiete	8.100,00 €	Zins	3.195,87 €
		Tilgung	3.255,33 €
		Hausverwaltung	300,00 €
		nicht umlegbare Kosten ohne Instandhaltung	360,00 €
		Instandhaltung	360,00 €
Gesamt	**8.100,00 €**	**Gesamt**	**7.471,20 €**
Steuerzahlung (-) / Rückerstattung (+)	-304,91 €		
Liquidität	323,89 €		

Objektkennzahlen

Kaufpreis pro qm	2.016,00 €
Bruttomietrendite ohne Kaufnebenkosten	5,02%
Einkaufsfaktor ohne Kaufnebenkosten	19,91
Kaltmiete pro qm	8,44 €
eingesetztes Kapital zum Anschaffungszeitpunkt	14.628,10 €
Immobilienwert nach 10 Jahren	196.987,84 €
Restschuld nach 10 Jahren	125.604,96 €
kumulierter Ertrag nach 10 Jahren	74.621,80 €
Gewinn	59.993,71 €
Barwert	61.352,75 €
abzüglich eingesetztes Kapital	46.724,65 €
ROE in % nach 10 Jahren ohne Wertsteigerung	166,02%
ROE nach 10 Jahren ohne Wertsteigerung p.a.	**10,28%**
ROE in % nach 10 Jahren mit Wertsteigerung	410,13%
ROE nach 10 Jahren mit Wertsteigerung p.a.	**17,70%**

Steuerliche Betrachtung, Liquidität und Kennzahlen für ein Objekt, mit dem die Strategie »Entwickeln & Halten« verfolgt wird (nach der Entwicklung)

Durch die Anhebung der Miete auf das Niveau der ortsüblichen Kaltmiete haben wir die Brutto-Mietrendite auf über 5 Prozent gesteigert, und das Objekt ist sogar Cashflow-positiv.

Nachrüstung nach Mietspiegel

Wichtig ist, dass du als Investor dich bei deinen Standorten perfekt mit dem Mietspiegel vor Ort auskennst. So gibt es beim Leipziger Mietspiegel einen Zuschlag für Deckenspots (+0,13 Euro/qm), abschließbare Fenstergriffe (+0,24 Euro/qm) oder einen Handtuchheizkörper (+0,23 Euro/qm). Diese Zuschläge sind unabhängig davon, ob die Wohnung insgesamt 30 qm oder 100 qm groß ist.

Wenn deine Berechnung ergeben hat, dass sich die Miete aktuell nicht mehr erhöhen lässt, kannst du zum Beispiel weitere Ausstattungsmerkmale hinzufügen. Der Mieter profitiert von höherer Wohnqualität, und du könntest bei einer 100 qm großen Wohnung 60 Cent pro qm mehr Miete generieren, falls du, wie im obigen Beispiel, Deckenspots, abschließbare Fenstergriffe und einen Handtuchheizkörper einbaust. Insgesamt führt das zu 720 Euro pro Jahr oder 7.200 Euro mehr Miete in zehn Jahren. Die Kosten liegen in der Regel bei unter 1.000 Euro für alle drei Ausstattungsmerkmale. Wenn dir die zusätzliche Erhöhung später beim Verkauf mit Faktor 15 vergütet wird, würdest du beim Verkaufspreis zusätzlich 10.800 Euro generieren. Denn zukünftige Investoren schauen natürlich auch auf die Mietrendite, wenn sie deine Immobilie kaufen wollen. Somit wird dir eine Mieterhöhung auch immer durch den höheren Verkaufspreis doppelt vergütet.

Modernisierungsankündigung

Du kannst auch eine Modernisierungsumlage nach dem Bürgerlichen Gesetzbuch § 555b durchführen, wenn du wohnwerterhöhende oder energiesparende Maßnahmen durchführst.

An die Umlage sind hohe formale Ansprüche gekoppelt. Um die Einhaltung von Fristen zu beachten und Fallstricke zu vermeiden, sollte dich eine kompetente Hausverwaltung oder ein Anwalt für Mietrecht begleiten.

Maßnahmen können sein:

- ❐ Umstellung der Ölheizung auf eine Gastherme
- ❐ nachträglicher Anbau von Balkonen
- ❐ nachträglicher Einbau einer Dusche

Der Mieter hat die Modernisierung grundsätzlich zu dulden. Dulden bedeutet, dass er die Tür aufmachen muss. Für die Ausquartierung und Einlagerung der Möbel bist du als Vermieter zuständig. Die Umlage darf maximal 8 Prozent der Kosten betragen. Insgesamt sind diese Kosten zusätzlich gedeckelt auf 2 Euro/qm für eine Kaltmiete von unter 7 Euro/qm oder auf 3 Euro/qm, wenn die Kaltmiete mehr als 7 Euro/qm beträgt.

Wir könnten also bei einer 100 qm großen Wohnung, die eine Kaltmiete von unter 7 Euro/qm hat, 30.000 Euro investieren (100 qm x 2 Euro x 12 Monate/8 Prozent x 100). Allerdings sind noch Instandsetzungsarbeiten gegenzurechnen, die sich der Vermieter durch die Modernisierung spart, sowie erhaltene Förderungen, beispielsweise durch günstige Darlehen der staatlichen Förderbank KfW. Insgesamt eine umfangreiche Angelegenheit, die Profis überlassen werden sollte. Hol dir auf jeden Fall vor Beginn kompetente Unterstützung.

Modernisierungsvereinbarung

Das interessantere Mittel zur gesetzeskonformen Mieterhöhung ist eine Modernisierungsvereinbarung. Hier einigst du dich einvernehmlich mit dem Mieter auf einen neuen Mietvertrag. Der Mieter kann dann seine Möbel selbst einlagern und zwei Wochen in den Urlaub fahren. Dafür bekommt er den Betrag X. Anders als eine Modernisierungsankündigung, die hohe formale Anforderungen erfüllen muss, kannst du mit der

Modernisierungsvereinbarung freier agieren. Üblicherweise wird der bisherige Mietvertrag aufgehoben und ein neuer Mietvertrag abgeschlossen.

Erfahrungsgemäß ist es ratsam einen Staffel-Mietvertrag anzubieten, damit die Steigerung nicht zu stark ausfällt. Sonderwünsche der Mieter müssen immer nachhaltig betrachtet werden. Bei einer Wiedervermietung dürfen sie nicht im Wege stehen.

Unser Muster für eine Modernisierungsvereinbarung findest du im Mitgliederbereich auf immlab.de/downloads. Bitte lass sie für deine individuelle Situation rechtlich und steuerlich prüfen und passe sie entsprechend an.

Küche

Bei der Küche gehen die Meinungen unter Investoren auseinander. Die einen argumentieren richtigerweise, dass man als Vermieter für die Instandhaltung der Küche verantwortlich ist. Das bedeutet: Sollten Geräte kaputtgehen, musst du sie ersetzen. Auf der anderen Seite gibt es in vielen Mietspiegeln einen Zuschlag für eine Einbauküche, die vom Vermieter gestellt wird, und eine solche Küche erhöht in der Regel auch den Wert der Wohnung.

Wir bieten Küchen immer optional bei einer Neuvermietung an. Dadurch heben wir uns vom Markt ab und haben es bei einer Neuvermietung leichter. Warum machen wir dieses Angebot optional? Sollte der Mieter eine eigene Küche besitzen, würde er unser Angebot unattraktiver finden. Denn er müsste jetzt seine Küche entsorgen oder weiterverkaufen. Besonders eignet sich die Mitvermietung einer Küche für kleinere Wohnungen. Hier ziehen oft junge Menschen ein, die keine eigene Küche haben und vielleicht nur zwei bis drei Jahre in der betreffenden Stadt leben wollen. Zudem sind Einbauküchen häufig Maßanfertigungen, die in einer neuen Wohnung womöglich nicht passen. Außerdem wollen sich Mieter keinen Konsumentenkredit für eine Küche ans Bein binden.

Wir nehmen aktuell für Küchen einen Aufpreis zwischen 45 und 75 Euro im Monat. Eine Küche kostet circa 3.500 bis 5.000 Euro. Die Küchen werden über zehn Jahre abgeschrieben, sodass wir die zusätzlichen Einnahmen steuerlich neutralisieren.

Dazu ein kurzes Beispiel

6.000 Euro Küchenpreis
600 Euro Abschreibung p. a.
750 Euro Kaltmiete p. a. zusätzlich
150 Euro zu versteuernder Gewinn
63 Euro Steuer
= 87 Euro Gewinn nach Steuer p. a.

Abschließend bleibt zu sagen, dass es uns im Leipziger Markt vor allem um die schnellere Vermietung und um die Erzielung eines höheren Mietpreises geht. Die Instandhaltungsrisiken, die die Küchen mit sich bringen, nehmen wir dafür bewusst in Kauf.

Fazit

»Entwickeln & Halten« ist genau unser Modell für den Leipziger und Dresdener Immobilienmarkt. Wir kaufen oft leere Wohnungen oder Wohnungen, bei denen ein Mieterwechsel wahrscheinlich ist. Durch die Modernisierung schaffen wir es, mit Entwicklung in guten Lagen Faktoren unter 20 zu erreichen. Zusätzlich steigern wir den Objektwert, finanzieren die Maßnahmen mit fremdem Geld und bekommen am Ende sogar eine Steuererstattung.

Learnings

- ❐ Learning 1: Die optimale Zinsbindung liegt bei 10 bis 15 Jahren. Bei der Finanzierung sollte möglichst eine tilgungsfreie Anlaufzeit von 24 Monaten vereinbart werden, um den Mietausfall während der Modernisierung zu kompensieren. Die Modernisierungs-Maßnahmen sollten von Beginn an mitfinanziert werden oder über eine Umschuldung nach drei Jahren (anschaffungsnaher Aufwand) finanziert werden.

- ❒ Learning 2: Die Voraussetzung für diese Strategie ist ein hoher Steuersatz – dann lohnt es sich richtig, die Modernisierungskosten abzusetzen.
- ❒ Learning 3: Geeignete Objekte für diese Strategie sind Eigentumswohnungen oder Mehrfamilienhäuser mit Potenzial in guten bis sehr guten Lagen.
- ❒ Learning 4: In der Haltephase profitierst du in den ersten Jahren von einem Cashback durch Steuervorteile. In den weiteren Jahren sollte die Immobilie mit entsprechender Modernisierung mindestens Cashflow-neutral sein. Die Zielsetzung ist ausgerichtet auf eine Steuererstattung kurz nach dem Kauf und einen hohen, steuerfreien Verkaufserlös nach zehn Jahren Haltefrist. Das Objekt wird im Privatvermögen gehalten. Die Strategie eignet sich für fortgeschrittene Immobilieninvestoren.
- ❒ Learning 5: Am meisten lohnt sich die Strategie mit möglichst geringem Eigenkapitaleinsatz.
- ❒ Learning 6: Wichtig sind gute Verwalter und gute Handwerker. Die größten Vorteile sind die Wertsteigerungen aufgrund deiner Problemlösungskompetenz. Unter Experten spricht man auch von einer Value Add Strategie.
- ❒ Learning 7: Die Schwierigkeiten bestehen vor allem darin, geeignete Standorte zu finden und zu einer richtigen Einschätzung potenziell rentabler Modernisierungs-Maßnahmen zu kommen. Außerdem gibt es immer auch unlösbare Mieterprobleme.
- ❒ Learning 8: Du solltest auf zuverlässige Handwerker ebenso achten wie auf eine zutreffende Kosteneinschätzung. Der eingeplante Zeitumfang für Modernisierungsmaßnahmen sollte realistisch sein.
- ❒ Learning 9: Perfekt kombinierbar ist diese Strategie mit der Buy-&-Cash-Strategie.

Buy, Fix & Cash

Viele Investoren wollen Buy-&-Cash-Objekte kaufen, landen dann aber bei Immobilien, die die Strategie »Buy, Fix & Cash« nötig machen. Was besagt das zusätzliche »Fix« in der Bezeichnung dieser Strategie? Für »Buy & Cash« werden in der Regel Mehrfamilienhäuser in C- oder D-Lagen erworben. Hier fällt es den Verkäufern der Mehrfamilienhäuser schwer, eine professionelle Instandhaltung umzusetzen. Das liegt daran, dass eine Modernisierung auf dem Land in etwa genauso viel kostet wie eine Modernisierung in einer angesagten Stadtlage.

Dazu ein kleines Beispiel

Ein Mehrfamilienhaus in der Münchener Innenstadt wird zum Faktor 40 eingekauft. Die Miete beträgt 20 Euro/qm bei 500 qm Fläche. Das entspricht einer Jahreskaltmiete von 120.000 Euro. Der Kaufpreis liegt also bei 4,8 Mio. Euro. Nun wird eine neue Heizungsanlage für 70.000 Euro eingebaut. Relativ zur Kaltmiete oder den Anschaffungskosten sprechen wir über einen geringen Instandsetzungsbetrag.
Ein vergleichbares Mehrfamilienhaus liegt nun in Genthin, einem kleinen Ort in Brandenburg. Die Ist-Miete beträgt 3,80 Euro/qm. Bei 500 qm Fläche beträgt die Jahreskaltmiete 22.800 Euro, und als Kaufpreis ist in dieser Lage der Faktor 11 üblich. Die Immobilie wäre also für 250.800 Euro zu kaufen. Mit der Heizungs-Investition in Höhe von 70.000 Euro würdest du nicht nur die 15-Prozent-Grenze sprengen, sondern den Wiederverkaufsfaktor wesentlich verschlechtern, wodurch du deine Investitionskosten bei einem Verkauf kaum wieder hereinholen könntest. Zuzüglich zu den Investitionskosten liegst du beim Kaufpreis inklusive Heizung nun bei mehr als dem Faktor 14 ((250.800 Euro Kaufpreis+70.000 Euro Heizung)/22800 Kaltmiete).

Bei hohen Leerstandsquoten und angespannten Mietverhältnissen, die oft in schlechteren Lagen anzutreffen sind, kannst du nur im geringen

Umfang mehr Miete verlangen, sodass sich die Kaltmiete in unserem Beispiel nicht verändert.

Warum führen wir dieses Beispiel an? – Es ist wirklich wichtig, dass du dir in Cashflow-Lagen die Objekte akribisch genau anschaust. Es sollte immer ein Bausachverständiger dabei sein. Kommen wir aber nun zum zentralen Punkt dieser Strategie: Denn wird die Maßnahme mit der Heizung nach dem dritten Jahr durchgeführt, ist sie auch bei diesem Objekt steuerlich abzugsfähig. Da Mehrfamilienhäuser in diesen Lagen erfahrungsgemäß immer aufwendig modernisiert werden müssen, können wir uns das zunutze machen. Hier kommt dann eine wichtige steuerliche Strategie zur Anwendung. Die meisten Investoren kaufen analog der Empfehlung zur Buy-&-Cash-Strategie ihre Objekte im Rahmen einer vermögensverwaltenden GmbH. Ist das wirklich sinnvoll? – Auf gar keinen Fall, wenn du umfangreichen Modernisierungsaufwand erwartest.

JAHR	STEUERLICHES ERGEBNIS	STEUERLAST	MASSNAHMEN	VERTEILUNG	ZU VERSTEUERNDES EINKOMMEN	STEUERZAHLUNG	CASHFLOW
1	72.000,00 €	21.103,00 €			72.000,00 €	21.103,00 €	50.897,00 €
2	72.000,00 €	21.103,00 €	50.000,00 €	25.000,00 €	47.000,00 €	10.852,00 €	61.148,00 €
3	72.000,00 €	21.103,00 €		25.000,00 €	47.000,00 €	10.852,00 €	61.148,00 €
4	72.000,00 €	21.103,00 €	130.000,00 €	43.333,33 €	28.666,67 €	4.690,00 €	67.310,00 €
5	72.000,00 €	21.103,00 €		43.333,33 €	28.666,67 €	4.690,00 €	67.310,00 €
6	72.000,00 €	21.103,00 €		43.333,33 €	28.666,67 €	4.690,00 €	67.310,00 €
7	72.000,00 €	21.103,00 €	180.000,00 €	60.000,00 €	12.000,00 €	366,00 €	71.634,00 €
8	72.000,00 €	21.103,00 €		60.000,00 €	12.000,00 €	366,00 €	71.634,00 €
9	72.000,00 €	21.103,00 €		60.000,00 €	12.000,00 €	366,00 €	71.634,00 €
Summe		**189.927,00 €**	**360.00,00 €**			**57.975,00 €**	**650.025,00 €**

Steuerliches Ergebnis bei der Strategie »Buy, Fix & Cash« (Beispiel)

In dieser Tabelle sind die steuerliche Situation und der Cashflow eines Investors dargestellt, der ein zu versteuerndes Einkommen von 72.000 Euro p.a. hat. Es setzt sich aus Mietüberschüssen aus Cashflow-Objekten und seinem Gehalt zusammen. Nehmen wir an, es handelt sich hier um drei Mehrfamilienhäuser auf dem Lande. Durch die Option, die Kosten für Erhaltungs-Maßnahmen auf bis zu fünf Jahre aufzuteilen, lässt sich durch gezielte Maßnahmen die Steuerlast in Richtung 0 Euro drücken. Wie du aber weißt, ist das wenig sinnvoll, da der Grenzsteuersatz fällt, je niedriger dein Einkommen ist.

Im obigen Beispiel führen wir in wenigen Jahren in den drei Mehrfamilienhäusern Modernisierungen für 360.000 Euro durch. Eine vermögensverwaltende GmbH würde hier gar keine Vorteile bieten. Denn fiktive Verluste aus den Maßnahmen lassen sich nicht mit anderen Einkunftsarten verrechnen. In unserem Beispiel würde der Investor die gezahlte Einkommensteuer beispielsweise auf sein Angestelltengehalt nicht wiederbekommen.

Was können wir daraus lernen? – Grundsätzlich solltest du dir überlegen, ob du die Mehrfamilienhäuser erstmal sanierst und Steuern sparst. Wenn sie dann nachhaltig saniert sind, können sie immer noch in eine vermögensverwaltende GmbH übertragen werden. Zu beachten ist die Zehnjahres-Haltefrist.

Die Kunst bei dieser Strategie besteht darin, den Modernisierungsaufwand im Voraus gut einzuschätzen und die Zinsbindung jeweils so zu wählen, dass die Maßnahmen ausschließlich mit Fremdkapital finanziert werden. Hier musst du genau überprüfen, ob eine Zinsbindung infrage kommt, ob du variabel finanzierst oder ein Cap- oder Swap-Darlehen nutzen willst.

Learnings

- ❒ Learning 1: Wichtig sind gute Verwalter, die dir das Objekt nachhaltig sanieren und das Leerstandsrisiko minimieren.
- ❒ Learning 2: Investiert wird in Mehrfamilienhäuser in mittleren bis schwachen Regionen.

- ❐ Learning 3: Für diese Strategie sollte sich das Objekt im Privatvermögen befinden. Optimalerweise werden gezahlte Steuern aus anderen Einkunftsarten wieder hereingeholt.
- ❐ Learning 4: Die optimale Zinsbindung bei der Finanzierung beläuft sich auf circa drei bis fünf Jahre. Anschließend wird umgeschuldet, und zusätzlich werden die Modernisierungskosten mitfinanziert.
- ❐ Learning 5: Während der Haltephase ist ein positives Ergebnis aus Mieteinnahmen anzustreben, das durch Modernisierungen steuerlich neutralisiert wird. Die Zielsetzung besteht in einem hohen und steuerneutralen Cashflow, der auch der größte Vorteil dieser Strategie ist.
- ❐ Learning 6: Zu Schwierigkeiten kommt es bei einer Fehleinschätzung der geplanten Modernisierung und beim Finden geeigneter Bankpartner. Zudem besteht ein hohes Zinsänderungsrisiko und die Gefahr einer hohen Restschuld.
- ❐ Learning 7: Unbedingt zu beachten ist die 15-Prozent-Grenze in den ersten drei Jahren. Zusätzlich sollte darauf geachtet werden, dass keine Standardhebung in zu vielen Ausstattungsmerkmalen vorliegt. Gleichzeitig gibt es für viele energetische Maßnahmen eine staatliche Förderung durch die KfW durch zinsgünstige Darlehen inklusive Tilgungszuschüssen.

Strategiekombinationen Buy-&-Hold- und Buy-&-Cash

Es gibt Strategien, die du gut miteinander kombinieren kannst. Vor allem die Buy-&-Hold- und die Buy-&-Cash-Strategie. Denn bei der Buy-&-Hold-Strategie kaufst du in guten Lagen und spekulierst auf Wertsteigerung oder Werterhalt. In entsprechenden Lagen hast du einen hohen Cashflow und wahrscheinlich eher einen Wertverlust. Hier geht es vor allem darum, wenig Leerstand zu haben und die Instandhaltung clever durchzuführen. Durch den sofortigen Cashflow kannst du dein Portfolio schneller skalieren.

Ein Problem bei der Buy-&-Hold-Strategie ist, dass langfristig in der Haushaltsrechnung zu wenig Überschuss bestehen könnte. Das ist nicht nur aus Banksicht zweifelhaft, sondern hinterlässt tatsächlich auch in deinem Portemonnaie eine Lücke. Sollte dein Einkommensstrom wegbrechen, mit dem du die Buy-&-Hold-Objekte subventionierst, besteht die große Gefahr einer Zahlungsunfähigkeit. Kommst du erst einmal in Schwierigkeiten, ist die Bonität angespannt. Das wäre der falsche Zeitpunkt, Objekte auf dem platten Land anzuschaffen.

Auf der anderen Seite eignen sich einige Buy-&-Hold-Objekte auch für Investoren der Buy-&-Cash-Strategie. Denn der steuerfreie Verkaufserlös ist eine gute Möglichkeit, Vermögen langfristig aufzubauen. Es ist nur Geduld gefragt. Wertverluste bei den Cashflow-Objekten können auch durch die Beimischung von Objekten in guten Lagen langfristig kompensiert werden.

Der Nachteil besteht ganz klar im Umfang der Strategie. Du musst dich in den guten Lagen ebenso auskennen wie in Cashflow-Lagen. Zusätzlich unterscheidet sich in der Regel die Objektart. Sowohl die Bewirtschaftung von Eigentumswohnungen als auch die von Mehrfamilienhäusern muss dir gelingen.

Du wirst später bei den Eigenkapital-Strategien erfahren, warum mindestens ein Mehrfamilienhaus sinnvoll sein kann.

Holding oder Stiftung als Darlehensgeber

Eine Art, auf das Vermögen einer Kapitalgesellschaft oder Stiftung zuzugreifen, ist der Darlehensvertrag. Einen solchen kannst du geschickt mit einem Annuitätendarlehen zum Aufbau eines privaten Immobilienbestandes kombinieren. Wie funktioniert das? – Soweit du Immobilien mit Potenzial in guten Lagen erwirbst, hältst du sie am besten im Privatvermögen. Da Banken in der Regel keine tilgungsfreien Darlehen herausgeben möchten, bietet es sich hier an, ein Annuitätendarlehen abzuschließen und den vereinbarten Tilgungssatz analog durch deine eigene Kapitalgesellschaft oder Stiftung zu refinanzieren.

Die Zinsen sind auf privater Ebene steuerlich abzugsfähig, denn es handelt sich um Refinanzierungskosten. Die Stiftung muss die eingenommenen Zinsen wiederum nur mit 15,825 Prozent versteuern. Die Kapitalgesellschaft würde je nach Hebesatz der Gemeinde die Zinsen mit 30 Prozent versteuern müssen, aber selbst daraus ergibt sich noch ein Vorteil. So können Cashflow-Objekte in der vermögensverwaltenden GmbH Objekte im privaten Bestand refinanzieren und dabei noch steuerliche Vorteile generieren.

Am Ende gestaltest du dir dein eigenes endfälliges Darlehen, bei dem du sogar die Kaufnebenkosten aus Fremdkapital finanzieren kannst. Steuerlich hast du im Privatvermögen somit eine konstante Zinslast, welche du als Werbungskosten geltend machen kannst, während der Zinsertrag das Vermögen deiner Gesellschaft anwachsen lässt.

Ein weiterer Tipp im Zusammenhang mit Kapitalgesellschaften: Wie bereits im Abschnitt »Holding« dargestellt, besteht die Möglichkeit, beim Handel mit Aktien nur 1,5 Prozent Steuern zu zahlen. Denn Aktien sind Beteiligungen an Kapitalgesellschaften. Hier hast du zwar in der Regel keine Steuerbefreiung auf Dividenden, da du lediglich kleine Anteile von weniger als 15 Prozent an einer Aktiengesellschaft hältst, doch kann der Gewinn zwischen An- und Verkauf effektiv mit 1,5 Prozent statt der üblichen 26,375 Prozent Kapitalertragsteuer inklusive Solidaritätszuschlag versteuert werden. Zusätzlich sind auch Verluste aus den Geschäften am Kapitalmarkt im Gegensatz zum Privatvermögen vollständig mit anderen positiven Einkünften wie den Einkünften durch Vermietung und Verpachtung verrechenbar. Du kannst also Eigenkapital für Immobilieninvestments fast steuerfrei durch den An- und Verkauf von Aktien aufbauen. Sollten einige Trades mal schiefgehen, kann dich der Cashflow aus den Immobilien wiederum retten.

Airbnb und möbliertes Vermieten

Die Sharing Economy ist ein relativ neuer Bestandteil unserer Wirtschaft. Zu diesem Phänomen zählen unter anderem Airbnb, Uber und viele weitere Dienstleister. Die neue Ökonomie des Teilens passt allerdings nicht immer zu den Regularien der Old Economy.

Zunächst sei gesagt, dass auch Einkünfte aus der Vermietung über Airbnb einkommensteuerpflichtig sind. Die Finanzbehörden haben mittlerweile bemerkt, dass in diesem Bereich potenziell hohe Summen an Steuergeldern verloren gehen und treten konsequenterweise an Plattformbetreiber wie Airbnb heran, um an die Daten der Kurzzeit-Vermieter zu gelangen, die dort ihre Wohnungen anbieten. Die Einkünfte gar nicht anzugeben, ist demnach selbst bei Unkenntnis der Steuergesetze keine Lösung. Das wäre Steuerhinterziehung.

Zu welcher Einkunftsart gehört eine Vermietung über Airbnb? – Zunächst einmal ist der Umfang deiner Tätigkeit zu beurteilen. Geht es um eine gelegentliche Untervermietung deiner Wohnung, so handelt es sich um normale Einkünfte aus Vermietung und Verpachtung gemäß § 21 Abs. 1 Nr. 1 EstG – genau wie bei einer auf Dauer angelegten Vermietung. Sollte aus dieser Untervermietung allerdings kein Gewinn angestrebt sein beziehungsweise letztendlich kein Gewinn daraus resultieren, handelt es sich steuerlich um Liebhaberei. Das heißt, dass über den Prognose-Zeitraum, in dem du die Untervermietung durchführen möchtest, nicht mit einem Totalgewinn (Summe der einzelnen Jahre) zu rechnen ist. Die bei der Untervermietung erzielten negativen Einkünfte sind somit der privaten Lebensführung zuzurechnen und können steuerlich nicht berücksichtigt werden.

Mietest du extra Apartments an, um diese über eine entsprechende Plattform weiterzuvermieten, handelst du selbstständig, nachhaltig und mit Gewinnerzielungsabsicht. Da du am allgemeinen wirtschaftlichen Rechtsverkehr teilnimmst, erfüllst du die Kriterien für einen Gewerbebetrieb (§ 15 Abs. 2 EStG). In diesem Fall musst du also ein Gewerbe anmelden.

Du kannst dich bei der Abgrenzung der Vermietung und Verpachtung von einem Gewerbebetrieb an der Rechtsprechung zu Ferienwohnungen orientieren. Daraus geht Folgendes hervor.

Kennzeichen eines Gewerbebetriebs:

- ❐ Abschluss des Beherbergungsvertrages jederzeit möglich
- ❐ Zugang zu den Räumlichkeiten jederzeit möglich (Rezeption / elektronische Autorisierung)
- ❐ Zimmer jederzeit beziehbar (ähnlich einem Hotelbetrieb)
- ❐ tägliche Zimmerreinigung
- ❐ reichhaltiges Frühstücksangebot
- ❐ externer Reinigungsservice

Kennzeichen einer Vermietung und Verpachtung:

- ❐ ausschließlich Vorbuchungen
- ❐ Vermieter geht einer anderen Hauptbeschäftigung nach
- ❐ Mobiliar
- ❐ Endreinigung
- ❐ Vorhalten einer Waschmaschine

Handelt es sich bei deiner Tätigkeit schließlich um **Vermietung und Verpachtung,** ist wichtig zu beachten, dass du lebensnahe Aufteilungsmaßstäbe wählst. Es kann sich dabei um die vermieteten Quadratmeter, die durchschnittliche Besucheranzahl und den gewählten Vermietungszeitraum handeln. Solltest du also im Juli darauf kommen, die Untervermietung zu starten, kannst du nicht bereits die Raumkosten für Januar bis Juni steuerlich ansetzen. Übersteigen die Einkünfte am Ende nicht 256 Euro im Kalenderjahr, so sind sie gemäß § 22 Nr. 3 EStG als Einkünfte aus gelegentlicher Vermietung steuerfrei. Solltest du auf einen höheren Betrag kommen, kannst du die entsprechenden Daten ganz normal als Einkünfte aus einem vermieteten Objekt in der Anlage V eintragen.

Die Sache mit der Umsatzsteuer

Ein weiterer wichtiger Punkt ist die Umsatzsteuer. Entgegen der langfristigen Nutzungsüberlassung von Wohnraum ist die kurzfristige Untervermietung nicht umsatzsteuerfrei. Es gilt ein Steuersatz von 7 Prozent. In der Regel kannst du die Kleinunternehmerregelung gemäß § 19 UStG nutzen, sodass die Umsatzsteuer nicht erhoben wird. Dies ist möglich, wenn deine Umsätze (sie sind bei dir gleich den Einnahmen) 22.000 Euro im aktuellen Jahr und voraussichtlich 50.000 Euro im kommenden nicht übersteigen. Bei hohen anfänglichen Investitionen kann es sinnvoll sein, die Kleinunternehmerregelung nicht zu wählen, um die Vorsteuer zu ziehen.

Regionale Unterschiede

Je nach Region, in der du vermietest, musst du des Weiteren eine mögliche Beherbergungsteuer an die Gemeinde zahlen und zudem die Regelungen zur Wohnraumzweckentfremdung berücksichtigen.

Strategischer Ansatz

Eine Wohnung, die du langfristig vermietest, verursacht nur einen Bruchteil des Aufwandes, der ein Airbnb Business oder die Vermietung einer möblierten Wohnung mit sich bringt. Hier musst du in deine Kalkulationen deinen eigenen Stundenaufwand einrechnen. In der Regel sind die Mieteinnahmen wesentlich höher als bei einer normalen Vermietung, zumindest in den nachgefragten Großstädten.

Zum Vergleich:

Langfristige Vermietung einer Wohnung:
70 qm x 10 Euro Kaltmiete/qm = 700 Euro Kaltmiete im Monat oder
8.400 Euro Kaltmiete im Jahr
20 Prozent Bewirtschaftung
= 6.720 Euro Überschuss

Airbnb:

110 Euro pro Übernachtung x 19 Tage (durchschnittliche Auslastung) = 2.090 Euro pro Monat oder 25.080 Euro pro Jahr zuzüglich MwSt. von 7 Prozent.
35 Prozent Bewirtschaftung und Provision der Plattform (höherer Aufwand, Internet, Strom und Reinigung) = 8.750 Euro pro Jahr
Mobiliar 10.000 Euro auf zehn Jahre = 1.000 Euro pro Jahr
Stundenlohn 12 Stunden à 150 Euro/Stunde =1.800 Euro p.a
= 13.450 Euro Überschuss

Das Airbnb Business sollte mindestens doppelt so hohe Einnahmen generieren wie eine langfristige Vermietung. Warum? Das Business-Modell ist mit mehr Risiken verknüpft. Denn gerade die Auslastung kann erheblich schwanken, wie zuletzt in der Corona-Krise festgestellt. Wenn zusätzliche Airbnb-Wohnungen auf dem Markt kommen, können die Preise einbrechen. Natürlich bestehen umgekehrt auch höhere Chancen, wenn Wohnungsraum nicht mehr möbliert zur Verfügung gestellt wird.

Ein weiterer Vorteil besteht in puncto Umsatzsteuer. Sie beträgt nur 7 Prozent auf die Einnahmen. Kosten für die Wohnungsausstattung wie Möbel sind oft mit einer Umsatzsteuer von 19 Prozent belegt. Das führt unterm Strich zu einer günstigen Situation durch den möglichen Vorsteuerabzug.

Dazu ein kurzes Beispiel:

Wenn du umsatzsteuerpflichtig bist, kannst du dir die Umsatzsteuer, die du etwa beim Kauf von Möbeln zahlst, vom Finanzamt zurückholen. Du gehst also zu IKEA und kaufst einen Tisch für 1.000 Euro zuzüglich 190 Euro Umsatzsteuer. In der Umsatzsteuererklärung gibst du nun an, dass du 190 Euro erstattet haben willst, die sogenannte Vorsteuer. Deswegen solltest du abwägen, ob eine Befreiung von der Umsatzsteuer durch die Kleinunternehmer-Regelung sinnvoll ist. Wer im Zuge der ersten Möblierung viele Käufe tätigt, wird sie eher nicht in Anspruch nehmen.

Durch die höheren Einnahmen entsteht ein steuerlicher Überschuss. Hier solltest du bei umfangreich Dienstleistungen entweder eine gewerbliche GmbH gründen oder im nicht gewerblichen Bereich eine vermögensverwaltende GmbH.

Schau dir zusätzlich die durchschnittliche Belegung von vergleichbaren Wohnungen bei Airbnb oder anderen Portalen an. Denn damit steht und fällt deine Kalkulation. Du solltest dir bei Eigentumswohnungen zusätzlich die Genehmigung der anderen Eigentümer im Haus einholen. Ständige Junggesellen-Abschiede in einem Mehrfamilienhaus können das Verhältnis zwischen den Bewohnern und Eigentümern erheblich belasten.

Finanzierung bei Möblierung

Bei einer möblierten Vermietung stellen Finanzierungen ein Problem dar – zumindest, wenn du eine kurzzeitige Vermietung anstrebst. Für die Bank sind lediglich nachhaltige Mieteinnahmen relevant. Kurzzeitmieten, wie sie beispielsweise über Airbnb generiert werden, sind meist nicht in der tatsächlich anfallenden Höhe anzusetzen. Es wird maximal die ortsübliche Kaltmiete angesetzt, ganz egal, wie viel Miete du mit deinem Objekt wirklich generierst. Zudem müssen die Möbel aus Eigenkapital oder über einen Konsumentenkredit finanziert werden.

Mietpreisbremse

Der große Vorteil bei möblierten Wohnungen besteht darin, dass sie in der Regel nicht unter die Mietpreisbremse fallen – auch dann nicht, wenn das Haus vor dem 1. Oktober 2014 gebaut wurde. Das liegt aber nicht an der Möblierung, sondern an der Nutzung. Diese darf nur vorübergehend sein, und der Mieter darf in der betreffenden Wohnung nicht seinen Lebensmittelpunkt haben. Vermietet man beispielsweise länger als ein Semester an Studenten, muss dieser Umstand genau geprüft werden. Reicht es, wenn du eine Küche und ein Bett in die Wohnung stellst? Nein, es müssen mindestens 50 Prozent der erforderlichen Gegenstände in der Wohnung vorhanden sein. Auf jeden Fall sollte immer ein Anwalt einbezogen werden, der dein Konzept nochmal auf Herz und Nieren prüft.

Learnings

- ❐ Learning 1: Wichtig sind ein Management vor Ort, geeignetes Mobiliar sowie genügend Zeit zur Abwicklung der laufenden Kurzzeit-Vermietungen.
- ❐ Learning 2: Als Objekte für diese Strategie eignen sich vor allem kleinere Wohnungen in guten Lagen.
- ❐ Learning 3: Die betreffenden Objekte sollten in einer vermögensverwaltenden oder gewerblichen GmbH gehalten werden.
- ❐ Learning 4: Bei einem Darlehen ist eine Zinsbindung von 10 bis 15 Jahren ratsam, anzustreben ist eine 100-Prozent-Finanzierung ohne Mobiliar, Probleme gibt es jedoch häufiger bei der Frage, was die Bank als ortsübliche Miete ansetzt, zudem sind Wohnungen unter 40 qm schwieriger finanzierbar; es kann zu ungeplanten Kosten kommen.
- ❐ Learning 5: Ziel während der Haltephase ist ein positives steuerliches Ergebnis aus Mieteinnahmen, ein hoher Cashflow und eine hohe Auslastung.

Denkmalimmobilien und Objekte im Sanierungsgebiet

Du hast beim Thema Abschreibung schon die Denkmalsanierung kennengelernt. Der Staat gewährt Steuervorteile, und wir errichten ein Museum, da das Objekt in den ursprünglichen Zustand versetzt wird. Solche Objekte eigenen sich hervorragend für Struktur- oder Bankvertrieb genau wie Neubauten. Denn hier bekommt der Vertrieb von einem Bauträger beispielsweise 50 Wohnungen auf einen Schlag angeboten. Diese befinden sich dann in Leipzig oder Dresden und werden an Investoren aus Hamburg, Köln und München verkauft. Dabei übersehen die Investoren und Berater einen wesentlichen Punkt: dass die Kernsanierung von heute in zehn Jahren zu einem guten Bestandsobjekt führt, dass es sich aber nicht um einen Neubau mit Erstbezug handelt. In der folgenden Grafik siehst du den Preisunterschied zwischen dem Erstverkauf einer Eigentumswohnung mit Kernsanierung und dem Wiederverkauf einer bereits sanierten Wohnung in Leipzig. Die Kernsanierung kostet schon im Jahr 2020 insgesamt 4.889 Euro/qm und der Bestand daneben nur 2.112 Euro.

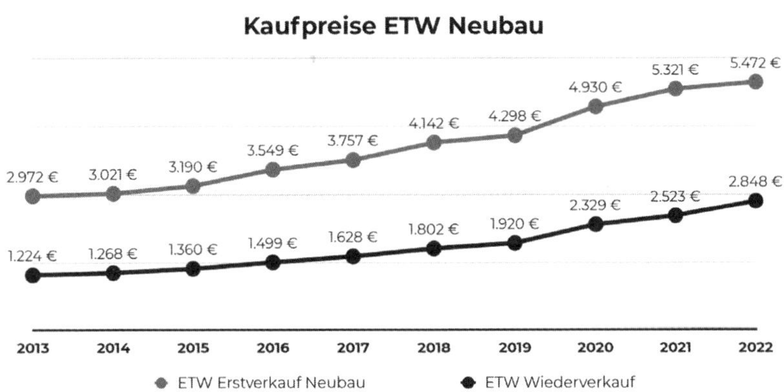

Vergleich zweier Objekte – Daten aus dem Grundstücksmarktbericht 2023 aus Leipzig

Wie müsste also eine korrekte Rechnung für eine 100-qm-Wohnung aussehen, die einen Sanierungsanteil von 70 Prozent des Kaufpreises hat?

> 100 qm x 4.889 Euro/qm = 488.900 Euro Kaufpreis
> 26.889,50 (Kaufnebenkosten 7 Prozent)
> = 515.789,50 Euro Anschaffungskosten

Wir nehmen an, dass der nicht zu sanierende Altbestand 10 Prozent beträgt und auf das Grundstück die restlichen 20 Prozent entfallen.

Der Altanteil beträgt 51.579,85 Euro und wird mit 2,5 Prozent p. a. abgeschrieben, sprich mit 1.289,50 Euro p. a. Auf zwölf Jahre beträgt die Abschreibung 15.473,96 Euro.

Der Sanierungsanteil wird wie folgt abgeschrieben:

> 515.789,50 Euro x 70 Prozent = 361.052,65 Euro
> Die ersten acht Jahre mit 9 Prozent Abschreibung = 32.494,74 Euro
> Steuervorteil = 13.647,79 Euro p. a.
> Steuervorteil auf acht Jahre = 109.182,32 Euro
> weitere vier Jahre 7 Prozent Abschreibung = 25.273,69 Euro
> Steuervorteil = 10.614,95 Euro p. a.
> Steuervorteil auf vier Jahre = 54.591,16 Euro

Insgesamt ergibt sich innerhalb von zwölf Jahren eine Abschreibung von 15.473,96 Euro (Altanteil) + 361.052,65 Euro = 376.526,61 Euro.

Ein Objekt mit identischem Kaufpreis ohne Denkmaleigenschaft würde bei einem 80-prozentigen Gebäudeanteil eine Abschreibung von 12.894,74 p. a. Euro haben. In zwölf Jahren käme eine vergleichbare Abschreibung in Höhe von 154.736,88 Euro heraus.

Du hast also in zwölf Jahren bei einem Denkmalobjekt einen zusätzlichen Vorteil von 221.789,73 Euro Abschreibung. Das entspricht einem zusätzlichen Steuervorteil von 93.151,69 Euro (221.789,73 Euro x 0,42 Steuersatz) gegenüber einem Objekt ohne Denkmal-Afa.

Was passiert im 13. Jahr? – Du hast nur noch den Altanteil mit einer Abschreibung von 1.289,50 Euro p. a. Das ist sehr niedrig und wird in der Folge zu einem positiven steuerlichen Ergebnis führen. Es baut sich also eine Steuerlast auf durch den Wegfall der Sonderabschreibung. Deswegen werden diese Objekte nach dem zwölften Jahr in der Regel verkauft. Und hier kommt das nächste Problem. Wie hoch ist der Wiederverkaufspreis?

Wenn das Objekt 2020 fertiggestellt würde, dann läge der Bestandspreis in Leipzig bei 2.112 Euro/qm. Wenn wir 2032 das Objekt verkaufen wollen und eine Wertsteigerung von 3 Prozent unterstellen, bekommen wir rund 3.011,21 EUR Euro/qm. Denn wir rechnen mit dem heutigen Bestandspreis von 2.112 Euro/qm und nicht mit 4.889 Euro/qm als Bezugsgröße für die Wertsteigerung.

Bei der 100-qm-Wohnung bekommst du 301.121 Euro im Wiederverkauf. Für 488.890 Euro/qm wurde gekauft. Das macht eine Differenz von 187.769 Euro. Wenn du dir den Steuervorteil auf die Seite legst, ergibt sich eine Differenz von 94.617,31 Euro, die nach zwölf Jahren auf jeden Fall getilgt sein muss. Die Ertragschancen dieses Investments müssen detailliert geprüft werden.

Die Bauzeit und die Bescheinigung des Denkmalamtes

Der Bauträger beginnt erst mit dem Verkauf der letzten Wohnung. Falls er früher beginnt, kann der Investor nicht mehr die vollen Sanierungskosten ansetzen. Der Anteil, der verbaut wurde, geht verloren. Aber wie lange ist überhaupt die Bauzeit? Diese kann 36 Monate und länger betragen. Der Bauträger wird aber nach Baufortschritt bezahlt. Die ersten 30 Prozent sind in der Regel mit »Spatenstich« fällig. Das bedeutet konkret, dass du schon Zinsen zahlen musst, obwohl du noch keine Mieteinnahmen bekommst. Diese Zeit muss bei deiner Kalkulation berücksichtigt werden. Hier siehst du eine Berechnung mit den Bauzinsen.

Beispiel:

- ❐ 200.000 € Darlehen
- ❐ 3 % Zinssatz
- ❐ 3 % Bereitstellungszins
- ❐ 5 Monate bereitstellungsfreie Zeit

ABRUF MONAT	ABGERUFEN	NICHT ABGERUFEN	ZINSEN	BEREITSTELLUNGS-ZINSEN
Abschluss				
1				
2				
3				
4	30 %	70 %	150 €	
5	30 %	70 %	150 €	
6	30 %	70 %	150 €	350,00 €
7	62 %	38 %	310 €	190,00 €
8	62 %	38 %	310 €	190,00 €
9	62 %	38 %	310 €	190,00 €
10	66 %	34 %	330 €	170,00 €
11	71 %	29 %	355 €	145,00 €
12	74 %	26 %	370 €	130,00 €
13	92 %	8 %	460 €	40,00 €
14	100 %	0 %	500 €	0,00 €
Gesamtkosten			**3.395 €**	**1.405,00 €**

Kosten für Bau- und Bereitstellungszinsen bei einem denkmalgeschätzten Objekt

Nach Fertigstellung wird das Denkmalamt in den kommenden Jahren eine Bescheinigung ausstellen, die für das Finanzamt bindend ist. Allerdings können sich Überraschungen ergeben, wenn nicht die ursprünglichen 70 Prozent genehmigt werden. Das kann insbesondere dann passieren, wenn Fahrstühle, Gauben und Balkone eingerechnet wurden, aber nicht bescheinigungsfähig sind. Wenn es diese im ursprünglichen

Zustand nicht gab, wird das Denkmalamt bei seiner Bescheinigung die Kosten hierfür ausnehmen.

Risiko Steuersatz

Was passiert, wenn das Einkommen sinkt und somit der Steuersatz fällt? Der zusätzliche Vorteil der Abschreibung von 221.789,73 Euro bedeutet bei einem Steuersatz von 42 Prozent einen Steuervorteil von 93.151,69 Euro. Bei einem Steuersatz von 25 Prozent sind es nur 55.447,43 Euro. Wenn das Einkommen für einige Jahre ganz wegfällt, ist der Vorteil komplett verloren. Dieses Risiko solltest du im Blick haben. Auch wenn du jemanden heiratest und ihr somit als Ehepaar gemeinsam veranlagt werdet, kann der Steuersatz sinken. Das geschieht, wenn dein Partner oder deine Partnerin wesentlich weniger verdient als du.

Das Objekt in Zahlen:

Mit unserem Excel-Kalkulations-Tool kannst du ein Denkmal ganz einfach berechnen. Gib einfach die Verteilung ein. Hier haben wir 10 Prozent Gebäude, 20 Prozent Grundstück und 70 Prozent für die Sanierungskosten eingefügt. Die Summen weichen ein wenig von unserem Beispiel ab, da wir korrekterweise die Notarkosten auf 1,5 Prozent reduziert haben und die 0,5 Prozent, die für die Eintragung der Grundschuld anfallen, bei den Finanzierungsnebenkosten verbucht haben.

Objekt 1	
Name	Denkmal Sanierung
Eigentümer	Erik Renk
Adresse	Denkmalstr. 1
Bundesland	Sachsen
Objektart	Eigentumswohnung
Baujahr	1900
Kaufdatum	30.12.21
Kaufpreis inkl. Garage/Stellplatz	488.900,00 €
bestehende Küche	0,00 €
WEG Rücklage bei Kauf	0,00 €
Maklerkosten inkl. MwSt. in %	0,00 %
Notarkosten in %	1,50 %
Anschaffungskosten fallen nur auf Bodenanteil an	☐
Grunderwerbssteuer	3,50 %
Kaufpreisanteil Boden	20,00 %
Kaufpreisanteil Gebäude	10,00 %
Kaufpreisanteil Sanierung	70,00 %
Wohnfläche	100 qm
laufende Werbungskosten p.a	
Finanzierungsnebenkosten	2.444,50 €
Kaufpreis	488.900,00 €
Maklerprovision	0,00 €
Notarkosten	7.333,50 €
Grunderwerbssteuer	17.111,50 €
gesamte Anschaffungskosten	513.345,00 €
Gebäudeanteil	51.334,50 €
Grund und Boden	102.669,00 €
Sanierungskosten	359.341,50 €

Berechnung für eine Denkmal-Sanierung

Bei den Mieteinnahmen solltest du genau evaluieren, was ein Mieterwechsel bedeutet. Es handelt sich dann nicht mehr um einen Erstbezug nach Sanierung. Einen Abschlag von 10 bis 15 Prozent halten wir in Leipzig oder Dresden für angemessen. In anderen Lagen kann der Prozentsatz anders sein.

Bei der Finanzierung solltest du eine Zinsbindung von mindestens 15 Jahren anstreben. Zum einen muss die Bauzeit eingeplant werden. Würdest du nur zehn Jahre Zinsbindung vereinbaren und die Bauzeit betrüge schon zwei Jahre, beliefe sich die Zinsbindung nach Fertigstellung nur noch auf acht Jahre, obwohl du noch vier Jahre lang weitere Steuervorteile bekommst. Steigt der Zins sprunghaft an, besteht bei hohen Restschulden ein enormes Risiko. Die Restschuld würde bei den unten genannten Konditionen nach zwölf Jahren 325.321 Euro betragen.

Zinsbindung [2]	Zinssatz p.a.	tilgungsfreie Zeit (in Monaten)	Tilgungssatz p.a.	Rate mtl.	Restschuld Heute	Restschuld abweichend?	abweichende Restschuld	Restschuld [3]
12	1,80%	0	2,50%	€ 1.751,89	€ 488.900,00	☐		€ 325.321,16

Aufstellung zur Restschuld im oben genannten Beispiel

Der Wiederverkaufspreis in unserem Beispiel beträgt 301.121 Euro. Die Restschuld wäre höher als der Wiederverkaufspreis. Deswegen ist es besser, längere Zinsbindungsfristen und eine konservative Wertsteigerung zugrunde zu legen.

Das zweite Problem ist die 8er-Annuität. Hier siehst du, dass das Objekt selbst bei 15 Jahren Zinsbindung und einer anfänglichen Tilgung von 2,5 Prozent in der Haushaltsrechnung der Bank massiv Cashflow-negativ ist.

Zinsbindung [3]	Zinssatz p.a.	Tilgungssatz p.a.	Rate mtl.	Restschuld Heute	Restschuld [4]	Kaltmiete [5]	Annuität [6]	Ergebnis
15	1,80%	2,50%	€ 1.751,89	€ 488.900,00	€ 278.605,45	€ 800,00	€ 1.857,37	-€ 1.057,37

Negativer Cashflow laut Haushaltsrechnung der Bank – trotz langer Zinsbindung und einer Tilgung von 2,5 Prozent.

Learnings

- ☐ Learning 1: Wichtig ist ein konstant hohes Einkommen mit einem Grenzsteuersatz von mindestens 40 Prozent.
- ☐ Learning 2: Geeignet für diese Strategie sind Denkmäler oder Wohnungen beziehungsweise Mehrfamilienhäuser in Sanierungsgebieten guter bis sehr guter Lagen.
- ☐ Learning 3: Das Objekt wird im Privatvermögen oder in einer Personengesellschaft gehalten.
- ☐ Learning 4: Die Zinsbindung sollte sich auf mindestens 15 Jahre belaufen. Die Haushaltsrechnung sollte detailliert geprüft werden.
- ☐ Learning 5: Während der Haltephase gibt es ein negatives steuerliches Ergebnis; die Zielsetzung besteht in einer hohen Steuererstattung.

- ❐ Learning 6: Der größte Vorteil ist der Cashflow, der aus der Steuererstattung resultiert.
- ❐ Learning 7: Die Schwierigkeiten dieser Strategie ist, dass Steuervorteile im Kaufpreis eingepreist sind, dass ein niedriger Veräußerungspreis zu erwarten ist und dass die Wiedervermietung einen zu geringen Mietzins bringt. Gefahren sind ferner die hohe Stressannuität und der Mangel an guten Angeboten.

Ehegattenschaukel

Die Ehegattenschaukel behandeln wir bewusst im Anschluss an die Strategie »Denkmalimmobilien«. Der große Vorteil besteht darin, dass die Ehepartner untereinander Immobilien nach zehn Jahren steuerfrei verkaufen können. Zudem fällt keine Grunderwerbsteuer an. Als Folge kann der Ehepartner wieder die normale Bestands-Afa nutzen. Prädestiniert sind dafür Denkmalobjekte, die nach zwölf Jahren ihre Sonderabschreibung aufgebraucht haben. Allerdings kann dieses Vorgehen auch bei Bestandsobjekten sinnvoll sein und im Speziellen, wenn der Objektwert gestiegen ist und viel getilgt wurde.

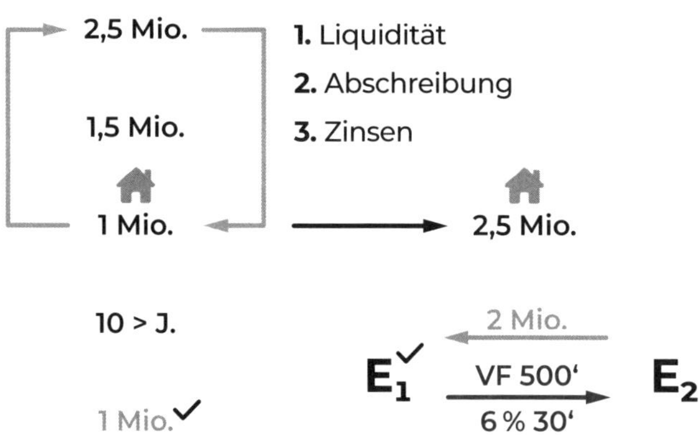

Ehegattenschaukel – Funktionsweise

Die Grafik soll die Ehegattenschaukel anschaulich darstellen. Der Ehepartner 1 hat für 1 Million Euro ein Mehrfamilienhaus gekauft. Nach zehn Jahren ist das Objekt im Wert auf 2,5 Millionen Euro gestiegen. Der Ehepartner 1 verkauft die Immobilie für 2,5 Millionen Euro an Ehepartner 2. Damit dieser eine optimale Finanzierung bekommt, wird zusätzlich eine Verkäuferfinanzierung in Höhe von 500.000 Euro vereinbart. Wenn der Gebäudeanteil nun 80 Prozent beträgt, ist die neue Grundlage für die Afa 2.000.000 Euro (2.500.000 Kaufpreis x 80 Prozent Gebäudeanteil). Wenn der Ehepartner 1 bereits 30 Prozent getilgt hat, bekommt er 1.300.000 Euro Millionen Euro von der Bank. Die Zinsen für die Verkäuferfinanzierung muss der Ehepartner 1 nur mit 26,375 Prozent versteuern. Der Ehepartner 2 kann die Zinsen mit 42 Prozent absetzen.

Dazu ein kurzes Beispiel

500.000 Euro x 6 Prozent = 30.000 Zinsen
Ehepartner 1 zahlt 7.912,50 Euro Steuern.
Ehepartner 2 bekommt 12.600 Euro Steuern erstattet.
Zusätzliche Liquidität für die Ehegemeinschaft 4.687,50 Euro p. a.

Learnings

- ❐ Learning 1: Ehepartner sollten Objekte nicht zusammen kaufen.
- ❐ Learning 2: Für die Ehegattenschaukel eignen sich Wohnungen oder Mehrfamilienhäuser.
- ❐ Learning 3: Das Objekt wird im Privatvermögen gehalten.
- ❐ Learning 4. Das Ziel besteht darin, eine hohe Afa und viel Liquidität zu erreichen.
- ❐ Learning 5: Die größten Vorteile bestehen darin, dass hier nur wenig Transaktionskosten anfallen und dass die Afa aufs Neue beginnt.

- ❒ Learning 6: Schwierigkeiten gibt es dann, wenn der Ehepartner respektive die Ehepartnerin von der Bank keine Finanzierung erhalten kann.

Strategie für den Ruhestand

Oft hören wir in Gesprächen, dass Investoren Immobilien kaufen, um sich eine Rente aufzubauen. Einige sprechen sogar von der Immobilienrente. Sind Immobilien wirklich für ein Einkommen im Ruhestand geeignet?

Hier ergeben sich mehrere Probleme, die du als Investor im Hinterkopf haben solltest:

1. Du kaufst heute eine Immobilie und hältst sie beispielsweise 30 Jahre im Bestand. Das Darlehen ist zurückgeführt, und die Inflation hat den Kaufpreis von damals komplett entwertet. Das bedeutet im Gegenzug, dass die Abschreibung sich im Vergleich zu den heutigen Mieteinnahmen nur noch gering auswirkt. Sollte die Nutzungsdauer laut Afa-Tabelle 40 Jahre betragen, fällt die Abschreibung nach zehn Jahren Rente komplett weg. Die Mieteinnahme trifft auf nur noch geringfügige Kosten. Hier solltest du genau prüfen, wie hoch der zu erwartende Steuersatz im Alter ist. Im unteren Bereich der Progressionszone kannst du Miete zum Teil steuerfrei vereinnahmen. Darüber hinaus kommt die Ehegattenschaukel oder der Verkauf der Immobilie an die Kinder infrage. Gleichzeitig kannst du eine Verkäuferfinanzierung geben. Denn die Zinsen werden wesentlich niedriger besteuert. Das Objektrisiko tragen dann die Kinder. Ob Ehegatte oder Kinder: In beiden Fällen wird von einer höheren Abschreibung und zusätzlicher Liquidität profitiert.
2. Immobilien bergen extrem hohe Risiken, und der Modernisierungsaufwand wird tendenziell unterschätzt. Sind erhebliche Arbeiten an dem Objekt zu leisten, steht die Frage der Rentabilität und der Finanzierung im Raum. Der Amortisationszeitraum muss im Alter kürzer sein. Mit zunehmendem Alter muss aus Bankensicht zusätzlich die Tilgung erhöht werden. Die Tragfähigkeit muss der Bank glaubhaft gemacht werden.

3. Immobilien sind illiquide Vermögensgegenstände. Sie binden viel Kapital. Deswegen sollte der Immobilienbestand zum Renteneintritt teilweise umgeschichtet werden. Dies verdeutlicht die folgende Abbildung. Die genaue Allokation sollte mit Spezialisten erarbeitet werden. Weil die Banken an Ruheständler nur höchst ungern Darlehen vergeben, solltest du mit deinem liquiden Vermögen jederzeit die Kosten für Modernisierungen bestreiten können.

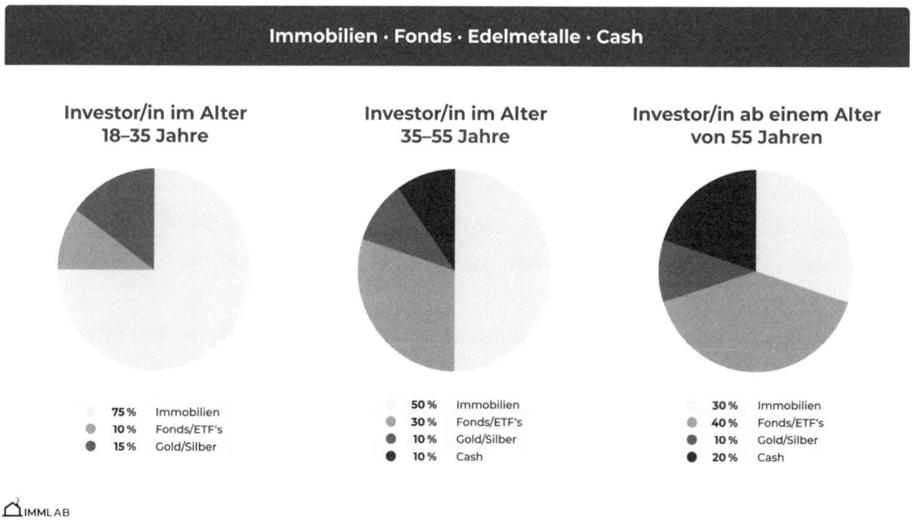

Typisches Portfolio von Immobilieninvestoren nach Lebensalter

4. Bei größeren Vermögen solltest du dir rechtzeitig Gedanken machen. ob du die Immobilien an eine Stiftung oder an die nächste Generation übergibst. Du kannst einen Erbschafts- oder Schenkungsteuerfreibetrag in unterschiedlicher Höhe je nach verwandtschaftlicher Stellung zwischen Schenker und Empfänger alle zehn Jahre ausschöpfen. Beginnst du bereits mit 60 Jahren und wirst du über 90 Jahre alt, kannst du viermal die Freibeträge nutzen. Es ist zudem möglich, nur einen Teil zu verschenken und den anderen Teil – je nach Freibetrag – zu verkaufen. Man spricht hier auch von gemischter Schenkung.

Learnings

- ❒ Learning 1: Wichtig ist es, den Steuersatz im Rentenalter zu kalkulieren, die nutzbaren Freibeträge im Hinterkopf zu haben, sowie die Allokation des Vermögens vorzunehmen.
- ❒ Learning 2: Gute Wohnungen oder Häuser sollten im Portfolio verbleiben. Problemobjekte sollten mittelfristig abverkauft werden.
- ❒ Learning 3: Das Objekt kann wahlweise im Privatvermögen, einer vermögensverwaltenden GmbH oder einer Stiftung gehalten.
- ❒ Learning 4: Zielsetzung sind hier Einkünfte als Beitrag zur täglichen Lebensführung sowie eine spätere Übertragung der Immobilie.

Mit einer Stiftung hast du es geschafft!

Die Stiftung ist sehr interessant. Allerdings kommt sie in der Regel erst spät zum Einsatz. Denn es geht vor allem darum, nicht belastete Vermögensgegenstände einzubringen. Natürlich kann die Stiftung auch Darlehen aufnehmen. Allerdings gestaltet sich die Finanzierung schwieriger. Der große Vorteil der Familienstiftung gegenüber einer Personengesellschaft, wie eine Kommanditgesellschaft, oder einer Kapitalgesellschaft, wie einer GmbH, besteht darin, dass du Personen begünstigen kannst ohne dass sie Gesellschafter sind. So kannst du deine Kinder zu Destinatären (Empfängern von Zuwendungen aus der Stiftung) machen. Sie bekommen Zuwendungen aus der Stiftung ohne Verpflichtungen. Aber auch für Investoren und Unternehmer, die enorme Risiken in ihrem Berufsleben oder bei ihren Investitionen eingehen, kann die Stiftung – wie wir später sehen – ein gutes Sicherungsinstrument sein.

Finanzierung der eigenen Kinder in Ausbildung oder Studium

Jedes Kind hat einen Steuerfreibetrag von circa 10.000 Euro. Nehmen wir an, dein Kind will Medizin studieren, das bedeutet zwölf Semester intensive Unterstützung. Dafür braucht dein Kind monatlich 780 Euro für die Lebenshaltungskosten. Wenn du nun einen Steuersatz von 40 Prozent hast, musst du für diese Ausgabe vor Steuer 1.300 Euro brutto im Monat verdienen. Nun hast du das Glück, dass dein zweites Kind auch Medizin studieren will. Insgesamt musst du vor Steuern 2.600 Euro im Monat verdienen, um deine Kinder aus dem laufenden Nettogehalt zu unterstützen.

Intelligenter wäre es, Vermögen in die Stiftung zu übertragen und die Kinder als Destinatäre einzusetzen.

Dazu ein kurzes Beispiel

Ein Mehrfamilienhaus mit einem Kaufpreis von 400.000 Euro, 6 Prozent Mietrendite ist im Stiftungsvermögen. Von den Mieteinnahmen muss noch 15 Prozent Körperschaftsteuer abgeführt werden. Das ergibt eine Ausschüttung in Höhe von 1.700 Euro im Monat nach Steuern (((400.000 Kaufpreis x 0,06 Mietrendite) - 15 Prozent Steuer) / 12 Monate). Denn Kinder schöpfen ihren Grundfreibetrag voll aus, und die Abgeltungsteuer fällt nicht an. Die Differenz zu deinem Steuersatz beträgt 25 Prozent (40 Prozent dein Steuersatz - 15 Prozent Körperschaftsteuer). Je nach Stiftungssatzung entfällt nach Abschluss des Studiums die Grundlage für die Ausschüttung. Das Gute ist, dass du die Stiftungssatzung frei gestalten kannst und somit Freibeträge ausnutzen und deine Ziele verfolgen kannst.

Tipp aus der Praxis: Beantrage rechtzeitig beim Finanzamt für deine Kinder mit dem Steuerberater eine sogenannte Nichtveranlagungs-Bescheinigung, kurz: NV-Bescheinigung. Die Steuererklärung entfällt, wenn die Einkünfte unter dem Grundfreibetrag bleiben.

Wie du schon im Abschnitt Verkäuferfinanzierung gelernt hast, kann die Stiftung auch bei der Darlehensgewährung große Vorteile bieten. Denn auf Zinseinnahmen fällt nur die Körperschaftsteuer an.

Zu deinem Lebensunterhalt kann auch eine Stiftung beitragen, da dem Vorstand natürlich eine angemessene Vergütung zusteht. Du kannst aber auch als Investor oder Unternehmer rechtzeitig einen Teil deines Vermögens in die Stiftung übertragen, um deine Rente oder deinen Lebensunterhalt abzusichern. Sollte deine Firma wider Erwarten Insolvenz anmelden oder solltest du dich massiv bei deinen Investitionen verheben, hast du einen wichtigen Teil deines Vermögens gesichert. Denn bei rechtzeitiger Übertragung auf die Stiftung hat der Insolvenzverwalter keinen Zugriff auf das Vermögen und je nach Strukturierung auch nicht auf die Ausschüttungen.

Learnings

- ❒ Learning 1: Die Vorteile von vermögensverwaltenden Stiftungen können sich aus der Besteuerung der Vermögensübertragung über mehrere Generationen ergeben.
- ❒ Learning 2: Entscheidend ist der Stifterwille. Während es bei einer Erbauseinandersetzung regelmäßig zu Konflikten bis hin zu Zerwürfnissen kommt, gibt eine Stiftung ganz klar den Zweck des Vermögens vor. Der Stiftungsvorstand hat nach der Satzung zu handeln und nicht nach seinen eigenen Interessen.
- ❒ Learning 3: Zivilrechtliche Vorteile sind die Abwehr von privaten Haftungsrisiken, Pflichtteils- und Zugewinnausgleichsansprüchen, da sich der Vermögensstock komplett verselbstständigt. In jedem Fall ist zu empfehlen, bei der Gestaltung einer Stiftung Rechtsbeistand zu Rate zu ziehen.

Das schnelle Geld mit Fix & Flip

Das Fix-&-Flip-Business ist sehr vielfältig und die höchste Kunst, als Immobilien-Unternehmer tätig zu sein. Denn es geht hierbei um nichts anderes, als in kurzer Zeit Immobilien mit Gewinn weiterzuverkaufen. Die Frage lautet: Wie macht man das?

Grundsätzlich gibt es verschiedene Herangehensweisen. Der einfachste Weg ist, vor Ort an günstige Immobilien heranzukommen und diese am Markt mit Gewinn weiterzuverkaufen. Dabei machen die Verkäufer wahrscheinlich ein schlechtes Geschäft, du ein gutes.

Eine andere Möglichkeit besteht darin, zu »normalen« Preisen am Markt einzukaufen und dann an Kunden weiterzuverkaufen, die nicht vor Ort wohnen und sich nicht mit den Preisen auskennen.

Ein Beispiel wäre ein Immobilienhändler, der in Chemnitz für 1.200 Euro/qm Altbauwohnungen ankauft und an Vertriebe in Hamburg oder München zu einem Preis von 1.900/qm weiterverkauft. Diese Objekte werden an Kapitalanleger im Rahmen einer ganzheitlichen Finanzberatung weiterverkauft. Die Kaufpreise erscheinen auf den ersten Blick niedrig, aber nicht für Chemnitzer Verhältnisse. Das ist in der Regel nur ein Flip (also ein schneller Weiterverkauf) und nicht noch zusätzlich ein Fix (eine Modernisierung).

Die elegantere Form besteht darin, einen zusätzlichen Wert zu schaffen, indem du die Wohnungen aufbesserst und dann an Eigennutzer weiterverkaufst. Diese scheuen oft Modernisierungen. Denn das Risiko, dass bei den Maßnahmen etwas schiefläuft, ist enorm. Der große Nachteil besteht darin, dass das Kapital länger gebunden ist. Denn die Modernisierung kann sich je nach Umfang über mehrere Monate hinziehen. Zudem ist der Eigenkapitaleinsatz gerade am Anfang nicht zu unterschätzen.

Zusätzlich kannst du noch das sogenannte Home Staging nutzen. Um die Vorstellung und das ganze Potenzial eines Hauses zu entfalten, wird das Objekt für den Verkauf provisorisch eingerichtet beziehungsweise optisch in Szene gesetzt.

All diese Maßnahmen bergen Risiken und binden zusätzliches Eigenkapital. Mit der Firma immcap GmbH mussten wir bei den ersten Deals circa 30 Prozent Eigenkapital einbringen. Warum haben wir uns für eine GmbH entschieden?

Würden wir privat Objekte flippen, bestünde die große Gefahr, schnell in den gewerblichen Grundstückshandel zu rutschen. Hierzu kannst du dir gerne nochmal den Abschnitt »Gewerblicher Grundstückshandel« anschauen. Zudem liegt der persönliche Steuersatz bei 42 Prozent. Die GmbH hat hingegen nur die Körperschaftsteuer und die Gewerbesteuer zu tragen. Die Hebesätze der Gewerbesteuer in Deutschland unterscheiden sich enorm.

Gewerbesteuer-Hebesätze (Beispiele):

Zossen bei Berlin 270 Prozent, Berlin 410 Prozent
Lützen bei Leipzig 240 Prozent, Leipzig 460 Prozent
Grünwald bei München 240 Prozent, München 490 Prozent

Wie wichtig der Hebesatz bei der Kalkulation ist, verdeutlich ein kurzes Beispiel:

100.000 Euro Gewinn
x 3,5 Prozent (Steuermesszahl)
= 3.500 Euro Gewerbesteuermessbetrag
x Hebesatz der Gemeinde
Grünwald 240 Prozent
München 490 Prozent
=
8.400 Euro fällige Gewerbesteuer Grünwald
17.150 Euro fällige Gewerbesteuer München

Der Unterschied zwischen Grünwald und München beträgt fast 10.000 Euro bei einem Gewinn von lediglich 100.000 Euro. Es ist also enorm wichtig zu wissen, wo man seinen Gewerbebetrieb bei der Fix-&-Flip-Strategie ansiedelt. Der Mindesthebesatz liegt deutschlandweit bei 200 Prozent.

Du kannst dir deinen Standort gezielt aussuchen, da du wenig Personal benötigst. Das ist ansonsten ein Punkt der häufig einem Sitz in einer Gemeinde mit niedrigem Hebesatz entgegensteht. Denn dort, wo das operative Business durchgeführt wird, muss auch Gewerbesteuer abgeführt werden. Gute Mitarbeiter zu motivieren, jeden Tag von Leipzig nach Lützen zu fahren, ist ein Nachteil, wenn es um die Rekrutierung von Talenten geht. Da aber so gut wie kein Personal benötigt wird und der Großteil der Arbeiten outgesourct wird, spielen die Talente bei der Standortwahl keine Rolle.

Learnings

- ❐ Learning 1: Wichtig sind ein günstiger Einkaufspreis, ein hohes Eigenkapital, ein starker Vertrieb und eine perfekte Marktkenntnis.
- ❐ Learning 2: Für die Fix-&Flip-Strategie eignen sich Wohnungen, Einfamilienhäuser, Doppelhäuser oder Mehrfamilienhäuser. Die Lage kann höchst unterschiedlich sein.
- ❐ Learning 3: Damit das Problem des gewerblichen Grundstückhandels gar nicht erst entsteht, wird das Objekt in einer gewerblichen GmbH gehalten.
- ❐ Learning 4: Eine Finanzierung in Höhe von 60 bis 80 Prozent des Verkehrswerts ist hier empfehlenswert. Sinnvoll sind variable Darlehen, Swap- oder Cap-Darlehen. In der Regel werden nur Zinszahlungen und keine Tilgung vereinbart. Sinnvoll kann auch der Einsatz von Eigenkapitallieferanten sein, um komplett ohne Bank noch schneller am Markt agieren zu können.
- ❐ Learning 5: Die Zielsetzung besteht in einer schnellen Transaktion zu einem hohen Veräußerungspreis. Maßgeblich für die gewerbesteuerliche Situation ist ein niedriger Hebesatz am Sitz der GmbH.

- ❐ Learning 6: Die Schwierigkeit besteht darin, geeignete Objekte und einen passenden Bankpartner zu finden. Die Strategie eignet sich nur für versierte Profi-Investoren.

Co-Investments

Oft erleben wir, dass Investoren am Anfang sehr motiviert sind und zusammen direkt eine Firma gründen wollen. Dabei ist eine Gründung vergleichbar mit einer Heirat. Du solltest dir deinen Partner genau aussuchen, denn eine Trennung kostet viel Geld und kann im schlimmsten Fall in einer »Schlammschlacht« enden. Das Problem kann ungeahnte Dimensionen annehmen, wenn das Ganze noch im Mantel einer GbR durchgeführt wird. Denn es gibt nichts Schlimmeres als zerstrittene Gesellschafter in einer GbR. Warum? Es wurden gemeinsam Schulden gemacht, und jeder haftet im Außenverhältnis unbegrenzt mit dem gesamten Vermögen für diese gemeinsamen Schulden. Ein Gesellschaftervertrag sollte zwingend mit einem Anwalt aufgesetzt werden.

Frage dich also bei deinem Mitgründer Folgendes:

- ❐ Welche Ziele verfolgt er langfristig?
- ❐ Wie ist seine finanzielle Situation?
- ❐ Welche Erfahrungen und Kenntnisse hat er?
- ❐ Über welches Netzwerk verfügt er?
- ❐ Wie reagiert er in angespannten Situationen?
- ❐ Welchen Zeiteinsatz kann er in die gemeinsame Firma einbringen?
- ❐ Trifft er allein die Entscheidungen oder ist da noch jemand mit im Boot, der großen Einfluss hat?

Aus Erfahrung können wir sagen, dass sich eine UG (Unternehmergesellschaft, haftungsbeschränkt) oder eine GmbH als Team-Gründung besser für Co-Investments eignen. Denn hier kann nicht jeder die Gesellschaft im Außenverhältnis vertreten, sondern nur der Geschäftsführer. Das kann auch ein »Nicht Gesellschafter« sein. Bürgschaften bei Banken sind begrenzt, und bei Gesellschafterwechsel sind die Bürgschaften auszuwechseln oder die Verbindlichkeiten zurückzuführen. Der Nachteil sind natürlich die zusätzlichen Strukturkosten.

Ein weiteres interessantes Instrument ist die Kommanditgesellschaft, wenn sie vermögensverwaltend tätig ist. Hier gibt es einen Komplementär, der voll haftet. Er hat das Sagen und bestimmt die Geschicke der Gesellschaft. Der Kommanditist erbringt seine Kommanditeinlage und geht darüber hinaus keinerlei Risiken ein. Ein weiterer Vorteil der Kommanditgesellschaft ist, dass der Kommanditist Verluste in Höhe der Kommanditeinlage mit anderen Einkunftsarten verrechnen kann. Gerade bei Objekten, die anfänglich ein negatives steuerliches Ergebnis haben, kann das für den Kommanditisten interessant sein. Die Veräußerung kann bei einer vermögensverwaltenden Kommanditgesellschaft steuerfrei sein. Der Komplementär, der die Haftung und die Geschäftsführung übernimmt, stellt der Gesellschaft dafür eine Haftungs- und Tätigkeitsvergütung in Rechnung. So findet ein fairer Ausgleich zwischen den Parteien statt. Denn die eine Seite steuert Kapital bei, die andere Seite persönliche Haftung und Know-how. Der Komplementär kann eine natürliche Person sein, aber auch eine GmbH. Ist Letzteres der Fall, spricht man von der klassischen GmbH & Co. KG.

Sollen als Co-Investments einmalige oder nur wenige Deals abgewickelt werden, kann auch über ein partiarisches Darlehen gearbeitet werden. Hier ist rechtlich zu prüfen, ob ein Verbraucher eine solche Beteiligung angesichts der Risiken und der rechtlichen Vorschriften überhaupt eingehen darf.

Beispiel

A hat eine gewerbliche GmbH, und B bietet ihm einen Flip-Deal an. Der Kaufpreis beläuft sich auf 100.000 Euro, die Nebenkosten betragen 10.000 Euro und die Renovierungskosten 20.000 Euro. Der Verkaufspreis soll bei 190.000 Euro liegen.
B will den Deal nicht privat flippen, denn er hat bereits zwei Deals geflippt und kommt der Drei-Objekte-Grenze schon sehr nahe. Er bietet

A den Deal an und beteiligt sich mit einem partiarischen Darlehen. Das partiarische Darlehen hat keinen festen Zins, sondern eine Erlöskomponente für den Darlehensgeber. Gleichzeitig wird B nicht an den Verlusten beteiligt und hat Einkünfte aus Kapitalvermögen. A und B einigen sich auf 30 Prozent Zins, bemessen auf den Verkaufsgewinn. Die Kosten belaufen sich auf 130.000 Euro, und die Bank verlangt 50.000 Euro Eigenkapital. 25.000 Euro bringt B über das partiarische Darlehen in die Finanzierung ein. Der Rest wird über A finanziert.
Der Vorteil für A besteht darin, dass der Zinsaufwand steuerlich abzugsfähig ist und den Gewinn mindert. Der Vorteil für B ist, dass er auf die 30.000 Euro Zinsertrag nur Abgeltungsteuer zuzüglich Soli zahlt. 30.000 Zinseinnahmen - 26,375 Prozent Steuer = 7.912,50 Euro Steuerlast. Somit verbleiben 22.087,50 Euro bei B. Hätte B ein privates Veräußerungsgeschäft durchgeführt, wäre eine Steuerbelastung von 12.600 Euro angefallen. Der Vorteil beträgt immerhin 4.687,50 Euro.

Learnings

- ❒ Learning 1: Es ist von elementarer Bedeutung, den Mitgründer zu prüfen.
- ❒ Learning 2: Bei der Auswahl der Immobilien und Strategien gibt es keine Einschränkungen.
- ❒ Learning 3: Das Objekt wird wahlweise in einer GmbH oder einer KG gehalten.
- ❒ Learning 4: Bei der Finanzierung ist eine Beleihung in Höhe von 60 bis 80 Prozent vom Verkehrswert anzustreben.
- ❒ Learning 5: Die Zielsetzung ist die Erzeugung von zusätzlichem Eigenkapital.
- ❒ Learning 6: Schwierigkeiten gibt es vor allem dabei, geeignete Investoren oder Mitgründer zu finden.

Die Eigenkapital-Strategien

Du kennst schon einige Instrumente, um eigenkapitalschonend zu agieren. Da wäre die tilgungsfreie Anlaufzeit oder die Übertragung der Kaufnebenkosten auf den Verkäufer. Es gibt noch andere Möglichkeiten, die vor allem auf Steuerrückerstattung abzielen. Was ist aber der Kern des Problems?

EINNAHMEN	
Einnahmen Netto (monatlich)	2.500,00 €
Mieteinnahmen	500,00 €
Kindergeld	
Sonstige Einnahmen	
Summe	**3.000 €**
AUSGABEN	
Mietausgaben	900,00 €
Lebenshaltungskosten	1.200,00 €
Immobilienkredite	400,00 €
Unterhalt	
Ratenkredite	
Sonstige Ausgaben	
Summe	**2.500 €**
Rücklage pro Monat	**500,00 €**

Haushaltsrechnung (Beispiel)

In der Tabelle »Das Problem - Eigenkapital« siehst du eine übliche Haushaltsrechnung. Der Investor kann pro Monat 500 Euro auf die Seite legen. Nehmen wir an, er hat sich auf diese Weise über die Jahre ein Guthaben von 30.000 Euro angespart.

Was passiert, wenn wir annehmen, dass die Transaktionskosten in Höhe von durchschnittlich 10 Prozent aus Eigenkapital getragen werden?

JAHR	KONTOSTAND	KAUFPREIS	EK EINSATZ	GUTHABEN NEU
1	30.000,00 €	150.000,00 €	15.000,00 €	15.000,00 €
2	21.000,00 €	200.000,00 €	20.000,00 €	1.000,00€
3	7.000 €	70.000,00 €	7.000,00 €	0,00 €
4	6.000 €	60.000,00 €	6.000,00 €	0,00 €
Summe		**480.000,00 €**	**48.000,00 €**	

Entwicklung des Guthabens bei mehreren Objektkäufen

Wie du siehst, ist im vierten Jahr schon das Eigenkapital verbraucht. Zu diesem Zeitpunkt hast du dir ein gutes Netzwerk aufgebaut und kommst somit an bessere Deals. Zudem weißt du nun, wie das »Business« funktioniert. Allerdings ist dein Dealflow begrenzt, denn dein Eigenkapital ist komplett aufgebraucht. Du bist nur noch in der Lage, pro Jahr 6.000 Euro Eigenkapital einzubringen.

Du wirst merken, dass dir das Eigenkapital schneller durch die Hände rinnt, als dir lieb ist. Das ist nicht nur eine vertane Chance auf neue Deals, sondern auch sehr gefährlich. Denn Risiken aus deinem Portfolio sind mit mehr Eigenkapital tragfähiger.

Was ist möglich bei einem Eigenkapitaleinsatz von 20.000 Euro? Es kommt darauf an, welchen Prozentsatz der Immobilie du damit finanzierst.

EK EINSATZ	20 %	10 %	5 %	2,5 %
Kaufpreis	100.000 €	200.000 €	400.000 €	800.000 €
EK Einsatz	20.000 €	20.000 €	20.000 €	20.000 €
Kredit	80.000 €	180.000 €	380.000 €	780.000 €

Die Kredithöhe variiert, je nachdem, zu wie viel Prozent der Immobilien-Kaufpreis aus Eigenkapital bestritten wird.

Wie du siehst, kannst du bei einem Eigenkapitaleinsatz von 2,5 Prozent satte 780.000 Euro Kredit aufnehmen. Du hast aber auch achtmal höhere Risiken im Portfolio. Deswegen raten wir allen Immobilien-Startern, Folgendes zu beachten:

Sei diszipliniert und baue dir Rücklagen auf. Wir empfehlen circa 5 Prozent der Restschulden zum heutigen Zeitpunkt als Cash-Reserve parat zu haben. Je nach Objekt, Strategie und Zinsbindung kann das bei dir durchaus mehr sein.

Was passiert bei hohem Eigenkapitaleinsatz mit der Rendite? Das Interessante an Immobilienfinanzierungen ist der Fakt, dass du aus reinem Fremdkapital dein eigenes Vermögen aufbauen kannst. Du kaufst eine Eigentumswohnung, erhältst daraus Mieteinnahmen und erzielst im Idealfall auch eine Wertsteigerung. Finanziert wird das Objekt allerdings durch jemand ganz anderen, den Mieter.

Das bedeutet, je weniger eigene Gelder in das Objekt fließen, desto höher ist gleichzeitig die Eigenkapitalrendite der Immobilie. Die Eigenkapitalrendite, im Englischen auch Return of Investment (ROI) genannt, bestimmt sich aus dem gesamten Eigenkapital, das in eine Investition gesetzt wird, im Verhältnis zu deren Erträgen.

Bei einer Betrachtung auf zehn Jahre sind Eigenkapitalrenditen von 15 bis 20 Prozent pro Jahr nicht unüblich. Betrachtet man die aktuellen Steigerungen der Kaufpreise in einigen Märkten, kann sogar mit höheren Werten gerechnet werden. Hier zeigt sich das Potenzial und der Vorteil von Immobilieninvestitionen im Vergleich zu alternativen Anlagemöglichkeiten wie Aktien oder Anleihen. Allerdings können die Verluste auch andere Dimensionen annehmen, und du hast ein Verlustrisiko über das eingesetzte Kapital hinaus. Bei Aktien oder Anleihen wäre ein Totalverlust möglich – mehr aber auch nicht.

Kaufpreis	**120.000 €**
Notar-/Gerichtskosten (2 %)	2.400 €
Grunderwerbssteuer (3,5 %)	4.200 €
Maklerprovision (2 %)	2.400 €
Summe NK	**9.000 €**
Beleihungswert (90 %)	**108.00 €**

	FINANZIERUNG (OHNE EK)	KAUFPREISFINANZIERUNG (OHNE KNK)	FINANZIERUNG DES BELEIHUNGSWERTS (90 %)
Risiko der Bank	hoch	mittel	gering
Wahrscheinlichkeit der Umsetzung	gering	gut möglich	sehr wahrscheinlich
Darlehenssumme	129.000,00 €	120.000,00 €	108.000,00 €
Eingesetztes EK	0,00 €	9.000,00 €	21.000,00 €
Tilgungssatz p. a.	2,50 %	2,50 %	2,50 %
Sollzins p. a.	2,00 %	1,70 %	1,35 %
monatliche Annuität	483,75 €	420,00 €	360,00 €
Umsatz nach 10 Jahren (ohne Wertsteigerung)	**26.668,41 €**	**32.675,69 €**	**40.889,99 €**
ROI nach 10 Jahren	**!**	**363 %**	**195 %**
Gewinn nach 10 Jahren (ohne Wertsteigerung)	**26.668,41 €**	**23.675,69 €**	**19.889,99 €**

Beispielrechnung: Gewinn nach zehn Jahren bei Finanzierung mit oder ohne Eigenkapital

Es wird ersichtlich, dass bei einem Verkauf am Ende der Zinsbindung durch die geringere Restschuld zwar der Erlös mit steigendem Eigenkapitaleinsatz größer wird; doch musst du diesen Umsätzen noch die Tilgung und das eingesetzte Eigenkapital gegenüberstellen. Dadurch zeigt sich, dass der Gewinn umso größer wird, desto weniger eigene Liquidität du in das Vorhaben investiert hast.

VORTEILE	NACHTEILE
Flexibilität	starke Bonitätsanforderungen
hoher ROI	häufiger Bankenwechsel nötig
»Gewinn ohne Einsatz«	erfordert Disziplin
höhere Reserven	unwahrscheinliche Umsetzung
höheres Kreditvolumen	schlechtere Finanzierungskonditionen

Die Vor- und Nachteile eines hohen Fremdkapitaleinsatzes

Learnings

Das Kreditvolumen steigt mit niedrigerem Eigenkapitaleinsatz, aber das gilt auch für das Risiko. Deswegen sollte man im Hinblick auf Tilgung, Zinsbindung und strategische Reserve die richtigen Entscheidungen treffen.

Rollierendes Eigenkapital

Wie schon im Kapitel »Finanzierung« angesprochen, werden Modernisierungskosten mitfinanziert solange sie werterhöhend sind. Daraus kannst du eine Eigenkapital-Strategie bauen. Dabei suchst du gezielt nach Wohnungen, die leer stehen oder bei denen ein Mieterwechsel sehr wahrscheinlich ist. Du kannst natürlich auch im vermieteten Zustand modernisieren. Die Fallstricke hast du im Abschnitt »Entwickeln & Halten« bereits kennengelernt. Wichtig ist, dass du vorher die Grenze für den anschaffungsnahen Aufwand korrekt bestimmst. Am besten bestätigt dir das der Steuerberater, denn es geht hier um sehr hohe Steuererstattungen. Zudem musst du bei Eigentumswohnungen abschätzen, ob die WEG in den kommenden drei Jahren umfangreiche Maßnahmen realisiert.

Durch die Steuererstattungen im Folgejahr bekommst du immer wieder Liquidität zurück, erzielst mehr Miete und steigerst den Wert der Wohnung. Das folgende Beispiel verdeutlicht die Herangehensweise:

ENTWICKELN & MODERNISIEREN		
Kaufpreis (Kauf heute)	100,00 %	150.000 €
Kaufnebenkosten	5,50 %	8.250 €
Gesamte Anschaffungskosten	105,50 %	158.250 €
Boden	20,00 %	31.650 €
Gebäude	80,00 %	126.600 €
Modernisierung im ersten Jahr	12,50 %	15.825 €
Steuererstattung Folgejahr	42,00 %	6.647 €
Eigenkapitaleinsatz effektiv	1,07 %	1.604 €

Herangehensweise beim Einsatz von rollierendem Eigenkapital

Die Kaufnebenkosten betragen 8.250 Euro. Sie sind in der Regel aus Eigenkapital zu bestreiten. Willst du nun in den kommenden drei Jahren 20 Wohnungen anschaffen mit etwa gleichen Anschaffungskosten, bräuchtest du 165.000 Euro Eigenkapital. Ein beträchtlicher Betrag, gerade für junge Investoren, die zwar über Zeit verfügen, aber lediglich über geringes liquides Vermögen. Wie wäre es, wenn wir die Modernisierungsstrategie einbeziehen würden? Du würdest zeitversetzt die Steuererstattungen nutzen können, um im Folgejahr zu kaufen. Hier beträgt der effektive Eigenkapitaleinsatz nur 32.080 Euro (20 WE x 1.604 Euro).

Auch für Investoren, die ein Eigenkapital von beispielsweise 100.000 Euro besitzen, ist diese Strategie unter Umständen sinnvoll. Denn falls wirklich einmal eine hohe Sonderumlage anfällt oder Eigenkapital von beispielsweise 20 Prozent in einen Deal investiert werden muss, ist es nicht aufgezehrt.

Warum haben wir hier explizit keine Mehrfamilienhäuser genannt? Natürlich kannst du Mehrfamilienhäuser kaufen und einzelne Wohnungen sanieren. Hier bleibst du dann in der Regel unter der 15-Prozent-Grenze. Bei umfangreichen Maßnahmen allerdings geht das nicht, und dann verschenkst du viel Geld. Dafür ist die 3+X-Strategie perfekt, um die es im nächsten Abschnitt geht.

3+X-Strategie

Wie wir in der Einleitung schon erwähnt haben, geht bei vielen Investoren das Geld zwischen dem dritten und dem fünften Jahr aus. Da setzt die 3+X-Strategie an. Die drei Jahre stehen für das Ende des anschaffungsnahen Aufwands. Hier haben wir in dieser Strategie zwei Optionen, die auch miteinander kombiniert werden können.

1. Umschuldung
2. größere Modernisierungen

Warum ist eine Umschuldung interessant? Grundsätzlich muss abgegrenzt werden zwischen Umschuldung und Prolongation. Bei der Umschuldung wird der Kredit durch eine andere Bank abgelöst. Bei der Prolongation wird bei derselben Bank weiterfinanziert. Die besten Erfahrungen haben wir beim Bankenwechsel gemacht. Die Bank ist nun nicht mehr bei der Einwertung an den Kaufpreis gebunden. Denn selbst, wenn bei der Wertermittlung der Bank ein höherer Wert bei der Anschaffung herauskommt, wird auf den Kaufpreis als niedrigsten Wert abgestellt. Das ist anders bei der Umschuldung. Hier kannst du die Restschuld ablösen und zusätzlich Kapital beschaffen. Eine Kapitalbeschaffung ist erfahrungsgemäß bis etwa 250.000 Euro problemlos möglich. Natürlich muss das Objekt zu besagtem Zeitpunkt aus Sicht der Bank mehr wert sein. Die Gefahr besteht, dass es nicht mehr wert ist oder sogar gegenüber dem ursprünglichen Wert an Wert eingebüßt hat. Deswegen eignen sich aus unserer Sicht vor allem Objekte, bei denen du heute schon weißt, dass du sie günstig eingekauft hast. Zusätzlich ist bei der Finanzierung darauf zu achten, dass die Zinsbindung relativ kurz bemessen ist (Zwischen drei und fünf Jahren), beziehungsweise dass ein Darlehen mit einem variablen Zinssatz oder ein Cap-Darlehen genutzt wird.

3+X-STRATEGIE		
Kaufpreis (Kauf heute)	100,00 %	150.000 €
Eigenkapitaleinsatz	5,50 %	8.250 €
Restschuld nach 4 Jahren	80,00 %	120.000 €
Umschuldung	130,00 %	156.000 €
Eigenkapital – Umschuldung	- 18,50 %	- 27.750 €
Modernisierung im vierten Jahr	40,00 %	48.000 €
Steuererstattung im fünften Jahr	42,00 %	20.160 €
Eigenkapital – Steuererstattung	- 7,94 %	- 11.910 €

Umschuldung mit Beschaffung zusätzlichen Kapitals. 40 % Modernisierung bemessen sich auf den Gebäudeanteil in Höhe von 80 %

In der Abbildung siehst du, dass durch die Umschuldung eine Kapitalbeschaffung in Höhe von 27.750 Euro durchgeführt wurde. Abzüglich des eingebrachten Kapitals von 8.250 Euro hättest du 19.500 Euro zusätzlich in deiner Kriegskasse. Für die steuerliche Absetzbarkeit der Zinsen sollte das Geld für weitere Immobilien-Transaktionen genutzt werden.

Das Gute bei dieser Art von Kapitalbeschaffung ist, dass es sich um eine Fremdkapitalbeschaffung handelt und nicht etwa um eine Veräußerung. Diese Maßnahme löst anders als ein Verkauf innerhalb von zehn Jahren keine Steuerzahlung aus.

Kommen wir zum zweiten Vorteil. Wir können bei Umschuldung zusätzlich oder ausschließlich Modernisierungskosten mitfinanzieren. In unserem Beispiel werden dafür 48.000 Euro aufgenommen. Daraus resultiert eine Steuererstattung in Höhe von 20.160 Euro.

Für diese Strategie eignen sich vor allem Mehrfamilienhäuser. Bei Wohnungen ist die Modernisierung wesentlich entspannter ohne Mieter. Das dieser genau im vierten Jahr auszieht, ist eher unwahrscheinlich. Wenn wir hingegen ein Mehrfamilienhaus besitzen, können wir Maßnahmen am Dach, an der Heizung oder an der Fassade durchführen. Ein Auszug des Mieters ist nicht unbedingt erforderlich.

»Ein Mehrfamilienhaus, bitte!«

Es erscheint sinnvoll, dass Investoren, die vornehmlich Eigentumswohnungen kaufen, sich ein Mehrfamilienhaus zulegen. Denn hier kannst du die 3+X-Strategie massiv nutzen, um einen Großteil deiner gezahlten Steuern aus deinem Hauptjob wieder zu holen. Es reicht meist ein Mehrfamilienhaus aus.

Nehmen wir an, du sanierst das Dach und die Fassade im fünften Jahr nach Anschaffung und finanzierst die Maßnahme mit 200.000 Euro Fremdkapital.

Du hast ein zu versteuerndes Einkommen von 80.000 Euro und zahlst dementsprechend pro Jahr 24.463,00 Euro Einkommensteuer. Wenn du die Maßnahme nun über fünf Jahre verteilst, kannst du 40.000 Euro pro Jahr absetzen. Dein neues zu versteuerndes Einkommen beträgt nun 40.000 Euro und die Steuerlast 8.333,00 Euro. Du hast in den kommenden Jahren 16.130 Euro pro Jahr zusätzliche Liquidität. Die Finanzierungskosten haben wir unberücksichtigt gelassen.

Flip & Weg

Die Flip-&-Weg-Strategie zielt auf die kurzfristige Veräußerung einer Immobilie ab. Das große Problem besteht in der Besteuerung des Veräußerungsgewinns mit dem persönlichen Steuersatz. Zusätzlich ist natürlich zu prüfen, ob man mit dieser Strategie in den Bereich des gewerblichen Grundstückshandels kommen kann.

Wie kannst du kurzfristig Objekte veräußern und trotzdem so gut wie keine Steuern zahlen? – Indem du parallel in anderen Objekten Modernisierungen durchführst.

JAHR	Z. V. EINKOMMEN	STEUERZAHLUNG	KAUF-/VERKAUFSPREIS	MASSNAHMEN	Z. V. EINKOMMEN NEU	STEUERZAHLUNG	VERKAUFSERLÖS (ABZGL. STEUERN
1	100.000 €	34.670,46 €	- 250.000 €		100.000 €	34.670,46 €	0,00 €
2	100.000 €	34.670,46 €	350.000 €		200.000 €	78.980,46 €	55.690 €
Modernisierungsmaßnahme im 2. Jahr							
2	100.000 €	34.670,46 €	350.000 €	100.000 €	100.000 €	34.670,46 €	100.000 €

Gewinnreduktion durch Modernisierung

In unserem Bespiel hast du ein zu versteuerndes Einkommen von 100.000 Euro. Das führt zu einer Steuerlast von 34.670,46 Euro. Wenn du nun ein privates Veräußerungsgeschäft tätigst, wird der Gewinn dem zu versteuernden Einkommen hinzugefügt. Es ergibt sich eine Steuerzahlung von 78.980,46 Euro, und es bleiben nur 55.690,00 Euro übrig. Wenn du nun im Veräußerungsjahr ein paar Wohnungen modernisierst oder in deinem Mehrfamilienhaus die Fassade erneuerst, kannst du den Gewinn durch die Erhaltungsmaßnahme wieder reduzieren. So kannst du den Veräußerungsgewinn im Ergebnis steuerfrei einstreichen.

Es kann aber auch andersherum gedacht werden. Nehmen wir an, du führst eine umfangreiche Maßnahme durch und kommst selbst mit der Verteilung auf fünf Jahre sehr weit nach unten in die Progressionszone. Überlege dir, ob ein kurzfristig angeschafftes Objekt veräußert werden kann. Du solltest natürlich ganz genau auf die Zinsbindung schauen und eine anfallende Vorfälligkeitsentschädigung einkalkulieren.

Vorfälligkeitsentschädigungen können hoch ausfallen und einen Deal schnell unwirtschaftlich machen. Deswegen ist der geplante Verkauf besser geeignet. Du weißt, dass du die Eigentumswohnung günstig einkaufst, renovieren wirst und in vier Jahren wieder verkaufen willst. Im selben Jahr kaufst du ein Mehrfamilienhaus, bei dem im vierten Jahr die Fassade modernisiert werden soll, und stimmst die Zinsbindungen aufeinander ab.

Bei dieser Strategie sollte die Stressannuität entsprechend geprüft und gegebenenfalls die Tilgung angepasst werden. Es bestehen erhebliche Risiken bei der Umschuldung oder beim Verkauf, falls der Wert der Immobilien sinkt.

Vv-Turbo

Die meisten Investoren denken bei der vermögensverwaltenden GmbH an die geringe Belastung durch den Wegfall der Gewerbesteuer auf die Mietüberschüsse. Deswegen werden vor allem Cashflow-Objekte in die vv GmbH gekauft. Das ist auch gut so. Aber jede Regel braucht eine Ausnahme. Der gewerbliche Grundstückshandel gilt auch für eine vermögensverwaltende GmbH. Das bedeutet im Umkehrschluss: Der gelegentliche Verkauf eines Objektes kann auch von der niedrigen Steuerbelastung profitieren. Die Grenze zur Gewerblichkeit darf allerdings nicht überschritten werden und sollte mit dem Steuerberater intensiv geprüft werden, da allein die Drei-Objekt-Grenze nicht maßgeblich sein muss. Es muss immer nachgewiesen werden, dass die langfristige Erzielung von Einkünften aus Vermietung und Verpachtung beabsichtigt war.

JAHR	KAUF-/VERKAUFSPREIS	STEUER	LIQUIDITÄT
1	- 250.000 €		
2	350.000 €	42.000 €	58.000 €
2	**op. GmbH**	**30.000 €**	**70.000 €**
2	**vv. GmbH**	**15.000 €**	**85.000 €**

Steuerliche Auswirkung vermögensverwaltende versus operative GmbH

In der obigen Grafik sehen wir die steuerliche Auswirkung. Die gewerbliche GmbH muss Körperschaftsteuer und Gewerbesteuer abführen. Insgesamt circa 30.000 Euro Belastung. Im zweiten Fall wird das private Veräußerungsgeschäft mit dem persönlichen Steuersatz versteuert. Die vermögensverwaltende GmbH muss hingegen nur 15.000 Euro Steuern abführen und hat damit einen enormen Vorteil.

Oft wird zur Begründung der Veräußerungsabsicht die kurze Zinsbindungsdauer herangezogen. Da Mehrfamilienhäuser in der vermögensverwaltenden GmbH in der Regel mit nur fünf Jahren Zinsbindung versehen werden, ergibt sich ein weiterer Vorteil. Er besteht darin, dass du bei anderen Mehrfamilienhäusern, die du nicht veräußerst, ebenfalls auf eine fünfjährige Zinsbindung setzt. Die Begründung wäre also substanzlos. Auch eine frühere Veräußerung kann in die Überlegung einbezogen werden. Denn die Vorfälligkeitsentschädigung ist bei einer fünfjährigen Zinsbindung wesentlich niedriger als bei einer zehnjährigen Zinsbindung.

Vorstellung Till und Erik

Till Carstens

Speaker, Autor und Investor

Nach meinem Abitur habe ich ein duales Studium zum Diplom-Finanzwirt (FH) absolviert und meine ersten verdienten Euros auf dem Aktienmarkt investiert. Mein Interesse an finanzieller Bildung war immer schon groß, sodass nach einem Workshop-Besuch von immlab in Hamburg für mich klar war: Ich werde Investor! Das bedeutet nicht, als Kapitalanleger die Füße hochzulegen und auf Rendite zu verzichten, sondern Immobilien mit Potenzial zu erwerben und anschließend zu entwickeln. Damit habe ich nach dem Abschluss meines Studiums im Jahr 2017 begonnen und habe mittlerweile ein gut diversifiziertes Immobilien-Portfolio aufgebaut.

Gleichzeitig durfte ich in der Finanzverwaltung die unterschiedlichsten Abteilungen kennenlernen. Exemplarisch dafür stehen die Steuererhebung, die Bearbeitung verschiedenster Steuererklärungen, die Zuständigkeit für Personengesellschaften und mittlerweile die Prüfung von Betrieben. Es handelt sich um eine abwechslungsreiche Tätigkeit, bei der mir in der täglichen Praxis immer wieder Anlage-Entscheidungen, Immobilien und interessante Menschen begegnen.

Im Jahr 2018 bin ich dem immlab-Team rund um Paul Hinrichs und Erik Renk beigetreten. Während ich anfangs nur den einen oder anderen Blogartikel geschrieben habe, um mich so selbst im Bereich der Immobilieninvestments fortzubilden, suchen wir mittlerweile gemeinsam nach immer neuen Herausforderungen.

Zuletzt habe ich begonnen, als Speaker auf den verschiedenen Workshops von immlab aufzutreten und den Teilnehmern die steuerliche Gesetzgebung rund um das Immobilieninvestment leicht verständlich zu erklären. Das jüngste Ergebnis dieser Partnerschaft ist das Buch, welches du nun in den Händen hältst. Es dient als Nachschlagewerk für jeden Investor und behandelt das Thema Immobilie ganzheitlich aus den verschiedensten Perspektiven.

Aus meiner Erfahrung ist das Wichtigste an einem Investor der ständige Drang, sich und sein (Immobilien-)Unternehmen zu verbessern. Ich wünsche dir spannende Erkenntnisse und neue Ideen für dein Portfolio!

Till Carstens

Erik Renk

Speaker, Autor und Unternehmer

Noch während des Abiturs habe ich mein erstes Unternehmen gegründet und ohne Startkapital von Null aufgebaut. Damals wie heute ist meine Motivation, selbst bestimmen zu können, wofür und wie ich meine Zeit einsetze. Auch wenn die Gründung einer Firma gerade in den ersten Jahren mit enormen finanziellen Einschränkungen, Risiken und Entbehrungen einhergeht, weiß ich am Ende, wofür ich es getan habe. Mit der Zeit ist die tägliche Faszination dazugekommen, wie sich Ideen, Träume und Wünsche mit der Zeit in Realität umwandeln.

Im Jahr 2017 bin ich den Immobilien nach Leipzig »hinterhergezogen«. Wir hatten uns im Team dazu entschlossen, eine Hausverwaltung zu gründen und im Ankauf weiter auf dem Gaspedal zu bleiben. Das war von Hamburg aus schlichtweg nicht mehr machbar. 90 Prozent der Immobilien, die wir im Bestand halten, sind am Standort Dresden, Leipzig und Berlin, somit der strategischen Mitte, vertreten. Erst später sind Standorte wie Halle, Chemnitz und Magdeburg dazugekommen.

Bei immlab verantworte ich den Bereich Finanzierung und Modernisierungs-Strategien. Ich schreibe darüber Artikel und bin in Seminaren und Kursen für diesen Themenbereich als Speaker verantwortlich. Mein Investitionsansatz sind asymmetrische Risiko-Chancen-Verhältnisse. Das bedeutet, mit überschaubarem Risiko überproportional große Chancen wahrzunehmen. Wenn man sich tiefgehend mit Immobilien beschäftigt, kann man erkennen, dass oftmals solche Verhältnisse vorliegen. Es hängt viel davon ab, das Risiko richtig einzuschätzen, wofür umfangreiches Wissen und Erfahrung auf dem Immobilienmarkt erforderlich sind. Auf diesem Markt bin ich nun seit über zehn Jahren tätig. Zu oft fokussieren sich Investoren bei ihren Deals einseitig auf das Thema Mietrendite. Sie freuen sich über kurzfristige Erträge, ohne eine umfangreiche Standortanalyse durchgeführt zu haben, und wundern sich, wenn das Investment langfristig komplett unter die Räder kommt. Dabei muss man mit Blick in die Zukunft gleich mehrere Risiken im Blick haben wie die Digitalisierung, das Thema Künstliche Intelligenz und den demographischen Wandel.

Ich kann nur mit dem Kopf schütteln, wenn Menschen ohne Vorwissen und Erfahrung anfangen, Immobilien einzukaufen und diese mit geliehenem Geld finanzieren. Mich erinnert dieses Vorgehen ein bisschen an das Treiben in einem Casino. Oft genug verdienen diese Menschen mit Immobilien kein Geld. Sie können sich glücklich schätzen, wenn am Ende eine schwarze Null dasteht. Da Immobilien-Geschäfte komplex sind, führe ich die Objektprüfung nicht allein durch, sondern arbeite mit einem hochspezialisierten Team von Steuerberatern, Rechtsanwälten und Gutachtern zusammen, die sämtliche Objekte und Strategien auf ihre Tauglichkeit prüfen. Als erfolgreicher Investor solltest auch du dir ein Team zusammenstellen, mit dem du die Meisterschaft holen willst. Dabei ist es wichtig, in den jeweiligen Bereichen zumindest so viel Know-how zu haben, dass du einschätzen kannst, wer richtig gute Arbeit leistet und wer dich langfristig nicht weiterbringen wird.

Durchgeführte und geplante fachliche Ausbildung:

- ❐ Geprüfter Fachmann für Immobiliendarlehensvermittlung (IHK)
- ❐ Geprüfter Versicherungsfachmann (IHK)
- ❐ Geprüfter Finanzanlagenfachmann (IHK)
- ❐ Fachberater für Finanzdienstleistung (IHK)
- ❐ Fachwirt für Finanzberatung (IHK)
- ❐ für 2024 geplanter Abschluss Bachelor of Arts Finanzberatung

Meine Motivation besteht darin, der Community den bestmöglichen Content bereitzustellen, und dazu gehört es, sich permanent weiterzubilden.

Ich freue mich auf dein Feedback, wie dir das Buch gefallen hat. Denn das ist das Wichtigste für mich. Auch wenn es mich gefordert und sicherlich weitergebracht hat, schreibe ich es für dich.

Die besten Investorengrüße aus Leipzig,

Erik Renk

Schluss

Wir hoffen, dass das Buch der Beginn und nicht das Ende eines gemeinsamen Weges ist. Wir fühlen uns dazu berufen, dich bei deinem Portfolioaufbau zu unterstützen, und freuen uns darauf, dich persönlich auf einem unserer Seminare oder unserer Workshops kennenzulernen.

Wir laden dich deshalb ein, bei immlab.de vorbeizuschauen, und freuen uns auf dein Feedback dazu, wie dir das vorliegende Buch gefallen hat. Denn einen positiven Beitrag für dich zu leisten, ist und bleibt unsere tägliche Motivation.

Es ist jetzt Zeit, dein Team aus Spezialisten und Mentoren zusammenzustellen, deine Ziele, Strategien und Taktiken zu erarbeiten und ins Handeln zu kommen. Denn das aufgebaute Wissen ist nur potenzielle Macht. Ohne die Anwendung entfaltet es keine Kraft und wäre nur unnötiger Ballast.

»Suchen Sie bewusst die Gesellschaft von Menschen, die Sie beeinflussen, um zu denken und zu handeln, um das Leben aufzubauen, das Sie sich wünschen«, sagte einst der US-Schriftsteller Napoleon Hill.

Wir wollen uns abschließend ausdrücklich bei allen Mithelfern bedanken, die uns in den letzten Monaten tatkräftig unterstützt haben. Unser Dank gilt auch unseren Familien, Mitarbeitern und Freunden, die uns ausnahmslos den Rücken für dieses Mammutprojekt freigehalten haben. Zu guter Letzt danken wir auch dem FinanzBuch Verlag, der unsere Buchidee von Anfang an unterstützt hat.

Anhang

In diesem Anhang findest du die Anlage V, auf die in den Learnings im Kapitel »Werbungskosten« hingewiesen wird. Da das Thema Werbungskosten für Privatinvestoren eine enorme Bedeutung hat, möchten wir die Eintragungs-Möglichkeiten hier noch einmal bildlich darstellen:

Einnahmen:

- ❐ Anhang Zeile 9:
  Nettokaltmiete (Mieterhöhungen, Nachträge und Minderungen berücksichtigen)
- ❐ Anhang Zeile 13:
  Vereinnahmte Umlagen (inklusive Ergebnis der Betriebskostenabrechnung des Vorjahres)
- ❐ Anhang Zeile 16:
  Garagenmieten (Tiefgarage, Carport, Stellplatz etc.)
- ❐ Anhang Zeile 19:
  sonstige Einnahmen (zum Beispiel Zinsen aus Bausparguthaben)

1 Name / Gemeinschaft

2 Vorname

3 **Steuernummer** — lfd. Nr. der Anlage

Anlage V

☐ zur Einkommensteuererklärung

☐ zur Feststellungserklärung

Diese Anlage ist bei Zusammenveranlagung von Ehegatten / Lebenspartnern gemeinsam auszufüllen.

Einkünfte aus Vermietung und Verpachtung

(Bei ausländischen Einkünften: Anlage AUS beachten)

Einkünfte aus dem bebauten Grundstück

25

Lage des Grundstücks / der Eigentumswohnung

4 Straße, Hausnummer — Angeschafft am

5 Postleitzahl — Ort — Fertig gestellt am

6 Einheitswert-Aktenzeichen (ohne Sonderzeichen) 00 — 53 Veräußert / Übertragen am

Das in Zeile 4 bezeichnete Objekt wird ganz oder teilweise

7 als Ferienwohnung genutzt 61 (1 = Ja, 2 = Nein) — kurzfristig vermietet 63 (1 = Ja, 2 = Nein) — an Angehörige zu Wohnzwecken vermietet 62 (1 = Ja, 2 = Nein)

8 Gesamtwohnfläche 54 m² — davon eigengenutzter oder unentgeltlich an Dritte überlassener Wohnraum 55 m² — davon als Ferienwohnung genutzter Wohnraum 56 m²

		Erdgeschoss	1. Obergeschoss	2. Obergeschoss	weitere Geschosse		EUR
9	**Mieteinnahmen für Wohnungen** (ohne Umlagen)	€	€	€	€	01	,—
10		Anzahl / Wohnfläche m²	Anzahl / Wohnfläche m²	Anzahl / Wohnfläche m²	Anzahl / Wohnfläche m²		
11	**für andere Räume** (ohne Umlagen / Umsatzsteuer)	€	€	€	€	02	,—
12	**Einnahmen für an Angehörige vermietete Wohnungen** (ohne Umlagen)				Anzahl / Wohnfläche m²	03	,—

Umlagen, verrechnet mit Erstattungen (z. B. Wassergeld, Flur- u. Kellerbeleuchtung, Müllabfuhr, Zentralheizung usw.)

Zeile			EUR
13	auf die Zeilen 9 und 11 entfallen	04	,—
14	auf die Zeile 12 entfallen	05	,—
15	Vereinnahmte Mieten für frühere Jahre / verrechnete Mietkautionen / auf das Kalenderjahr entfallende Mietvorauszahlungen aus Baukostenzuschüssen	06	,—
16	Einnahmen aus Vermietung von Garagen, Werbeflächen, Grund und Boden für Kioske usw.	07	,—
17	Vereinnahmte Umsatzsteuer	09	,—
18	Vom Finanzamt erstattete und ggf. verrechnete Umsatzsteuer	10	,—
19	Öffentliche Zuschüsse nach dem Wohnraumförderungsgesetz oder zu Erhaltungsaufwendungen, Aufwendungszuschüsse, Guthabenzinsen aus Bausparverträgen und sonstige Einnahmen — Gesamtbetrag €		
20	davon entfallen auf eigengenutzte oder unentgeltlich an Dritte überlassene Wohnungen lt. Zeile 8 — € ▶ =	08	,—
21	**Summe der Einnahmen**		,—
22	**Summe der Werbungskosten** (Übertrag aus Zeile 51)	–	,—
23	**Überschuss** (zu übertragen nach Zeile 24)	=	,—

		stpfl. Person / Ehemann / Person A / Gesellschaft EUR		Ehefrau / Person B EUR
24	**Zurechnung des Betrags aus Zeile 23**	20 ,—	21	,—

Werbungskosten sind:

- ❒ Anhang Zeile 36:
  AfA für bewegliche Wirtschaftsgüter (Möbel, Einbauküche, Laptop, Smartphone)
- ❒ Anhang Zeile 37:
  Finanzierungskosten (nur Zinsen, nicht Tilgung)
- ❒ Anhang Zeile 38:
  Finanzierungsnebenkosten (Kosten der Grundschuldbestellung, Eintragung der Grundschuld, Finanzierungsvermittler)
- ❒ Anhang Zeile 47:
  - Hausgeld, umlagefähige Nebenkosten inklusive Ergebnis der Hausgeldabrechnung des Vorjahres (Betriebskosten)
  - Hausgeld, nicht umlagefähige Nebenkosten (nicht die Zuführung zur Erhaltungsrücklage)
  - Grundsteuer
- ❒ Anhang Zeile 40 bis 46:
  Erhaltungsaufwendungen (inklusive Entnahme aus der Erhaltungsrücklage)
- ❒ Anhang Zeile 48:
  - Übliche Verwaltungskosten (Verwaltergebühren, Gebäudeversicherung, Kontoführungsgebühren, Neuvermietung, Steuerberatung, Rechtsanwaltskosten bezüglich des Mietverhältnisses)
  - Sonstige Verwaltungskosten (Reisekosten, Verpflegungsmehraufwand, Arbeitsmittel, Telefon- und Internetkosten, Fortbildungskosten)

Andere Einkünfte

		stpfl. Person / Ehemann / Person A / Gesellschaft EUR	Ehefrau / Person B EUR
31	Einkünfte aus **Untervermietung** von gemieteten Räumen	866 ,—	867 ,—
32	Einkünfte aus Vermietung und Verpachtung **unbebauter Grundstücke,** von anderem **unbeweglichen Vermögen,** von **Sachinbegriffen** sowie aus **Überlassung von Rechten**	852 ,—	853 ,—

Werbungskosten

aus dem bebauten Grundstück in den Zeilen 4 und 5

		Nur ausfüllen, wenn die Aufwendungen für das Gebäude nur teilweise Werbungskosten sind (siehe Anleitung zu den Zeilen 33 bis 52): Gesamtbetrag EUR	Ausgaben, die **nicht** mit Vermietungseinkünften zusammenhängen, wurden durch direkte Zuordnung ermittelt	verhältnismäßig ermittelt	Abzugsfähige Werbungskosten EUR
		1	2	3	4
	Absetzung für Abnutzung für Gebäude (ohne Beträge in den Zeilen 34 und 35)			%	
33	☒ linear ☐ degressiv % ☐ wie 2019 ☐ lt. ges. Erläuterung		☐		30 ,—
34	Sonderabschreibung für Mietwohnungsneubau nach § 7b EStG ☐ wie 2019 ☐ lt. ges. Erläuterung		☐		70 ,—
35	Erhöhte Absetzungen nach den §§ 7h, 7i EStG, Schutzbaugesetz ☐ wie 2019 ☐ lt. ges. Erläuterung		☐		31 ,—
36	Absetzung für Abnutzung für bewegliche Wirtschaftsgüter ☐ wie 2019 ☐ lt. ges. Erläuterung		☐		60 ,—
37	Schuldzinsen (ohne Tilgungsbeträge)		☐		33 ,—
38	Geldbeschaffungskosten (z. B. Schätz-, Notar-, Grundbuchgebühren)		☐		34 ,—
39	Renten, dauernde Lasten		☐		35 ,—
	2020 voll abzuziehende Erhaltungsaufwendungen, die				
40	direkt zugeordnet werden können		☒		36 ,—
41	verhältnismäßig zugeordnet werden				37 ,—
	Auf bis zu 5 Jahre zu verteilende Erhaltungsaufwendungen (§§ 11a, 11b EStG, § 82b EStDV) Gesamtaufwand 2020 EUR				
42	57 ,— davon 2020 abzuziehen		☐		38 ,—
43	zu berücksichtigender Anteil aus 2016		☐		39 ,—
44	aus 2017		☐		40 ,—
45	aus 2018		☐		41 ,—
46	aus 2019		☐		42 ,—
47	Grundsteuer, Straßenreinigung, Müllabfuhr, Wasserversorgung, Entwässerung, Hausbeleuchtung, Heizung, Warmwasser, Schornsteinreinigung, Hausversicherungen, Hauswart, Treppenreinigung, Fahrstuhl		☐		52 ,—
48	Verwaltungskosten		☐		48 ,—
49	Nur bei umsatzsteuerpflichtiger Vermietung: an das Finanzamt gezahlte und ggf. verrechnete Umsatzsteuer		☒		58 ,—
50	Sonstiges		☐		49 ,—
51	**Summe der Werbungskosten** (zu übertragen nach Zeile 22)				,—
52	Nur bei umsatzsteuerpflichtiger Vermietung: in Zeile 51 enthaltene abziehbare Vorsteuerbeträge				59 ,—

Zusätzliche Angaben

		stpfl. Person / Ehemann / Person A	Ehefrau / Person B
53	2020 vereinnahmte oder bewilligte Zuschüsse aus öffentlichen Mitteln zu den Anschaffungs- / Herstellungskosten (lt. gesonderter Aufstellung)	€	€

Des Weiteren geben wir dir hier einige »Fragen an deinen Steuerberater« an die Hand, die für Privatinvestoren von besonderer Bedeutung sind:

- ❒ Wie nimmt der Steuerberater die Kaufpreisaufteilung vor? (Notarvertrag, 80:20, BMF-Rechner, Gutachter) H 7.3 »Kaufpreisaufteilung« Einkommensteuerhinweise
  »Eine vertragliche Kaufpreisaufteilung ist der Berechnung der AfA zu Grunde zu legen, sofern sie zum einen nicht nur zum Schein getroffen wurde sowie keinen Gestaltungsmissbrauch darstellt und zum anderen unter Berücksichtigung der Gesamtumstände die realen Wertverhältnisse widerspiegelt und wirtschaftlich haltbar erscheint (>BFH vom 16.9.2015 – BStBl 2016 II S. 397).«
  »Fehlt eine vertragliche Kaufpreisaufteilung oder kann diese nicht der Besteuerung zugrunde gelegt werden, sind die Anschaffungskosten eines bebauten Grundstücks nicht nach der sog. Restwertmethode, sondern nach dem Verhältnis der Verkehrswerte oder Teilwerte auf den Grund und Boden und auf das Gebäude aufzuteilen (>BFH vom 10.10.2000 – BStBl 2001 II S. 183 und vom 16.9.2015 – BStBl 2016 II S. 397). Das gilt auch bei der Anschaffung von Eigentumswohnungen; dabei rechtfertigt die eingeschränkte Nutzungs- und Verfügungsmöglichkeit des Wohnungseigentümers hinsichtlich seines Bodenanteils keinen niedrigeren Wertansatz des Bodenanteils (>BFH vom 15.1.1985 – BStBl II S. 252).«
- ❒ Warnt dich der Steuerberater vor der Überschreitung der Grenze zum anschaffungsnahen Aufwand, wenn du von deinem Modernisierungsvorhaben erzählst? § 6 Abs. 1 Nr. 1a EStG:
  »Zu den Herstellungskosten eines Gebäudes gehören auch Aufwendungen für Instandsetzungs- und Modernisierungsmaßnahmen, die innerhalb von drei Jahren nach der Anschaffung des Gebäudes durchgeführt werden, wenn die Aufwendungen ohne die Umsatzsteuer 15 Prozent der Anschaffungskosten des Gebäudes übersteigen (anschaffungsnahe Herstellungskosten). 2Zu diesen Aufwendungen gehören nicht die Aufwendungen für Erweiterungen im Sinne des § 255 Absatz 2 Satz 1 des Handelsgesetzbuchs sowie Aufwendungen für Erhaltungsarbeiten, die jährlich üblicherweise anfallen.«

- ❐ Rechnet der Steuerberater die Finanzierungsnebenkosten aus den Anschaffungskosten heraus? Diese können im Jahr der Zahlung als Werbungskosten geltend gemacht werden und müssen somit nicht abgeschrieben werden.
- ❐ Setzt dein Steuerberater Verwaltungskosten an? Ggf. kannst du zukünftig anhand des »Steuerspar-Tools« Buch führen.
- ❐ Berücksichtigt dein Steuerberater auch vergebliche Werbungskosten? Dazu gehören Aufwendungen für geplatzte Immobilienkäufe wie zum Beispiel Besichtigungen, Fahrtkosten, Finanzierungsberatungen, Kaufvertragsentwürfe oder Gutachten.
- ❐ Weist dein Steuerberater dich auf die Möglichkeit einer höheren Abschreibung in Verbindung mit einem Gutachten über eine kürzere Restnutzungsdauer hin? Zur Veranschaulichung dient folgendes Beispiel:

Beispiel

Der Kaufpreis eines Mehrfamilienhauses, Baujahr 1900, beträgt 600.000 Euro zuzüglich 2 Prozent Notar- und Grundbuchamtskosten sowie 5 Prozent Grunderwerbsteuer. Durch gute Verhandlung trägt der Verkäufer die vollständige Maklercourtage. Auf den Gebäudeanteil entfallen 80 Prozent der Anschaffungskosten.

Die Anschaffungskosten betragen:

Kaufpreis	600.000 Euro
Notar und Grundbuchamt	12.000 Euro
Grunderwerbsteuer	30.000 Euro
Summe	642.000 Euro

Da 80 Prozent der Anschaffungskosten auf den Gebäudeanteil entfallen, ist die AfA von 513.600 Euro zu berechnen (642.000 Euro x 80 Prozent). Die vom Fiskus vorgegebene Nutzungsdauer (Anzahl der Jahre, über die hinweg das Objekt steuerlich abgeschrieben werden muss), beträgt auf-

grund des Baujahres 40 Jahre. Somit beläuft sich die jährliche AfA auf 12.840 Euro (513.600 Euro / 40 Jahre).

Ohne Gutachten über eine kürzere Restnutzungsdauer beträgt das steuerliche Ergebnis des Mehrfamilienhauses -6.115,21 Euro. Die daraus folgende Steuererstattung beträgt 2.568,39 Euro und führt zu einem leicht positiven Cashflow.

GIB HIER DEINE OBJEKTDATEN EIN	
Kaufpreis	600.000,00 €
Gebäudeanteil in %	80,00 %
Maklercourtage inkl. MwSt. in %	0,00 %
Notar- und Gerichtskosten in %	2,00 %
Grunderwerbssteuer in %	5,00 %
Baujahr	1900
Restnutzungsdauer für Sonder-AfA in Jahren	
Größe in qm	300,00
Kaltmiete pro Monat	2.500,00 €
persönlicher Steuersatz	42,00 %
Kosten Hausverwaltung pro Monat	150,00 €
nicht umlegbare Kosten (ohen Instandhaltung) pro Monat	300,00 €
Instandhaltungsrücklage pro Monat	
Darlehenssumme	600.000,00 €
Zinsen p.a.	3,00 %
Tilgung p.a.	1,50 %
tilgungsfreie Anlaufzeit (in Monaten)	
Modernisierung im Jahr (1 – 20)	
Moderniesierungskosten	

STEUERLICHE BETRACHTUNG IM BETRACHTUNGSJAHR			
Einnahmen		**Ausgaben**	
Kaltmiete	30.000,00 €	Abschreibung Immobilie	12.840,00 €
		Kosten Modernisierung	0,00 €
		Hausverwaltung	1.800,00 €
		nicht umlegbare Kosten ohne Instandhaltung	3.600,00 €
Gesamt	30.000,00 €	Zinsen	17.875,21 €
steuerliche Ergebnisse	-6.115,21 €	Gesamt	36.115,21 €
Steuerzahlung (-) / Rückerstattung (+)	2568,39 €		

CASHFLOW / LIQUIDITÄT IM BETRACHTUNGSJAHR			
Einnahmen		**Ausgaben**	
Kaltmiete	30.000,00 €	Zins	17.875,21 €
		Tilgung	9.124,79 €
		Hausverwaltung	1.800,00 €
		nicht umlegbare Kosten ohne Instandhaltung	3.600,00 €
Gesamt	30.000,00 €	Instandhaltung	0,00 €
Steuerzahlung (-) / Rückerstattung (+)	2568,39 €	Eigenanteil Modernisierung	0,00 €
Liquidität	168,39 €	Gesamt	32.400,00 €
Liquidität pro Monat	14,03 €		

Steuer- und Cashflowberechnung ohne Gutachten über kürzere Restnutzungsdauer

Mit Gutachten über eine kürzere Restnutzungsdauer (hier: 18 Jahre) wird der Cashflow deutlich optimiert. Das steuerliche Ergebnis des Mehrfamilienhauses beträgt -21.808,56 Euro und der jährliche Cashflow 9.159,59 Euro.

GIB HIER DEINE OBJEKTDATEN EIN	
Kaufpreis	600.000,00 €
Gebäudeanteil in %	80,00 %
Maklercourtage inkl. MwSt. in %	0,00 %
Notar- und Gerichtskosten in %	2,00 %
Grunderwerbssteuer in %	5,00 %
Baujahr	1900
Restnutzungsdauer für Sonder-AfA in Jahren	18
Größe in qm	300,00
Kaltmiete pro Monat	2.500,00 €
persönlicher Steuersatz	42,00 %
Kosten Hausverwaltung pro Monat	150,00 €
nicht umlegbare Kosten (ohen Instandhaltung) pro Monat	300,00 €
Instandhaltungsrücklage pro Monat	
Darlehenssumme	600.000,00 €
Zinsen p.a.	3,00 %
Tilgung p.a.	1,50 %
tilgungsfreie Anlaufzeit (in Monaten)	
Modernisierung im Jahr (1 – 20)	
Moderniesierungskosten	

STEUERLICHE BETRACHTUNG IM BETRACHTUNGSJAHR			
Einnahmen		**Ausgaben**	
Kaltmiete	30.000,00 €	Abschreibung Immobilie	28.533,33 €
		Kosten Modernisierung	0,00 €
		Hausverwaltung	1.800,00 €
		nicht umlegbare Kosten ohne Instandhaltung	3.600,00 €
Gesamt	30.000,00 €	Zinsen	17.875,21 €
steuerliche Ergebnisse	-21.808,55 €	Gesamt	51.808,55 €
Steuerzahlung (-) / Rückerstattung (+)	9.159,59 €		

CASHFLOW / LIQUIDITÄT IM BETRACHTUNGSJAHR			
Einnahmen		**Ausgaben**	
Kaltmiete	30.000,00 €	Zins	17.875,21 €
		Tilgung	9.124,79 €
		Hausverwaltung	1.800,00 €
		nicht umlegbare Kosten ohne Instandhaltung	3.600,00 €
Gesamt	30.000,00 €	Instandhaltung	0,00 €
Steuerzahlung (-) / Rückerstattung (+)	9.159,59 €	Eigenanteil Modernisierung	0,00 €
Liquidität	6.759,59 €	Gesamt	32.400,00 €
Liquidität pro Monat	563,30 €		

Steuer- und Cashflowberechnung mit Gutachten über kürzere Restnutzungsdauerr

Im Ergebnis kannst du durch die Beauftragung des Gutachtens über eine kürzere Restnutzungsdauer erheblich Steuern sparen. Der große Vorteil ist, dass es sich bei der AfA um steuerliche Kosten handelt, welche deine Liquidität nicht als echte Kosten beeinflussen. Der Aufwand für ein solches Gutachten liegt in der Regel im niedrigen vierstelligen Bereich, sodass sich die Beauftragung des Gutachters im Beispielsfall bereits nach wenigen Monaten amortisiert hat. Der monatliche Cashflow steigt um 549,27 Euro (563,30 Euro – 14,03 Euro) und macht das Mehrfamilienhaus zu einem deutlich attraktiveren Investment!